DETONANDO!

GARY VAYNERCHUK

DETONANDO!

ATRAIA DINHEIRO E INFLUÊNCIA FORTALECENDO SUA MARCA NAS REDES SOCIAIS

ALTA BOOKS
EDITORA
Rio de Janeiro, 2018

Produção Editorial	**Produtor Editorial**	**Produtor Editorial (Design)**	**Marketing Editorial**	**Vendas Atacado e Varejo**
Editora Alta Books	Thiê Alves	Aurélio Corrêa	Silas Amaro	Daniele Fonseca
Gerência Editorial	**Assistente Editorial**		marketing@altabooks.com.br	Viviane Paiva
Anderson Vieira	Juliana de Oliveira		**Editor de Aquisição**	comercial@altabooks.com.br
			José Rugeri	**Ouvidoria**
			j.rugeri@altabooks.com.br	ouvidoria@altabooks.com.br

Equipe Editorial	Adriano Barros	Gabriel Teixeira	Kelry Oliveira	Thales Silva
	Aline Vieira	Ian Verçosa	Paulo Gomes	Viviane Rodrigues
	Bianca Teodoro	Illysabelle Trajano	Rachel Guarino	

Tradução	**Copidesque**	**Revisão Gramatical**	**Diagramação**
Guilherme Calôba	Ana Gabriela Dutra	Jana Araujo	Lucia Quaresma
		Fernanda Lutfi	

Dados Internacionais de Catalogação na Publicação (CIP) de acordo com ISBD

V392d   Vaynerchuck, Gary

Detonando!: atraia dinheiro e influência fortalecendo sua marca nas redes sociais / Gary Vaynerchuck ; traduzido por Guilherme Calôba. - Rio de Janeiro : Alta Books, 2018.
288 p. : il. ; 17cm x 24cm.

Tradução de: Crushing it!
ISBN: 978-85-508-0421-7

1. Marketing digital. 2. Mídia digital. 3. Negócios. I. Calôba, Guilherme. II. Título.

CDD 658.8
CDU 658.8

2018-1364

Elaborado por Odilio Hilario Moreira Junior - CRB-8/9949

Rua Viúva Cláudio, 291 — Bairro Industrial do Jacaré
CEP: 20.970-031 — Rio de Janeiro (RJ)
Tels.: (21) 3278-8069 / 3278-8419
www.altabooks.com.br — altabooks@altabooks.com.br
www.facebook.com/altabooks — www.instagram.com/altabooks

ASSOCIADO

NOTA DO AUTOR

Todos os trechos de e-mails e entrevistas foram editados quanto ao tamanho, ao conteúdo e à clareza.

ESTE LIVRO É DEDICADO A TODAS AS PESSOAS QUE TÊM VISÃO SUFICIENTE PARA RECONHECER AS ENORMES OPORTUNIDADES QUE NOS FORAM DADAS NESTA NOVA ERA DIGITAL, E QUE SÃO CORAJOSAS O SUFICIENTE PARA EXIGIR E BUSCAR FELICIDADE NÃO SÓ NA VIDA, MAS NO TRABALHO TAMBÉM.

SUMÁRIO

DETONANDO!

INTRODUÇÃO

Minha filha de oito anos, Misha, quer ser YouTuber quando crescer. Provavelmente não é nenhuma surpresa — muitas crianças descobrem o que seus pais fazem e decidem que é sua ambição também (além de quererem se tornar bombeiro e cuidador de zoológico). Minha filha me vê usando plataformas online para conversar com pessoas e construir negócios, e ela sabe o quanto eu amo isso. É claro que ela acha que quer fazer o que eu faço.

O mais surpreendente pode ser que, se você perguntar a outras crianças em idade escolar o que elas querem ser quando crescerem, muitas falarão que querem, também, ser YouTubers.

Marketing pessoal pode não ser um hit no Dia da Profissão da pré-escola, mas as crianças de hoje sabem que fazer vídeos no YouTube, postar no Instagram, tuitar 280 caracteres e usar o Snapchat é uma carreira válida e pode até trazer fama e fortuna para algumas pessoas. Elas sonham em criar uma presença popular online da mesma forma que as crianças sonhavam em ser estrelas de Hollywood. Infelizmente, a não ser que sejam empreendedores ou pessoas bem atualizadas, a maioria dos pais responderá a essa aspiração de carreira com um "Hã?" ou, pior, com cinismo míope: "Isso não é um trabalho de verdade". Mesmo aqueles poucos que sorriem sem entender e falam sem empolgação "Ótimo, querida! Vá em frente!" provavelmente sacudirão a cabeça em segredo com a doce ingenuidade da juventude.

Isso é tão frustante para mim.

Obviamente primeiras respostas são péssimas, não importa como você as veja, mas todas essas respostas revelam uma falta total de compreensão sobre o mundo no qual vivemos. É um mundo no qual uma criança de onze anos de idade e seu pai podem se tornar milionários criando um canal do YouTube no qual compartilham vídeos deles cortando coisas ao meio.

Eu sabia que as coisas tomariam esse rumo. Para alguém como eu, com uma tendência a fazer pronunciamentos exagerados, é irônico que uma das coisas mais visionárias que eu já pronunciei possa ter sido o maior eufemismo da minha vida:

Minha história está prestes a ser tornar bem menos incomum.

Eu fiz isso pela primeira vez quando Misha era recém-nascida, na introdução do meu primeiro livro de negócios, *Vai Fundo!* Eu estava falando como tinha usado a internet para desenvolver uma marca pessoal e transformar meu negócio familiar de US$4 milhões, Shopper's Discount Liquors, em um negócio de US$60 milhões. Minha estratégia foi simples e extravagante à época: eu falava diretamente com o cliente em potencial por meio de um vídeo blog simples e desenvolvia relacionamentos com eles no Twitter e no Facebook, convidando-os para uma relação um-para-um que havia existido previamente apenas entre comerciantes e clientes nas pequenas comunidades e vizinhanças do último século. Quando escrevi o livro em 2009, havia passado da minha paixão inicial — vinhos e vendas — para outra totalmente abrangente — construir negócios. Eu viajava o mundo espalhando a notícia para qualquer pessoa que quisesse ouvir de que as plataformas que a maioria das companhias e líderes de negócios ainda rotulavam como *desperdícios de tempo sem sentido* — Facebook, Twitter e YouTube — eram, na verdade, o futuro de todos os negócios. Parece impossível agora, mas a revolução digital era tão jovem que eu realmente tinha que explicar as plataformas. Naquela época, eu tinha que gastar um tempo considerável explicando que o Facebook era esse site online em que você podia compartilhar artigos e fotos, sentimentos e pensamentos, e que o Twitter era algo parecido, exceto por ser sempre público e limitado a, à época, 140 caracteres. Marketing pessoal? Ninguém sabia de que diabos eu estava falando. É difícil acreditar agora, mas, menos de uma década atrás, a ideia de que mais do que algumas poucas pessoas poderiam realmente construir um negócio usando mídias sociais era considerada muito improvável.

Hoje em dia, toco uma companhia de mídia digital gigante, com escritórios em Nova York, Los Angeles, Chattanooga e Londres. Ainda estou em contato com pessoas no Twitter, Facebook, Instagram, Snapchat e qualquer outra plataforma que capture a atenção das pessoas. Ainda sou convidado para falar no mundo inteiro, mas também alcanço milhões de pessoas através de meu show de perguntas e respostas de negócios pessoal no YouTube, #AskGaryVee; meu vídeo documentário diário, DailyVee; meu papel em *Planet of the Apps* — um reality show de TV da Apple sobre desenvolvimento de aplicativos — e livros como o que você está segurando agora. Estou trabalhando mais do que nunca. Estou tendo mais impacto do que nunca. E estou mais feliz do que nunca.

E sou tudo, menos incomum.

Hoje em dia, há milhões de pessoas como eu, que usaram a internet para construir marcas pessoais, negócios prósperos e uma vida nos seus próprios termos. Aqueles que realmente estão detonando atingiram o sucesso da vida adulta — construir um negócio lucrativo em torno de algo que amam, que os permite fazer o que querem todos os dias. Mas, enquanto em 2009 esse "algo" poderia ser geleia caseira ou casas na árvore personalizadas, hoje pode incluir ser uma mãe, ser estiloso ou ter uma visão de mundo não ortodoxa. Em outras palavras, você pode usar sua marca pessoal — quem você é — para comercializar seu negócio, ou a sua marca pessoal pode realmente *ser* o negócio. Socialites, filhos de celebridades e estrelas de reality shows vêm fazendo isso há anos. Agora é a hora de todos os outros aprenderem como podem ser pagos para fazer algo que, de qualquer forma, fariam de graça.

Muito mudou desde que eu escrevi *Vai Fundo!*, mas, de forma surpreendente, muita coisa não mudou. Qualquer um que me acompanhe regularmente sabe que pode pular os primeiros dez minutos de minhas palestras porque vou repetir os eventos da minha vida e minha opinião do mundo da mesma forma que tenho feito por cerca de uma década. Logo que esses dez minutos se encerram, no entanto, nunca se sabe. E é o que vou compartilhar neste livro — a parte da palestra que muda a cada seis a nove meses porque é a frequência da evolução das plataformas. Eu quero que você aprenda a informação mais atualizada sobre como alavancar as plataformas da internet da melhor maneira para criar uma marca pessoal poderosa e duradoura.

A maior diferença entre meu primeiro livro e o que você está lendo agora é essa: a voz neste livro não é só a minha. Eu quero lhe apresentar outros empreendedores que atingiram um sucesso inacreditável seguindo os princípios de *Vai Fundo!* para construir suas marcas pessoais. Alguns deles são internacionalmente famosos, alguns ainda estão construindo seu caminho. Todos são absolutamente apaixonados por suas vidas. Embora cada um seja único, suspeito que você ficará aliviado e entusiasmado ao ver que eles não são tão diferentes de você. Como posso dizer isso sem conhecê-lo? Porque o segredo para o sucesso deles (e o meu) não teve nada a ver com de onde eles vieram, quem eles conheciam, onde estudaram ou em que área estavam trabalhando. Em vez disso, teve tudo a ver com sua admiração pelas plataformas à sua disposição e sua vontade de fazer o que fosse preciso para que essas ferramentas de mídias sociais trabalhassem no seu potencial máximo. E isso, meus amigos, é algo que posso ensinar a vocês também.

Entretanto, o que funcionou para mim não vai funcionar para você e vice-versa. Por isso a autoconsciência é tão vital — você sempre tem que ser fiel a si mesmo. O que posso lhe oferecer é um conjunto de princípios universais. Dissecaremos cada plataforma principal atual de forma que todos vocês, de encanadores (seu pilar deve ser o Facebook; veja a página 213) a guardas florestais (o seu é o YouTube; veja página 193), saberão exatamente qual plataforma devem empregar como seu pilar de conteúdo, e como usar outras plataformas para amplificar suas marcas pessoais. Dissecaremos as plataformas sociais que dominam o mundo dos negócios hoje. Eu falei sobre alguma delas em *Vai Fundo!*, mas elas evoluíram, e agora há formas ainda melhores de conduzi-las. Oferecerei conselhos teóricos e táticos sobre como se tornar a estrela mais brilhante em velhos conhecidos como Twitter, Facebook, YouTube e Instagram; plataformas mais novas como Musical.ly; plataformas audiocêntricas como Spotify, SoundCloud e iTunes; e o novato Alexa Skills. Aqueles que já estão nisso há algum tempo acharão úteis as nuances pouco conhecidas, dicas inovadoras e ajustes espertos que comprovadamente aprimoram estratégias de sucesso mais comuns.

Se você vem me observando de perto há anos e acha que sabe tudo, por favor, reconsidere. Eu converso com milhares de pessoas todos os anos e ouço as mesmas perguntas de novo e de novo. Se tantas pessoas ainda não aperfeiçoaram seu jogo, há uma boa chance de que você também não o tenha feito. Hoje, pode ser o dia que você finalmente "pega" aquela pequena informação que vai te ajudar a pulverizar o que vinha te segurando. Muitas das pessoas entrevistadas para este livro disseram que leram *Vai Fundo!* diversas vezes. O empreendedor e podcaster John Lee Dumas o revisita anualmente. São apenas 142 páginas, não é tão denso que ele não possa compreender a essência do livro em uma hora mais ou menos e, mesmo assim, Dumas admite que ouviu o audiolivro três vezes antes de finalmente entender o que eu queria dizer sobre marca pessoal. Esse momento "eureca!" o levou a criar o Entrepreneurs on Fire, seu podcast diário no qual entrevista os empreendedores mais inspiradores e inovadores do país. Hoje, seu show é um dos podcasts de negócio mais bem ranqueados no iTunes, gerando cerca de US$200 mil por mês. Eu sei disso porque ele publica seus resultados financeiros mensais no seu site e compartilha detalhes sobre seus gastos no podcast, para que outros empreendedores possam aprender com seus movimentos espertos e evitar seus erros. É apenas um exemplo do tipo de surpresa e prazer que os empreendedores neste livro regularmente ilustram para distinguir suas marcas pessoais dos competidores e obter hordas de fãs leais e apaixonados.

Como sempre, serei verdadeiro com você: mesmo que absorva cada lição e siga cada pequeno conselho nestas páginas, a maioria de vocês, lendo este livro, não se tornará milionário. *Não pare de ler!* Nenhuma das pessoas entrevistadas para o livro sabia que se tornariam ricas; elas se tornaram ricas porque eram incríveis e ridiculamente boas no que faziam e trabalharam tão duro que ninguém mais poderia acompanhá-las. A maioria delas começou com ambições modestas de ganhar o suficiente para aproveitar as coisas boas da vida, buscar estabilidade, prover para si próprias e suas famílias e viver em seus próprios termos. Atinja esse nível de riqueza e você não precisará ficar rico. E, quem sabe, no processo de chegar lá, como John Lee Dumas e seus pares, talvez descubra que tem talento e esperteza de marketing para se tornar um milionário. Há apenas uma forma de descobrir. De qualquer maneira, você ganhará. É preciso pressão e foco para transformar uma pilha de metal em um trabalho de arte finamente trabalhado. Este livro está cheio de inspiração e conselhos de outros que percorreram esse difícil caminho; deixe-os guiá-lo e veja o que é capaz de se tornar.

Considere a experiência de Louie Blaka (IG: @louieblaka), que explicou em um e-mail como ele foi de professor de arte a artista promissor confiando em seus instintos e colocando sua paixão para funcionar.

Sou professor escolar de arte, mas profissional das belas artes no coração. Três anos atrás decidi dar uma chance à minha carreira de artista, fora do meu emprego de professor das 07h às 15h. Meu trabalho em arte decolou, mas não tão bem quanto eu esperava. Não desisti, mas fiquei um pouco desanimado. Eu ouvi *Vai Fundo!* dois anos atrás, e me ajudou a pensar em fazer algo além de apenas vender quadros. Eu vi que havia uma tendência tomando o país: aulas de vinho e arte. Me perguntei porque não era eu dando essas aulas, já que tinha uma licenciatura, bem como a experiência de artista profissional (*Dãh!*). Então, segui seu conselho de fazer marketing por meio de mídias sociais e dei uma aula *grátis* de vinho e pintura na universidade na qual me graduei, Montclair State. Postei uma foto do evento no meu Instagram e comecei a receber pedidos para agendar aulas. Comecei com turmas de dez pessoas, com uma aula a cada dois ou três meses, e passei para pelo menos três aulas por mês com minha próxima aula agendada para *cem pessoas*. Gastei *zero* dólares em marketing, com tudo conduzido através do IG e do boca a boca. Pude vender minhas pinturas (como artista) através dos meus clientes das aulas de vinho e pintura. Peguei todos os materiais não usados ou "resíduos" das minhas aulas e usei para meu trabalho de arte pessoal.

Cresci na minha carreira pessoal como artista que vendia um quadro por US$200 a ter uma pintura em leilão por US$1.300 no NYC's Coffee Festival em setembro passado. Comecei meu negócio de vinho e pintura com um evento grátis para cerca de dez pessoas em um campus universitário e agora espero atingir cerca de US$30 mil em vendas no próximo ano (sei que não é muito, mas para um professor e artista em tempo integral é *ótimo*).

A explosão do YouTube e do Instagram, a emergência de podcasts, a ubiquidade de plataformas como Facebook e Twitter — tudo isso nos levou ao ponto de virada que previ nove anos atrás. Você já possui as ferramentas para construir o tipo de marca pessoal poderosa que pode mudar seu futuro. Se já está nessa iniciativa há algum tempo e não conseguiu chegar aonde queria, este livro ajudará a explicar o por quê. Se não é tão famoso e está ambicionando ser um dos mais famosos, posso ajudá-lo a subir essa escada (me identifico — estive na classe dos menos conhecidos por anos e sei como é a vista aí atrás). Se está inventando desculpas, será descoberto e deverá decidir parar de enrolar e atingir o que almejou atingir — ou admitir que sua versão de "detonando" é um pouco diferente do que você inicialmente pensou que seria.

Veja, este livro é para dois públicos. O primeiro são as pessoas que sabem no fundo da alma que nasceram para construir algo grande. Empreendedores natos devem encontrar toda a informação que precisam para aprimorar seus esforços ou começar a fazer seus próprios planos. O segundo é qualquer outra pessoa que queira trabalhar. Não apenas os jovens, não apenas os adeptos de tecnologia. Não só os profissionais em carreiras bem estabelecidas ou aqueles que querem se renovar porque se tornaram muito grandes para seu setor, ou pior, seu setor está encolhendo. Está no melhor interesse de qualquer pessoa construir uma marca pessoal, mesmo que tenha pouco interesse em ser rico ou famoso. Você não é expert em computador? Obtenha as habilidades técnicas ou de computação que precisa para fazê-lo. Não é difícil, e muitas das pessoas com quem conversamos para escrever este livro tinham tão pouca experiência com computadores quanto você, ou menos. Caso não tenha percebido, nenhum trabalho é estável hoje em dia. Imagine a segurança que você sentiria se tivesse algo paralelo acontecendo que pudesse se tornar um grande sucesso e inesperadamente tivesse bastante tempo disponível (conheça Pat Flynn na página 122). O desespero pode ser um excelente motivador, mas é menos estressante se planejar com antecedência e nunca conhecer esse sentimento.

Se você ganha o que precisa para viver a vida que quer *e* ama cada dia dela, está detonando. É tudo que quero para você. Eu penso nos amigos com quem cresci, que adoravam vídeo games, mas seus pais os forçavam a parar de jogar porque os jogos eram novos e assustadores e os distraíam dos estudos. Essas crianças podem ter crescido e conseguido ganhar dinheiro suficiente, mas fazendo algo que apenas toleram ou mesmo odeiam. E se seus pais pudessem ter visto como o mundo evoluiu. Talvez a criança que tenha se tornado um advogado para agradar seus pais poderia estar ganhando o mesmo dinheiro hoje como um promotor de eSports (jogo competitivo) — ou ganhando milhões como um e-gamer profissional. Em qualquer das duas opções, esse advogado seria infinitamente mais feliz.

Os pais estão tentando tirar seus filhos do Pokémon Go quando jogos em realidade aumentada serão um sucesso por gerações. Eles pensam que suas filhas deveriam estar fazendo menos geleca e mais problemas de álgebra.

Geleca pode ser um modismo; pode ser o meio através do qual uma menina aprende a dinâmica de oferta e demanda no Instagram e constrói uma marca pessoal de US$1 milhão e uma empresa. O mais louco é que *ela não seria a primeira*. Karina Garcia conseguiu. Ele era garçonete; agora é uma estrela de sucesso no YouTube, famosa por fazer, você adivinhou, geleca. Quanto sucesso? Com receitas de 6 dígitos todos os meses, ela foi capaz de aposentar seus pais. Em agosto de 2017, saiu em uma turnê de sete semanas por quatorze cidades para conhecer seus fãs. As pessoas pagaram de US$40,00 a US$99,99 para entradas VIP. Histórias como essas não são mais incomuns e ilustram porque precisamos dar a nossos filhos tanta liberdade quanto possível para progredir na direção do que eles amam fazer. Porque, no mundo deles, nada estará fora dos limites quando o assunto é viver bem e construir uma carreira brilhante. Quando eu era criança, tirando notas baixas, e me pegavam vendo catálogos de cartões de baseball na aula para saber quanto cobrar por troca, todo mundo dizia, "Você será um perdedor". Hoje falariam, "Você vai ser o próximo Zuckerberg". No que se refere a oportunidades profissionais, este é o melhor momento para se estar vivo na história da humanidade. Eu não quero que ninguém o desperdice.

Se você tirar algo de valioso ou útil deste livro, espero que dê uma cópia para alguém com quem se preocupa e que não está feliz no seu trabalho ou carreira atual. Se você é um pai, por favor, dê para os seus filhos quando eles começarem a imaginar o que ou quem querem ser. Digo isso não porque quero vender mais livros. Pegue o da biblioteca, eu não ligo. Digo isso porque quero que todo mundo saiba que essas oportunidades existem, para que alguém que esteja batalhando, triste ou amedrontado possa fazer algo para mudar isso. Se você se preocupa com as pessoas na sua vida, quer que elas sejam felizes fazendo algo que amam. A vida é curta: sua brevidade e imprevisibilidade é a única coisa que me assusta. Também é longa: uma pessoa de cinquenta anos pode ter mais quarenta ou cinquenta anos produtivos pela frente. Devemos a nós mesmos e a nossos entes queridos sermos tão realizados e energizados quanto possível todos os dias para que possamos estar sempre prontos para compartilhar o melhor de nós com os demais. Há tanto na vida que é incontrolável, mas nossa felicidade não precisa ser, nem nossas carreiras. Podemos ter todo o controle. Cada pedacinho dele. Quanto mais cedo nos dermos conta, melhor todos estaremos.

Eu não posso fazer nada para tornar você mais criativo, mas espero que possa colocá-lo no estado de espírito correto para que, quando estiver pronto para liberar essa criatividade, tenha sucesso. Muitas vezes nos dizem que temos que fazer uma escolha — nos acomodar e fazer algo tolerável para ganhar dinheiro ou seguir nossa paixão com a expectativa de sermos pobres. Ainda existem pessoas lá fora que acreditam que poucas pessoas gostam de seus empregos. Isso é besteira. Nossas escolhas, bem como nossas oportunidades, são infinitas quando entendemos o ambiente digital de hoje. Temos apenas que ter a coragem de seguir em frente e fazer essas escolhas. Você vai ouvir histórias de pessoas que tinham medo, assim como você. Que possuíam obrigações, assim como você. Que foram tachadas de tolas, imprudentes, irresponsáveis ou imaturas. Elas foram em frente mesmo assim e colheram os frutos. Se há algo que este livro pode ensinar é que a única coisa que o impede de atingir uma carreira duradoura e felicidade é você.

I

PREPARE-SE

1

O CAMINHO É TODO SEU

A promessa do meu primeiro livro de negócios, *Vai Fundo!*, foi ensinar empreendedores como monetizar sua paixão usando mídias sociais para construir marcas pessoais fortes, atraindo clientes e anunciantes para seus sites, bem como transformá-los em experts tão confiáveis ou em personalidades de entretenimento, que as marcas e lojas pagariam a eles para palestrar, dar consultoria e participar de eventos. Em outras palavras, era sobre construir uma marca pessoal em torno de seu negócio forte o suficiente para transformá-lo em um influenciador. Entretanto, a palavra *influenciador* não aparece uma única vez. O multibilionário setor de marketing de influência era, à época, tão novo, que o conceito não havia se cristalizado quando o livro foi publicado, em 2009. Hoje, no entanto, o marketing de influência está prestes a consumir uma parcela real do marketing tradicional. Consumidores mais jovens gastam cada vez menos tempo em mídia tradicional e mais tempo consumindo conteúdo online.

▶ A audiência diária do YouTube está chegando perto da TV, 1,25 bilhão de horas por dia, enquanto a audiência da televisão cai a cada ano.

▶ Um a cada cinco minutos de uso de celular é gasto em aplicativos e serviços do Facebook.

▶ A cada minuto, 65.900 vídeos e fotos são postados no Instagram.

▶ Cerca de 3 bilhões de snaps são criados todo dia no Snapchat, no qual 60% das propagandas são assistidas com áudio ligado.

Consequentemente, desde 2009, as marcas triplicaram a quantia de dinheiro gasta em mídia social. Com a explosão no número de redes sociais disponíveis para qualquer um que queira acumular um público e grandes somas de dinheiro sendo redirecionadas para esses negócios, o marketing de influência se tornou uma estratégia de monetização legítima para qualquer pessoa que construa um perfil online, ou seja, praticamente qualquer um no mundo dos negócios.

Quão legítima? Os YouTubers de maior receita obtiveram uma renda combinada de US$70 milhões em 2016. Muitos estão dentro de um modelo — vários são gamers, por exemplo — mas Lilly Singh é uma comediante e rapper que apresenta a cultura punjabi em seus vídeos, Rosanna Pansino é uma padeira e Tyler Oakley é um ativista LGBTQ. No passado, a lista de maiores sucessos também incluía a dançarina violinista Lindsey Stirling e a maquiadora Michelle Phan. Os Instagrammers mais populares podem ganhar sete dígitos por ano apenas com sua dedicação às mídias sociais. Mesmo com apenas mil seguidores, um Instagrammer iniciante pode ganhar cerca de US$5 mil por ano com apenas dois posts por semana, e dez mil seguidores podem gerar cerca de US$20 mil por ano. Para reforçar, isso com apenas dois posts por semana; imagine as receitas se o Instagrammer postar mais frequentemente. Vamos pensar sobre isso. O salário mediano de empregados nos EUA é de cerca de US$51 mil por ano. Você pode ganhar isso como um gerente de escritório, ou tocando seu próprio negócio construído em torno de algo que ama mais do que tudo no mundo. Prefere agir com cautela? Você pode trabalhar como gerente de escritório, ir para casa e ganhar US$10 mil extras por ano no Twitch, deixando as pessoas verem você jogando e comentando sobre seu vídeo game favorito, porque realmente é muito bom nisso. Ou usar o YouTube para compartilhar experimentos científicos realmente legais. Ou postar fotos no Instagram de seu porco-espinho usando chapéus minúsculos. Graças à proliferação das plataformas e à migração do público de TV e revistas para a internet, há espaço para muitos e muitos mais especialistas e personalidades criarem um ecossistema sustentável que promova e faça crescer seus negócios, ou mesmo seus trabalhos extras.

É um ótimo momento para ser modelo de moda, por exemplo. Houve um tempo em que só havia espaço para um punhado de superestrelas brilharem em ensaios editoriais de moda e nas passarelas. E havia, talvez, mil pessoas no meio do caminho conseguindo trabalho comercial regular impresso e na TV. O resto estava por baixo, nas sobras, fazendo trabalho promocional e catálogos. Mas a internet abriu uma porta de oportunidades para qualquer um que se arrisque a cultivar uma base de fãs por meio de blogs e canais de vídeos para atrair a atenção de centenas de milhares de marcas dispostas a gastar dinheiro apoiando pessoas populares, de boa aparência e bom gosto, por meio de conteúdo e publicidade de marca. Não só isso, pessoas abençoadas com a boa aparência de modelo — ou talvez abençoadas com conhecimentos em ângulo e filtro — não precisam realmente atuar na profissão para serem pagas. A imensa mudança na atenção às mídias sociais significa que pessoas bonitas não estão mais restritas às revistas ou à agência de talento ou a, realmente, qualquer intermediário, para fazer dinheiro com a sua aparência. Elas podem parecer fabulosas todos os dias em suas próprias plataformas enquanto se dedicam a um público que cresce constantemente, e as marcas virão implorando por publicidade. Pergunte a Brittany Xavier (veja página 234).

Geralmente definimos um influenciador como alguém que reúne um público tão grande nas mídias sociais que as marcas oferecem dinheiro a essa pessoa para estar em eventos, tirar selfies com produtos ou falar sobre serviços. As marcas pagaram bilhões de dólares às pessoas famosas da internet para serem seus patrocinadores, promotores e colocadores de produtos. Colocação de produto é um meio natural para quem acessa YouTube e Instagram, mas pode deixar os blogueiros de motocicleta ou as podcasters rainhas da geleia de framboesa — aqueles que podem não se achar fotogênicos ou carismáticos o suficiente para selfies ou vídeos constantes — achando que suas opções para ampliar influência e fazer receita estejam limitadas a vender espaço de propaganda. Estou aqui para lhe dizer que não. Você apenas tem que ser esperto e estratégico sobre como usar seu conteúdo. Veja, tenho sido pago para escrever livros e falar em palcos nacionais e internacionais, e ganhei dinheiro suficiente para fazer o tipo de investimento que geraria retorno por gerações. Entretanto, não ganhei nem um centavo porque uma companhia de bebidas energéticas me pagou para dizer: "Este é o meu segredo para trabalhar dezoito horas por dia".

Sou um empreendedor que construiu uma empresa de comunicação social de US$150 milhões em parte por causa da minha marca pessoal, que desenvolvi inicialmente criando conteúdo valioso que ampliou minha influência. Essa é uma forma de detonar. Definitivamente, por outro lado, siga adiante e ganhe dinheiro ao longo do tempo com anúncios, por exemplo, vendendo espaço para uma empresa de doces. À medida que obtiver sucesso, você pode receber até US$10 mil para colocar uma barra de chocolate na sua mesa enquanto trabalha. Mas, pelo amor de Deus, não pare por aí. Esse é o começo. Não se venda por pouco por não perceber o quão grande pode se tornar. Quão grande? A internet é a ostra de um empreendedor, e você pode usar suas plataformas de pérola para construir uma marca pessoal tão poderosa que o mundo não só estará querendo pagar por seus produtos ou serviços ou para promover os produtos e serviços de outras pessoas, mas também pode estar querendo pagá-lo para ser simplesmente você. Para mim, esse é o momento em que você se torna um influenciador de verdade. No seu auge, marketing de influência é o reality show 2.0. Eu quero que pense que você será a mais nova estrela de amanhã.

Você, o empreendedor, não é diferente da marca de macarrão com queijo orgânico que se desdobra em biscoito de queijo cheddar e canja de galinha. A marca nunca foi só macarrão com queijo orgânico, mas comida orgânica reconfortante. Você é a mãe grávida que começa um podcast sobre gravidez e então escreve um livro sobre criar filhos sofrendo de ansiedade. Você é a cozinheira caseira com um belo stream no Instagram que começa um podcast sobre conservas e é convidada a escrever uma coluna sobre jardinagem urbana em uma revista nacional. Você é o cara que começa um blog de vinho que não é realmente sobre vinho, mas sobre se estabelecer como alguém que pode mostrar a outros negócios melhores formas de se comunicar e vender. O Instagram da cozinheira caseira não é sobre comida, mas sobre construir sua influência na categoria estilo de vida saudável. O podcast da mãe sobre gravidez é só uma parte do que constitui a maternidade.

Sua marca pessoal pode te dar todas as combinações que desejar. Sua enorme importância no mundo dos negócios de hoje quer dizer que o estrelato não mais está limitado aos mais belos ou telegênicos dentre nós; o campo está aberto para muitos, muitos outros jogadores. Também quer dizer que a maioria dos empreendedores ainda tem muito espaço para engrenar seu jogo e se tornar influenciadores. Estou observando vocês aí fora, e é chocante como muitos empreendedores se aprisionam em caixas que eles mesmos criaram, embora tenham muito mais poder do que tinham antes.

Digamos que você esteja arrasando no Twitter. O que fará se um dia se der conta de que está cansado do Twitter? O que vai fazer se o Twitter desaparecer? E se você for o cuidador de abelhas favorito do país e desenvolver uma alergia mortal a abelhas? É uma questão de sobrevivência pensar além dos seus sucessos atuais e, constantemente, procurar formas de criar novos para que você nunca esteja limitado a uma plataforma, ou mesmo a um tópico. Como fazer isso? Criando uma marca pessoal tão poderosa que transcende plataformas, produtos e até sua paixão. Considere o ícone cultural Julie Andrews,* a estrela de bochechas rosadas de múltiplas obras primas da Broadway e de Hollywood, como *Camelot*, *A Noviça Rebelde* e *Mary Poppins*. Toda a sua carreira — toda sua identidade — foi construída no alcance vocal soprano que a tornou um nome reconhecido. "Eu achava que... minha voz era o que eu sou." Então, cerca de vinte anos atrás, ela fez uma cirurgia para remover cistos pré-cancerosos nas cordas vocais. Quando acordou, os cistos haviam ido embora, levando também a sua voz. Mas, porque ela era Julie Andrews, esse não foi o fim de sua carreira. Desde então, ela escreveu dezenas de livros infantis, estrelou a série de filmes *O Diário da Princesa* e, mais recentemente, em conjunto com a Jim Henson Company, produziu e estrelou uma série da Netflix que ensina o amor às artes para crianças na pré-escola.

Oprah não era só apresentadora de um talk show, Muhammad Ali não era só um lutador de boxe. The Rock não era só um lutador de luta livre. Uma marca pessoal forte é o seu bilhete para a completa liberdade pessoal e profissional. Eu quero que você se torne a Julie Andrews ou o Muhammad Ali do seu ramo. Claro, para que isso dê certo, você precisa começar com um talento fenomenal. Ao contrário dessas celebridades, no entanto, não precisará de um agente para ser notado pelas pessoas certas e começar a fazer mais dinheiro. Em 2009, uma comediante que acumulou milhares de seguidores fazendo piadas no Twitter só começou a fazer dinheiro de verdade quando assinou um contrato com a Creative Artists Agency e conseguiu um "trabalho de verdade" escrevendo piadas para David Letterman. Hoje, no entanto, você não precisa escrever piadas para outras pessoas quando o fabricante dos M&M's, Mars, pode pagar a você US$10 mil para tuitar sua própria piada sobre M&M. E não precisa vender seu material para um canal de televisão para conseguir um

---

* Aposto que você não sabia que eu amo a Broadway.

negócio lucrativo. Vamos lembrar que, em 2009, as pessoas ainda usavam seus telefones *como telefones*. Ainda usávamos câmeras flip para gravar nossos vídeos e nossos telefones ainda não tinham se transformado em televisões e telas de cinema. Tudo isso mudou. A internet se tornou o intermediário supremo, permitindo que cada setor chegue diretamente ao consumidor, de música e publicidade a táxis e hotéis. Snapchat, Instagram e Facebook são as NBC, ABC e CBS de nossos tempos. Seu público o aguarda. O que você precisa decidir é como vai se tornar o próximo *Empire*.

Em 2009, eu estava tentando fazer você entender que poderia ganhar algum dinheiro no mundo online ou usá-lo para se lançar ao mainstream, se esse fosse seu objetivo final. Hoje, a internet *é* o mainstream. Você está no controle absoluto de como o mundo o vê, com que frequência e em que contexto. O fenômeno das mídias sociais John "The Fat Jewish" Ostrovsky já estava no circuito do entretenimento há anos, assinando um contrato com uma gravadora na universidade e apresentando um programa de entrevista de celebridades no *E!*, mas não foi até ter meio milhão de seguidores no Instagram que ele foi capaz de transformar sua comédia e arte de performance em um livro, um rótulo de vinhos e aparições em realities na TV (o que o levou a ganhar 10 milhões de seguidores no Instagram). O cineasta superstar Casey Neistat começou a fazer filmes online ainda em 2003, mas foram os curtas de alta qualidade e o criativo vlog diário que ele postou no YouTube que consolidaram sua marca pessoal nos corações e mentes de oito milhões de seguidores. Com esse público, ele conseguiu vender sua companhia para a CNN por US$25 milhões, lançar um novo projeto que busca preencher a "gigantesca lacuna" entre seu público jovem e as mídias mainstream de notícias, e se tornar o rosto de um comercial da Samsung que foi ao ar durante o Oscar de 2017.

---

* N. T.: *Empire* é uma série de TV norte-americana de drama musical idealizada por Lee Daniels e Danny Strong. O enorme sucesso surpreendeu até seus criadores, alcançando 10 milhões de telespectadores em seu episódio de estreia e 17 milhões no final da 1ª temporada. O autor faz um trocadilho com a tradução literal: império. No Brasil, é exibida como *Empire – Poder e Fama*.

Marcas Pessoais São para Todos

Desenvolver uma marca pessoal estrategicamente por meio de mídia social funciona brilhantemente para pessoas criativas, como comprovado pelo alto número de fotógrafos, artistas e músicos que se ofereceram para compartilhar suas histórias para este livro quando solicitei contribuições. No entanto, pode funcionar para qualquer um em qualquer ramo que queira apostar nisso. Você não precisa trabalhar no anonimato sob o nome ou logo de outra pessoa até ter crédito suficiente para caminhar por conta própria. Claro que pode, e muitos o fazem, em geral para absorver o seu conhecimento, experiência de vida e conta bancária, antes de dar o salto do empreendedorismo. Muitas das pessoas entrevistadas para este livro disseram que as experiências e os talentos que desenvolveram em seus empregos anteriores — até os que elas odiavam — foram essenciais para ajudá-las a se tornar as empreendedoras que são hoje. Tome, por exemplo, Dan Markham, que apresenta o canal What's Inside? do YouTube com seu filho, Lincoln.

> Como representante de vendas, de maneira bem esquisita, aprender como convencer médicos a usar certos remédios me ensinou como ser um YouTuber. Eu praticava com outro representantes. Praticávamos e praticávamos e praticávamos e praticávamos. Eu nunca tinha sido filmado antes, mas é como falar com um representante de remédios ou um médico. Assim, meu trabalho na verdade me ajudou. Sabia que queria ser empreendedor, sabia que queria ter meu próprio negócio. Mas estava trabalhando tão duro indo para a universidade, para o meu emprego e aprendendo tudo que poderia para ser um representante de vendas. E, então, fazendo todas as outras pequenas coisas nas horas vagas. Fracassando e tendo sucesso. E, então, finalmente, tudo meio que se encaixou.
>
> Tenho trinta e sete anos, e venho trabalhando nisso desde que tinha dezenove anos, tentando me desenvolver. Levou todos esses anos para

acontecer. Mas agora me sinto finalmente em um lugar onde queria estar. É estranho que seja aqui, mas eu adoro.

Não é legal saber que não há um itinerário? Se você é um gerente de projetos que prefere ser cuidador de abelhas, por exemplo, amanhã — sim, *amanhã* — pode lançar um podcast orientado à natureza e blogar conteúdo perceptivo, bem humorado e criativo, e amplificar sua voz em todos os tipos de cenários além de abelhas. Em seguida, você poderia começar a produzir vídeos sobre como fazer, ou escrever um livro sobre como começar no negócio, assegurando que seu conhecimento seja passado para uma nova geração de cuidadores de abelhas. Você estaria compartilhando informações importantes e fazendo sua marca pessoal crescer ao mesmo tempo. Em seguida, poderia ser chamado para apresentar um especial no *Animal Planet*, ou a *National Geographic* poderia ligar e dizer que quer fazer uma reportagem. Conforme sua marca pessoal cresce, você pode desenvolver uma receita para um novo doce, protetor labial, pastilha ou iogurte com sabor de mel. Você pode criar um novo repelente de insetos ou tratamento para cuidar da pele, ou projetar bolsas ou materiais de jardinagem de uma marca de abelhas. Ou pode receber uma mensagem direta no Instagram da modelo de passarela Karlie Kloss que, ao que parece, é super envolvida na cultura de abelhas, e a selfie marcada que vocês fazem juntos não só aumenta suas vendas de trezentos para trinta mil, mas também ilumina o novo capítulo da sua carreira. Esse tipo de coisa está realmente acontecendo. Use as plataformas de mídias sociais de hoje para desenvolver sua marca e expandir sua influência, e você pode construir um negócio que pode continuar a crescer mesmo que nunca toque em outra colmeia.

É só um exemplo hipotético, mas você lerá muitos exemplos reais nas próximas páginas. Este livro é uma celebração de todas as pessoas que colocaram os princípios de *Vai Fundo!* para funcionar e obtiveram um enorme sucesso como retorno. Eu quero que você aprenda com esses exemplos. Algumas pessoas representadas aqui são meus amigos; muitas são apenas pessoas aleatórias que, dada a oportunidade, deram um passo à frente para compartilhar com você como fizeram isso. Foi quase impossível escolher dentre as histórias inspiradoras que ouvíamos, e eu queria que pudéssemos colocar aqui todas as histórias das pessoas que contataram a mim e a minha equipe. Mas não haveria espaço.* Ouvimos ótimas histórias de pessoas do entretenimento, profissionais de fitness, blogueiras de moda e, é claro, consultores de marketing — pessoas que você imaginaria estarem detonando na mídia social — mas também de um dentista, um planejador financeiro, um treinador de cães, um planejador de convenções de LEGO e um proprietário de um negócio de troca rápida de óleo lubrificante, entre muitos outros. Muitos começaram jovens e solteiros, mas outros já tinham filhos quando decidiram arriscar e detonar. Muitos deixaram empregos lucrativos para se devotar à sua paixão. O que isso deveria lhe dizer é que se você não está detonando, não é por que é velho, ou pobre ou tem muitas outras responsabilidades. É porque ainda não se comprometeu completamente em dar o pulo. Você está inventando desculpas, como "Gary faz parecer tão fácil, mas isso é realmente quase impossível". Na verdade, não é, mas você não pode ficar com o pé atrás. Você vai assumir grandes riscos. Vai consumir toda a sua capacidade mental, seu tempo e seu lazer. **Você vai ficar na pior por um bom tempo,** mas prometo que os sacrifícios valerão a pena. Eu também prometo que, uma vez que tiver desenvolvido uma marca pessoal robusta, será capaz de desfrutar tanto lazer quanto quiser — porque estará completamente no controle de sua vida.

No entanto, não procure um programa de nove passos para o sucesso aqui. Não posso te dar isso. Os princípios são universais; o caminho é todo seu. Eu lhe darei exemplos de como usar as plataformas, assim como as pessoas que compartilharam suas histórias conosco. Mas são apenas exemplos, não ordens. Você pode fazer do meu jeito ou do seu. Projete seu caminho no espírito de *Vai*

---

* Por isso criamos uma página no *Medium* chamada "Crushing It," na qual publicamos histórias e celebramos pessoas que estão usando os princípios de *Vai Fundo*! para atingir sucesso pessoal e profissional. Dê uma olhada em https://medium.com/crushingit (conteúdo em inglês).

Fundo!, se não ao pé da letra. Você precisa apenas escolher fazer. Estou muito cansado de desculpas. Por que não tentar algo novo? Seja otimista, demonstre paciência, cale a boca e faça.

A coisa mais empolgante no mundo em que vivemos é que ele ainda está na infância. Há muito espaço para se dar bem aqui. Inacreditavelmente, muitos de vocês ainda parecem relutar em experimentar plataformas em crescimento. Você não quer perder seu tempo se, no fim das contas, for um modismo que acaba rápido, mas se questiona por que os influenciadores como os que vai conhecer estão fazendo muito mais sucesso do que você. Essa desconexão é o que dá a empreendedores como você essa vantagem inicial. Agora há até mais oportunidades de faturar com sua paixão do que havia um tempo atrás. Conquiste seu lugar, deixe sua marca e comece a viver no universo *Vai Fundo!*.

COMO EU ESTOU DETONANDO

Amy Schmittauer, Savvy Sexy Social

IG: @SCHMITTASTIC

Amy Schmittauer se tornou uma sensação da internet porque foi escolhida por último para ser dama de honra. Era 2007 e, embora tenha sido a última a ser escolhida, queria ser a favorita, então pensou no que poderia fazer para que a noiva se sentisse especial e bolou a ideia de fazer um vídeo com uma das outras damas de honra. Ela se divertiu fazendo, e tinha certeza de que a noiva apreciaria o gesto, mas, até reproduzir o vídeo no jantar de ensaio, não tinha noção do poder da mídia. A noiva não era a única chorando: todo o salão foi às lágrimas.

"Fiquei imediatamente fascinada. Amei a ideia de contar uma história e ser capaz de ter controle emocional sobre um público. Isso envolve todos os sentidos de uma vez só."

O vídeo que Amy fez para o casamento foi gravado em um DVD. No entanto, ela ficou empolgada ao descobrir a existência de plataformas online nas quais poderia fazer upload de vídeos e compartilhá-los. Começou a filmar pedaços de sua vida, aprendeu como editar e exibiu os resultados no YouTube. O processo se tornou seu escape criativo.

Nesse meio tempo, enquanto fazia faculdade de ciências políticas na Ohio State University, pensando que talvez quisesse ir para a faculdade de Direito, ela conseguiu um emprego dos sonhos em um escritório de advocacia, no qual, em algum momento, se envolveu na prática de lobby, angariação de fundos e políticas públicas. Mas ela também se tornou conhecida como a pessoa que sabia editar vídeos e poderia ajudar a definir as configurações de privacidade na sua página do Facebook, o que não seria notável no Vale do Silício, mas era incomum em Ohio à época. Foram seus amigos que viviam na Costa Oeste que lhe disseram que gerenciamento de mídias sociais era um trabalho real. E ela pensou: *Eu poderia ganhar dinheiro com isso?*

Assim começou seu negócio paralelo. Depois de chegar em casa do trabalho, às vezes 7 da noite, ela fazia trabalho freelance. Os primeiros negócios pequenos dos quais se aproximou já estavam sobrecarregados com todo o conteúdo que tinham que criar para Facebook e Twitter, e agora aparece essa pessoa dizendo que eles têm que fazer vídeos, também? Eles não queriam ouvir isso. Amy percebeu que a única forma das pequenas empresas a levarem a sério era mostrar por que a mídia social importava. Ela conseguiu seu primeiro cliente, uma revista de comida sustentável local, mandando um e-mail explicando que, embora ela não tivesse qualquer experiência prévia em mídias sociais, tinha certeza que poderia ajudá-los a desenvolver sua marca. **Ah, e ela estava disposta a fazer de graça.** Não foi preciso muito convencimento para eles a tornarem gerente de mídias sociais.

Ela vinha trabalhando com seu emprego paralelo juntamente ao emprego em tempo integral por três ou quatro meses, quando Lewis Howes, também de Ohio, que estava fazendo seu nome no LinkedIn (ver página 34), sugeriu que se encontrassem. Ele não a encontrou por meio do trabalho que ela fazia na revista de comida sustentável; notou o blog de vídeos e fotos que ela fazia no YouTube e em outros sites de mídias sociais, e queria saber mais sobre o que ela estava fazendo. Eles se encontraram para comer hambúrgueres em meados de 2010, e ele deu a ela dois conselhos caso quisesse começar a ter clientes pagantes:

1. Vá a Las Vegas e participe da BlogWorld, a conferência de novas mídias a qual os líderes mundiais em blogs, podcasts e conteúdo em criação de vídeo se reúnem para conversar sobre sua arte e seu negócio.

   Sem problemas. A revista já tinha ajudado a comprar um crachá.

2. Leia *Vai Fundo!*, de Gary Vaynerchuk.

   Esse era fácil também. Amy foi à biblioteca e pegou uma cópia. Ela leu e foi quando soube que não seria advogada, no fim das contas. Eu ficaria feliz em fazer isso como um emprego paralelo para sempre. Não sabia que poderia ser poderosa o suficiente para fazer acontecer. *Vai Fundo!* me tornou capaz de visualizar como meu futuro poderia ser. Eu achava que primeiro precisava me tornar uma empresa de prestígio para que outros empresários me contratassem, e não dava crédito suficiente ao fato de que já estava sendo observada, consultada, era confiável e considerada uma minilíder de pensamento por causa da marca pessoal que vinha desenvolvendo com meus vídeos sobre a minha vida.

O livro fez com que eu percebesse o quanto a marca pessoal é importante para o negócio crescer, e eu já vinha fazendo isso sem mesmo saber. Então, talvez estivesse mais à frente do que pensava! Talvez pudesse transformar isso que eu fazia por diversão em algo mais simplesmente alavancando o que já sabia muito bem – como usar o vídeo, como falar com a câmera como se fosse uma pessoa – e criar a mensagem para um tipo bem específico de pessoa. Foi o único sinal que precisava para começar, pois eu já sabia o que fazer nesse ponto.

Agora ela sabia que gerenciamento de mídias sociais não seria o seu setor no mundo online. Ela iria atrás de consultoria sobre vlog e marcas pessoais. E cobraria conforme o seu valor.

Obviamente, a definição de se desvalorizar é trabalhar de graça, mas também penso que ficaria muito abaixo nos meus preços por causa da desvalorização do setor no princípio. *Vai Fundo!* me permitiu perceber que minha habilidade era um bem muito, muito grande, tanto no marketing quanto no serviço ao cliente para negócios. Foi o que me deixou muito mais confiante no preço e na monetização nos meus termos. E minha confiança, acreditar que eu valia mais, me ajudou a ganhar muito mais na minha carreira. Eu continuava a arriscar, porque sabia que estava fazendo um bom trabalho.

Ela começou seu vlog, Savvy Sexy Social, "para acabar com o sofrimento pelo qual as pequenas empresas estavam passando." Quando deixou seu emprego, no começo de 2011, ela já tinha clientes pagantes, mas a mudança de assalariada para freelancer ainda era um grande risco. Ela foi morar junto com seu namorado, se livrou de seu carro e fez todo o possível para manter suas despesas baixas. Estava preparada para levar meses para atrair novos clientes, mas todo o trabalho que havia feito – fazer com que as pessoas a conhecessem e confiassem nela falando de seu trabalho, ir à BlogWorld, acompanhar sua rede de contatos e ser diligente com os relacionamentos – deu resultado. Ela conseguiu clientes pagantes em algumas semanas. (Para ter certeza de que firmaria seus preços, por um tempo ela criou um e-mail em separado para um assistente virtual e negociou para si mesma usando outra persona.)

Enquanto continuava a ensinar no Savvy Sexy Social, que tem cerca de setenta e cinco mil inscritos e recebeu cerca de cinco milhões de views, Amy escreveu um best-seller, criou uma série de cursos online sobre vlog para negócios, começou um segundo negócio de marketing em vídeo bem-sucedido, e ainda dá palestras ao redor do mundo. Ela é recém-casada (olá, Sra. Landino!), tem um cachorro fofo e o negócio está prosperando. Em qualquer ângulo, ela está detonando, mas está relutante em se dar os parabéns.

Foi difícil valorizar o que consegui em qualquer ponto. Compreendi que estou no completo controle, e é um sentimento avassalador, porque significa que você poderia sempre fazer mais, e quer dizer que pode não estar fazendo o suficiente. Coisas fantásticas acontecem e, então, chega um dia em que eu acordo e o dia ruim é tipo: *Estou falhando*. Nunca cheguei perto de desistir, mas houve dias em que fiquei pensando: *Você realmente nasceu para isso?* Eu era meu maior desafio. Não me dava o tempo para ser grata e me respeitar por chegar até aqui. Parece piegas, mas tive que começar a sentar e refletir diária, semanal, mensalmente sobre o que fiz bem, ficar feliz com aquilo e lembrar no dia seguinte, porque vai ser difícil todos os dias. Acordar e saber que os desafios virão – e eles vêm – eu, ainda assim, não mudaria nada. Sei que escolhi o caminho certo, e amo continuar nele, não importa o que aconteça.

Amy tem uma grande história, certo? Adoro como ela teve motivação para resolver as coisas por conta própria. Adoro como ela canalizou com sucesso toda a sua energia para criar uma marca incrível e, ainda que tenha realizando tanto, continua sem desistir nem por um segundo. Ela é a personificação da paciência e da tenacidade, como são todas as outras pessoas que entrevistamos para este livro. Mal posso esperar para que você as conheça.

2

O QUE (AINDA) IMPORTA

Antes de explorarmos qual plataforma você deve escolher para apoiar seu pilar de conteúdo, quero lembrar que até um pilar bem projetado cairá se não estiver sobre uma base sólida. O que geralmente prejudica os empreendedores não são apenas os erros que eles cometem executando sua visão, mas os erros que cometem antes mesmo de começar. Embora possa ser difícil apontar por que alguns influenciadores constroem marcas pessoais atrativas e lucrativas que vão além de suas expectativas mais selvagens, não é difícil entender por que tantos falham. Em geral, é por que estão colocando energia nas coisas erradas. Eles se importam, mas não o suficiente, com o que realmente importa. E o que realmente importa é uma lista pequena: empenho, autenticidade, paixão, paciência, velocidade, trabalho e atenção.

Empenho

Nos negócios, o como importa, claro, mas o por que importa tanto quanto. Talvez mais. Por que você quer ser um empreendedor?

Para compartilhar seu conhecimento? Para ajudar pessoas?

Para construir algo que deixará um legado?

Para ganhar bem e dar para você e sua família segurança financeira e espaço para respirar?

Para se divertir com um escape criativo?

Para criar uma comunidade?

Todas são grandes razões para construir um negócio e se tornar um influenciador.

Reparou o que não está na lista?

Com o empreendedorismo se tornando uma tendência, muitas pessoas que estão se chamando empreendedoras não o são realmente. Elas deveriam se chamar *desejempreendedores*, e eu gostaria que fizessem isso antes que arruinassem a reputação dos empreendedores reais da mesma forma que corretores inescrupulosos arruinaram como algumas pessoas se sentem sobre agentes imobiliários de verdade ou como advogados de porta de cadeia e caçadores de mídia mancharam a opinião que as pessoas têm dos advogados. (E gostaria que eles mudassem o modo como se chamam antes de gastar muito tempo e dinheiro). Juro que entrar nesse jogo pelo dinheiro é o caminho mais rápido para o fracasso no longo prazo. Quando seu empenho vem do lugar errado, os clientes podem até fazer negócio com você se não tiverem outra opção (uma situação cada vez mais rara), mas não o recomendarão a outros. Por definição, um influenciador gera um boca a boca positivo. Se não se importa o suficiente para induzir outros a falarem bem de você, tudo o que está fazendo é segurar o lugar para alguém que realmente se importa, que vai progredir e tomar o seu lugar.

Este livro apresenta empreendedores de sucesso financeiro em todos os estágios de influência, mas aqueles que estão no ápice compartilham três características:

▶ O compromisso com o serviço

▶ O desejo de fornecer valor

▶ O amor pelo ensinamento

Alguns foram inspirados a criar seus próprios produtos após buscar sem sucesso por estes produtos, certos de que, se eles precisavam desses produtos, outros também precisariam. Eles começaram a ensinar quando, ao buscarem por mentoria ou inspiração, tudo que encontraram foram cursos online caros que tomaram seu tempo, mas não ofereceram nada realmente útil. Quando criaram seu conteúdo, juraram usar a abordagem completamente oposta e oferecer conteúdo sólido e valor real. Em suas próprias palavras, muitos não começaram como os mais entendidos em seu campo, e certamente não eram os melhores. O que não tinham em experiência, no entanto, eles compensavam em seriedade, honestidade e humor. A cada dia, seus podcasts, fotos, vídeos e posts em blogs melhoravam, atraindo o público de volta constantemente. Eles se doaram inúmeras vezes e ainda mais, em geral, de graça. E os clientes voltaram várias vezes. Foi porque eles gostavam das coisas grátis? Claro, todo mundo gosta. Mas se um produto é ruim, mesmo de graça não compensa o desapontamento do seu cliente. Além disso, um produto ruim arruína qualquer chance que você possa ter de ganhar a lealdade e a confiança do seu cliente. Ninguém volta em busca de produtos ou conselhos que não funcionam.

Bom, eu sou a pessoa menos ingênua que você já encontrou. Alguns me odeiam por dizer isto, mas não acredito que a maioria dessas pessoas se doam tanto por que são tão altruístas. Elas são humanas, ou seja, como todo mundo, têm seus próprios desejos e necessidades egoístas. Mas também acredito que elas são humanos que caem nos 51%. Ou seja, se sua natureza é pelo menos 51% altruísta e 49% egoísta, você tem uma chance real de se destacar, porque a vasta maioria das pessoas é de 70% a 99% egoísta. Você pode usar o altruísmo como uma tática? Claro, mas altruísmo não é uma coisa que você consegue fingir por muito tempo. Todas as pessoas que conheço que tentaram conseguiram chegar somente a determinado ponto antes de serem financeiramente ou emocionalmente derrotadas. Aposto que algumas das pessoas mencionadas neste livro começaram usando altruísmo como tática, e eram boas justamente porque era algo natural. Então, repararam que os clientes reagiam de forma intensa quando sentiam que você ligava para eles, lhes dando o incentivo de usar mais esse lado em vez de lutar contra ele, o que muitos de nós, ninados no berço do capitalismo, fomos sempre ensinados a fazer. Quebrar a primeira regra do dinheiro foi como cheguei onde estou. Nunca me importei com o dinheiro. Eu, no entanto, me importo profundamente, obsessivamente, com meu legado. Quero que o mundo fique de luto por mim quando eu morrer, não só por ter sido um ser humano decente, mas por ter construído algo tremendo e previsto onde se encontrava o futuro do negócio. E, então, quero ser o cara na vida após a morte. Ser bom e generoso e me importar é a única coisa que pode me ajudar com qualquer uma dessas metas. Três entre dez pessoas não gostaram de mim da primeira vez que me viram online ou me ouviram falar porque acharam que sou convencido e que meu hábito de me doar tanto de graça, seja tempo, conselho ou mentoria, é só uma maneira de ganhar dinheiro. Elas não acreditam que alguém realmente se importe tanto. Eu me importo, no entanto, e é a razão pela qual a maioria dos meus *haters* eventualmente muda de ideia se me der a oportunidade de ser ouvido.

Há um número assustador de pessoas que dizem estar começando seu negócio porque querem tornar o mundo um lugar melhor, se revelando depois como fraudes e hipócritas quando respondem uma ou duas perguntas sobre seu exemplo. Há também um número assustador de pessoas tão cínicas que não acreditam que alguém possa fazer qualquer coisa sem esperar algo em retorno. Reconheço a dualidade da natureza humana, a minha inclusive. Quero comprar o New York Jets (sejamos honestos; estou viciado no processo de tentar comprar o New York Jets), ou seja, faço o que faço para ganhar muito dinheiro. Ao mesmo tempo, adoro a sensação de causar um impacto positivo na vida das pessoas, ou seja, faço o que faço para ajudar outros empreendedores a ter sucesso. Abraçar essas duas verdades e combiná-las nas minhas ações diárias é a razão pela qual sou vitorioso. Também é por isso que deixo de ganhar quantias descomunais de dinheiro. Muitos influenciadores, por exemplo, incluindo alguns que você conhecerá aqui, vendem cursos online. Cursos podem gerar um fluxo de receita generoso e, feitos da forma certa, podem ser recursos incríveis. Escolhi não dar cursos porque fico preocupado que, uma vez que colocar um valor monetário no meu conhecimento, me sinta obrigado a reservar meu melhor material para aqueles que pagam. Isso criaria um conflito de interesse que iria contra tudo que quero associar a minha marca. Publico livros, sim, mas para além de um caso pessoal ocasional, não há nenhuma informação neles que eu não tenha discutido em um fórum público e gratuito em algum lugar. Para todos com tempo e inclinação para buscas online, a informação está lá para ser encontrada, embora algumas vezes em um formato menos expandido ou detalhado. Esses livros existem para economizar o tempo das pessoas e fornecer um recurso portátil que podem consultar.

A cada decisão que tomo, considero o equilíbrio que tento manter entre egoísmo e altruísmo, em geral, sem dar muita atenção ao meu lado egoísta no curto prazo. Tudo bem esperar uns anos além do que poderia para comprar os Jets se significa viver com uma consciência limpa e a certeza de que não sacrifiquei meu legado. Você pode tomar uma decisão diferente. A verdade é que não precisa ser tão altruísta como eu para faturar alto; em um mundo em que o padrão é praticamente nada, você precisa ser apenas altruísta o suficiente. Mas, acredite em mim, se cada interação e transação for baseada no que acha que consegue tirar delas, nada neste livro funcionará. Considere-se avisado.

No extremo oposto, é interessante quão frequentemente o produto parece ser irrelevante para muitos dos empreendedores de sucesso entrevistados para este livro. Sua paixão não está completamente associada à proteína em pó, à técnica de treinamento ou aos produtos de beleza. Para muitos deles, emprestando as palavras da designer gráfica e instrutora de marca Jenna Soard (IG: @youcanbrand), fundadora da You Can Brand, seu "mais verdadeiro amor é ver a surpresa acontecendo na cabeça das pessoas". É ver como seus produtos ou serviços fazem os outros se sentirem, ajudar clientes a resolver problemas, ir além ou se sentirem melhores sobre si mesmos. Resumidamente, a fonte do seu sucesso está em quanto eles se

IMPORTAM.

Ainda é a melhor estratégia de marketing.

COMO ESTOU DETONANDO

Lewis Howes, School of Greatness

IG: @LEWISHOWES

Lewis Howes conhece o som de um sonho destruído. Para ele, foi o estalo do seu pulso quando bateu contra uma parede durante seu segundo jogo como jogador de futebol americano profissional. Jogador All-American e decatleta, Lewis inicialmente se recusou a aceitar que a lesão não lhe permitiria jogar esportes profissionais novamente. Por seis meses, enquanto se recuperava da extensa cirurgia com um braço totalmente engessado no sofá de sua irmã, em Ohio, ele tinha esperança que se recuperasse o suficiente para recomeçar sua carreira atlética. Após outro ano de tentativas e falhas na construção da força que já tivera em seu braço, teve que aceitar que havia acabado. Para muitas pessoas, teria sido o fim. Ele já havia sobrevivido a abusos sexuais na infância e sido alvo de bullying na escola, onde batalhava para se manter devido à dislexia. Os esportes foram seu refúgio e sua salvação e ele desistiu da universidade para tentar uma vaga na NFL. Agora, apesar de todos os seus esforços, havia ficado sem nada — nenhum diploma, nenhuma habilidade e nenhum dinheiro. E era 2008, quando nem as pessoas com todas essas três coisas conseguiam encontrar emprego.

O que Lewis tinha, devido a seu treinamento atlético, era uma crença em si mesmo. Ele começou a ponderar a questão: "O que eu criaria se pudesse criar alguma coisa no mundo?". Já sabia como era ser pago para fazer algo que gostava, logo, não havia possibilidade de assumir qualquer velho emprego corporativo que pudesse encontrar. Mas ele precisava fazer *algo*, porque, depois de tantos meses vivendo em seu sofá sem pagar aluguel, sua irmã estava ficando impaciente.

Um mentor sugeriu que ele entrasse no LinkedIn. Lewis sabia que a plataforma dava a ele acesso direto a muitas pessoas de sucesso, pessoas que poderiam ser capazes de levá-lo a oportunidades ou, pelo menos, explicar como haviam chegado lá.

"Tudo que eu queria fazer era estar próximo de pessoas inspiradoras, com as quais pudesse aprender." Ele gastou o próximo ano, oito horas por dia ou algo assim, se conectando com líderes de negócios locais, convidando-os para almoços e fazendo entrevistas em busca de informação para aprender mais sobre como eles atingiram seu sucesso. Pensando que pudesse ser uma boa opção para um emprego no mundo dos esportes, a princípio, ele buscou vários executivos da área de esportes. À medida que uma pessoa o conectava à próxima, que então sugeria que ele se encontrasse com outra, seu círculo foi se ampliando. Enquanto aprendia mais sobre as possibilidades do LinkedIn, ele otimizou seu perfil, o que levou influenciadores cada vez maiores a aceitarem se encontrar com ele. No final de 2009, ele tinha trinta e cinco mil conexões.

Nessa época, Tweetups – encontros pessoais de usuários do Twitter ao redor de uma causa comum – eram uma via de marketing popular.

"Fui em alguns desses encontros e pensei, *Hmmm, estou conseguindo esses seguidores no LinkedIn. Por que não fazer um meetup do LinkedIn?*" Então, ele fez um, em St. Louis, onde havia frequentado um colégio interno privado. Trezentas e cinquenta pessoas foram e, graças à venda de algumas mesas patrocinadas, ele ganhou cerca de US$ 1 mil.

"Então pensei, *Hmmm, por que não vejo se posso fazer outro evento e cobrar US$ 5 na entrada?*" Ele fez, e ganhou dinheiro tanto na entrada quanto nos patrocínios. "E então eu estava pensando, *Hmmm, estou construindo um relacionamento com esses espaços. E se eu pedisse uma comissão de 10% nas vendas de comida e bar desses eventos de relacionamento?*" Eles disseram sim.

Rapidamente, Lewis estava gerando alguns milhares de dólares por mês, o suficiente para finalmente sair do sofá de sua irmã e se mudar para seu próprio apartamento, o mais barato que conseguiu, um pequeno de um quarto por US$495 por mês em Columbus, Ohio.

As pessoas ficaram espantadas. Como ele fazia isso? Ele não tinha um emprego de verdade, não tinha um diploma universitário e, mesmo assim, estava reunindo influenciadores de todo o país e sendo convidado para falar em conferências. Tudo a partir do LinkedIn. Elas começaram a perguntar se ele poderia mostrar como podiam usar a plataforma para seus negócios também. E Lewis pensou, *Hmmm.*

Lewis começou a ensinar outros empreendedores e empresários a otimizar seus perfis e atingir potenciais clientes, investidores ou quem precisassem. "Acho que, como cheguei com energia e paixão, atraí oportunidades. Atraí pessoas para esses eventos. Eu me apaixonei por ensinar, porque ninguém mais estava falando sobre o LinkedIn da forma que eu estava. Tornei o LinkedIn divertido, e ele é maçante para muitas pessoas."

Não muito tempo depois, ele descobriu que um empreendedor chamado Gary Vaynerchuk estava fazendo uma sessão de autógrafos para seu novo livro, *Vai Fundo!*, em St. Louis. Lewis entrou em contato e ofereceu ajuda para promover o evento no LinkedIn.[*] Como ele estava ajudando a promover o livro, fazia sentido lê-lo. Foi há muito tempo e ele lembra de muitos poucos detalhes hoje, exceto por um capítulo: Cuidado.

Eu nunca achei que era esperto. Nunca achei que tinha a inteligência, ou o talento, ou a experiência, ou as referências. Não tinha nada disso. Então, quando li aquela palavra, pensei, *Sim!* Eu precisava continuar a aprofundar meu nível de cuidado! Quando encontrasse com esses influenciadores, eu nunca pediria conselho. Apenas diria: "Estou muito curioso para ouvir a história sobre como você se tornou um sucesso tão grande." E, no final da história, eu diria, "Qual o maior desafio que você tem no seu negócio, carreira ou vida nesse momento?" e escutaria. E eles me diriam tudo que precisavam. Eu diria "Você precisa de um cara de vendas? Tenho três dos melhores bem aqui. Você precisa de um programador? Conheço essa pessoa. Você precisa de um designer? Conheci um semana passada. Ele era ótimo." Eu me tornei esse conector com todas as pessoas de muito sucesso. Nunca pedi emprego. Nunca pedi negócios. Aquele capítulo de uma palavra confirmou que, quando nós aparecemos e agregamos valor, e temos cuidado, podemos aprender como fazer dinheiro

---

[*] Ele mencionou isso no seu blog depois, em um post que escreveu dedicado a melhorar minha performance no LinkedIn: https://lewishowes.com/featuredarticles/13waysgaryvaynerchuk-shouldbecrushingitonlinkedin (conteúdo em inglês).

com isso mais tarde. Mas, primeiro, mostre seu valor. É como construí a última década da minha vida.

Lewis já estava se ensinando como ser empreendedor e fazer um pouco de dinheiro, mas agora, inspirado, realmente colocou o pé no acelerador. *Vai Fundo!* disse que você tinha que buscar o nicho, então ele decidiu que não seria "o cara da mídia social" como todos em 2008-2009; seria o cara do LinkedIn. *Vai Fundo!* disse para trabalhar de quinze a dezesseis horas por dia, e foi o que ele fez. "Eu estava trabalhando demais." Construiu sua expertise até que cada conferência de mídia social estava o escalando como o palestrante do LinkedIn. Ele também se tornou criativo.

Comecei a abordar estabelecimentos que eram, na maior parte, restaurantes e bares, e construí um relacionamento com o gerente ou o proprietário. Tentava pensar como poderia tornar meu evento valioso para eles. Como poderia me importar com a maior necessidade deles, seus maiores desafios? Então, comecei a perguntar, "Em que noite você faz menos dinheiro?" E eles diriam "Terça à noite" ou "Quarta à noite" ou seja lá o que fosse, e eu diria, "Ok. Vou trazer aqui quinhentas pessoas nessa noite, quero que toda noite seja lucrativa para você, não só os finais de semana. E vou trazer novos líderes de negócio, uma plateia nova de pessoas de qualidade para seu negócio."

Lewis assim fez, e o que era a pior noite desses estabelecimentos se tornou sua melhor noite. Daí por diante, eles estavam dispostos a deixar Lewis apresentar eventos sempre que quisesse. E assim ele fez, mas também começou a correr riscos maiores.

"Fui com tudo e comecei a pedir o que queria, mesmo que pensasse que não ia rolar. Comecei a pedir 20% de comissão da comida e do bar, em vez de 10%. Cobrei US$20 na porta em vez de cinco. E comecei a cobrar mais por patrocínios."

Como Lewis estava trazendo um grande valor para os estabele-cimentos, patrocinadores e participantes do evento, todos ficaram mais que felizes de pagar um preço mais alto por seus serviços. Em um ano, ele organizou vinte eventos em todo o país.

Ele ampliou seus negócios para outros produtos de serviços e, em dois anos, sua companhia estava fazendo US$2,5 milhões em vendas. Porém, apesar do sucesso, depois de alguns anos, Lewis estava pronto para algo novo. "Me tornei menos apaixonado. Há um limite para o que posso falar sobre como adicionar a fotografia certa e otimizar seu perfil do LinkedIn." Ele vendeu seu negócio e começou seu próximo projeto, o School of Greatness, um podcast que compartilha histórias inspiradoras, mensagens e conselhos práticos de alguns dos maiores atletas, celebridades e pessoas de negócios no mundo.

Desde sua origem, em 2013, o School of Greatness teve dezenas de milhões de downloads e tem uma presença regular nos Top 50 podcasts do iTunes. Em 2015, Lewis publicou seu best-seller do *New York Times*, *The School of Greatness*. Ele continua a trabalhar com coaching, a falar em público e a contribuir com artigos para mídias de grande porte. E, embora Lewis ainda ame e use o LinkedIn, também focou seus esforços em outras plataformas para trazer mais fluxo, downloads e vendas e ajudá-lo a continuar a construir seu público. Nesse ponto, a única coisa que o atrapalhava é que era um só, então ele contratou uma excelente equipe para ajudá-lo a tocar todos os aspectos do negócio, de edição do podcast a anúncios no Facebook e suporte ao cliente.

"Me sinto como o cara mais sortudo do mundo. Tive que aprender as habilidades que precisava e me tornei competente o suficiente para estar no nível da minha confiança, mas o que me surpreende mais é aprender que não é o que você sabe; é o quanto de cuidado que tem. Podemos criar qualquer coisa que quisermos se tivermos a paixão, a energia, a agitação e o compromisso com a nossa visão.

Se eu tivesse sido um idiota todo o caminho e não me preocupasse com as pessoas, com certeza não teria chance de chegar até aqui. Se você vier com energia e intensidade todo santo dia, boas coisas acontecerão.

Autenticidade

Seu propósito será refletido na sua autenticidade. Você será milhares de vezes mais bem sucedido se acordar animado para compartilhar e criar algo porque acredita que o mundo vai gostar, e não porque calculou que isso é o que precisa para se tornar uma celebridade do Instagram. Autenticidade é um alívio bem-vindo para clientes que vivem em uma sociedade na qual constantemente sentem que alguém está tirando vantagem ou que estão ouvindo apenas fragmentos da história completa. Não tente fingir, eventualmente você será mostrado do jeito que é. Em vez disso, descubra como usar as plataformas modernas — Instagram, Snapchat, YouTube e todas as outras que falaremos neste livro — para mostrar as qualidades boas que tem, seja sua incrível noção de moda, sua marca hilária de comédia, suas estratégias inovadoras de formação de equipes ou suas ideias arrebatadoras de arranjos de flores. Descubra as melhores plataformas para exibir seu eu verdadeiro, sua arte, sua alegria e seu amor pelo que faz. Quanto mais autêntico você for, mais as pessoas estarão dispostas a perdoar seus inevitáveis erros e tropeços.

Mencionei acima que uma boa parte do meu público é de convertidos, pessoas que achavam que eu era só um falastrão até perceberem que minha mensagem era consistente e que eu continuava comprovando que estava certo. Mesmo que as pessoas não gostem de mim, poucas duvidam que eu falo sério. Há três coisas a meu favor nesse sentido: primeira, eu genuinamente não me importo com o que os outros pensam, o que me dá liberdade completa para fazer e dizer o que quiser; segunda, eu me importo imensamente com o que todo mundo pensa e vou gastar uma quantidade insana de tempo respondendo aos céticos que tuítam ou comentam suas críticas, para ajudá-los a ver meu ponto de vista; e, terceira, que pode ser mais importante que a primeira e a segunda, eu sempre respeito meu público. Acredito na intuição das pessoas e acredito que a maior parte é muito boa em farejar hipocrisia e oportunismo. Explorar seus clientes porque você pensa que são idiotas — por exemplo, vender um curso online caro que é basicamente enrolação e coisas sem sentido — é, bem, idiota. Você pode contar com a ignorância das pessoas para fazer muito dinheiro a curto prazo, mas estará em maus lençóis no minuto que seus clientes descobrirem que está tirando vantagem deles. E isso se aplica tanto a corporações quanto a marcas pessoais. Só precisa de um vídeo viral de um cliente sendo arrastado para fora de um avião para expor as políticas tortuosas da empresa. Quando você desrespeita seu cliente, basta um post na mídia social para fazer todo o seu negócio desabar ao seu redor. Não tenho interesse nesse tipo de risco, e nem você deveria.

COMO ESTOU DETONANDO

Lauryn Evarts, The Skinny Confidential

IG: @THESKINNYCONFIDENTIAL

Lauryn é a fabulosa, audaciosa e bombástica por trás e à frente do site de estilo de vida The Skinny Confidential. Quando pedimos que descrevesse sua paixão, ela falou que é sobre construir uma comunidade e reunir mulheres. Mas também se irritou um pouco com a pergunta.

Eu não aguento quando as pessoas ficam falando paixão, paixão, paixão. É muito mais do que paixão. Execute. Vejo muitas pessoas da minha geração conversando sobre ideias e dizendo o que vão fazer. Odeio falar o que vou fazer. Acho que não falei nenhuma vez sobre o The Skinny Confidential durante o ano inteiro que gastei construindo-o. Porque eu gosto de mostrar.

Foi provavelmente nisso que o pai dela, também empreendedor, pensou ao dar para ela de Natal uma cópia de *Vai Fundo!* no ano que foi lançado. Nessa época, Lauryn ainda era uma graduanda em transmissão televisiva e teatro na San Diego State. Estava trabalhando como garçonete, ensinando Pure Barre e Pilates, assistindo às aulas e se entediando mais do que o normal. Um espírito independente e criativo, ela sentia que a universidade era uma perda de tempo, mas, sem nenhuma alternativa, achou que não tinha outra escolha senão fazer o que era esperado e se formar. Ao longo do caminho, no entanto, ela notou algo que chamou sua atenção. Com *Vai Fundo!* ainda fresco em sua cabeça, uma ideia começou a se formar.

Não havia muitas plataformas online que estavam inspirando mulheres a não se desculparem por serem elas mesmas. Havia muitos homens, como Gary e Tony Robbins, e Tim Ferriss, todos esses homens fortes e fantásticos, e eu não via nenhuma mulher entre eles. Eu quis criar uma. E não seria sobre mim e a roupa que estava usando, mas um lugar onde poderia reunir modelos e mães e mulheres comuns para se conectar e compartilhar seus segredos. Eu queria agregar valor, algo que definitivamente aprendi em *Vai Fundo!*

Lauryn usou suas notas do iPhone e uma pasta para juntar uma lista tremenda de ideias de conteúdo. Então, embora estivesse dura, ela contratou um desenvolvedor web, pagando em dez parcelas de

US$50. Por um ano, refinou sua arte e construiu sua credibilidade, continuando a ensinar e obtendo sua licença online de especialista em fitness e nutrição. "Outra coisa que *Vai Fundo!* disse que ressoou para mim foi 'Sempre invista seu dinheiro de volta no seu negócio.' Portanto, eu trabalhei muito por gorjetas e então coloquei tudo de volta no The Skinny Confidential. E, então, trabalhei ainda mais por gorjetas e voltei ao The Skinny Confidential. Tive zero dólares na minha conta bancária por muito tempo."

Quando ela finalmente lançou o site, manteve o conteúdo adaptado para tópicos ligados à saúde. "Encontre o nicho no qual você é muito bom e explore isso repetidamente até que possa expandir devagar." Em retrospecto, ela poderia ter tido a possibilidade de diversificar a marca em três meses, mas seu cronograma brutal teria dificultado isso.

Eu tirava todas as minhas fotos das 14h00 às 15h30, trabalhava no bar das 16h00 à 00h00, ia para casa, escrevia posts no blog de 00h00 às 2h00, acordava, ensinava Pure Barre, ensinava Pilates, ia para a universidade e começava tudo de novo, cinco dias por semana. E, no fim de semana, trabalhava no Instagram, Twitter, Facebook, nos e-mails e em todas as pequenas coisas que tinham que ser feitas.

Lenta e metodicamente, ela começou a expandir o escopo de sua marca em outras categorias: bem-estar, beleza, decoração de casa e roupas. Mas não ganhou um centavo por dois anos e meio. "O maior erro que eu vejo os influenciadores cometerem é trabalhar com cada marca que existe. O negócio deles é o número de marcas com as quais trabalham, não o público, nem os leitores. Não vejo longevidade. Estou mais focada em construir minha própria marca do que a marca dos outros."

Ela finalmente ganhou dinheiro após ser abordada por uma marca que usava o tempo todo, mesmo, e hoje ganha "definitivamente uma boa quantia", que é o suficiente para prover uma vida confortável, bem como para empregar um designer gráfico, um assistente, um gerente de projetos, um editor, um fotógrafo e um desenvolvedor para ajudá-la com as operações diárias do negócio. Mas ela continua a rejeitar marcas todo dia, mesmo ofertas de US$10 mil a US$15 mil para colaborar em um único post.

Nada estava fora de cogitação no The Skinny Confidential: "Contar histórias é tão subestimado." Lauryn escrevia sobre óleos essenciais e dicas de dietas, mas também sobre cirurgia nos seios e Botox. Ela começou a introduzir novos personagens da sua vida, extraindo conteúdo mais profundo e histórias novas para compartilhar com seus leitores. Sua querida avó, conhecida como The Nanz, tornou-se atração fixa no site, dando a Lauryn uma forma de oferecer uma perspectiva inesperada nos temas escolhidos. Ela revelou seu namorado, Michael, quando eles ficaram noivos; o blog agora tem um espaço todo dedicado a Michael, chamado Him, e o casal produz um podcast junto.

Naturalmente, os leitores estavam a par de todos os detalhes do noivado e do casamento de Lauryn. Mas eles também foram convidados a compartilhar os momentos mais sombrios. A triste e terna ode de Lauryn para The Nanz, depois da morte inesperada da matriarca, trouxe uma enchente de respostas empáticas. Quando uma cirurgia de mandíbula deixou seu rosto totalmente inchado por dois anos, Lauryn, admitindo que até então "levava as coisas com a sua beleza", mostrou as fotos e conversou sobre como ficar desfigurada afetou sua autoestima. Os leitores correram para apoiá-la quando ela compartilhou a história de como ouviu, chocada e magoada, dois executivos de uma marca, sem saber que ainda estavam conectados por uma teleconferência, a zombarem e ridicularizarem depois do que tinha achado ser uma promissora ligação. O momento também deu uma chance a ela de explorar a hipocrisia de marcas que afirmavam empoderar e apoiar mulheres, mas apenas enquanto essas mulheres se encaixassem em um certo molde.

Peguei toda minha mágoa e coloquei nesse post. E não pude acreditar nas respostas. Mulheres de todos os lugares do mundo estavam escrevendo histórias sobre como tinham ouvido alguém falar sobre elas, ou sofreram bullying, ou foram criticadas por se exporem. Foi muito legal ser capaz de juntar todo mundo e cada uma colocar a outra para cima.

Todos dizem que você tem que se expor, ser autêntico, mas, quando a sua autenticidade não é o que querem, eles reclamam. Foi uma experiência muito estranha. Mas, em vez de me silenciar, vou continuar a me expor cada vez mais. E espero que eu tenha respondido de uma forma que possa me tornar um exemplo positivo, se meus leitores, principalmente jovens meninas, alguma vez se encontrarem em uma situação assim. Se eu puder mudar a opinião de alguém sobre ser malicioso... Se puder usar a plataforma para avisar que não há nada legal em ser maldoso, seja cyberbullying ou bullying, ou falar besteira sobre alguém, então é um bom objetivo.

Embora seja um infortúnio que ela não tenha documentado aquele primeiro ano em que estava juntando ideias e preparando a estratégia da trajetória do seu negócio, no seu caso, o processo parece ter afiado suas ideias de forma que ela gastou menos tempo e foi capaz de agir com mais propósito uma vez que se lançou. Ela é um modelo admirável de velocidade e paciência.

Isso é algo no qual tenho trabalhado por seis anos, todos os dias, sete dias por semana. Não houve dia de folga. Se estou de férias, estou trabalhando. E ainda tenho tanto trabalho a fazer.

Fiz exatamente o que Gary disse em *Vai Fundo!*, constantemente trabalhando, dia após dia, nunca desistindo, seguindo em linha reta, focando o meu objetivo e realmente me desenvolvendo. Me desenvolvendo ao melhor da minha habilidade. *Vai Fundo!*, e seus outros livros também, me permitiram ser quem eu sou e não pedir desculpa por isso.

Paixão

Conheço muitas pessoas que trabalham em empregos que geram montes de dinheiro e não são felizes, mas não conheço ninguém que trabalhe com sua paixão todo dia e não esteja gostando da vida. Como disse anteriormente, poderia ter tomado alguns atalhos para fazer mais dinheiro e encurtar o tempo que vai levar para atingir minha meta de comprar os Jets — mas não os tomo, porque são coisas que não vão me fazer feliz. Prefiro esperar e chegar lá nos meus próprios termos. Estamos neste mundo por apenas um curto tempo, e a maior parte de nossa vida adulta é gasta no trabalho. É válido tomar os passos necessários para se assegurar que essas horas sejam tão recompensadoras, produtivas e agradáveis quanto possível.

Cada uma das pessoas entrevistadas para este livro concordou que não há sentido em tentar ser empreendedor sem paixão. Nosso negócio não pode ser só um emprego; tem que ser um chamado. Andy Frisella, fundador das marcas de nutrição e fitness Supplement Superstores e 1st Phorm, explica melhor:

Você vai passar por um momento em que não vai fazer dinheiro nenhum. Não vai ser uma semana, nem um mês, nem um ano. Serão anos. E, durante esse tempo, se não ama o que está fazendo, será muito difícil

manter-se firme. Isso é algo que as pessoas não entendem quando ouvem "Siga sua paixão". Elas ouvem arco-íris, unicórnios, bobeira. Mas
a verdade é que é importante, porque se não gosta do que está fazendo,
é muito mais provável que desista quando ficar difícil.

Quando você tem paixão pelo que está oferecendo ao mundo, seja um
método de treinamento de vendas ou brinquedos antigos, a qualidade tanto
de seu produto quanto do conteúdo será, provavelmente, o que tem que ser
para chamar atenção, receber valor e ser divulgada. Curiosamente, muitas das
pessoas entrevistadas apontam que você nem precisa ser apaixonado pelo produto ou serviço que oferece. O que é indispensável é que seja apaixonado por
doar. É o que Shaun "Shonduras" McBride descobriu. Antes de desenvolver
sua extremamente bem sucedida marca pessoal no Snapchat, ele vendia joias
online. O cara andava de skate e snowboard; tinha pouco interesse nas joias
em si. Mas, depois de ler *Vai Fundo!* na universidade, decidiu vender joias para
testar os princípios do livro e confirmar o que seus instintos lhe afirmavam
ser verdade: que interagir com os clientes e envolvê-los no desenvolvimento
de sua marca pagaria dividendos, não importa o que vendesse. Como você
verá mais tarde neste livro, ele estava certo.

Finalmente, a maioria dos empreendedores vai lhe dizer que a paixão é
protetiva, fortalecendo você quando há ameaças de ser sobrecarregado pelo
estresse e frustração, consequências naturais do empreendedorismo. **A paixão
é seu gerador reserva quando todas as outras fontes de energia começam a
falhar.** E a paixão mantém você feliz. Quando você ama o que faz, faz cada
escolha melhor. Quando decide continuar trabalhando em um emprego que
odeia das nove às cinco porque precisa dos benefícios de saúde até que seu
negócio decole, quando concorda em trabalhar por menos dinheiro do que
deseja porque a experiência vai valer a pena mais tarde, quando fica mal — a
paixão faz tudo ficar mais fácil.

COMO ESTOU DETONANDO

Brian Wampler, Wampler Pedals

TWITTER: @WAMPLERPEDALS

Os pais de Brian Wampler, representantes de vendas comissionados, eram mais empreendedores do que a maioria dos pais e mães, mas criaram Brian para seguir o dinheiro e fazer o trabalho que remunera "independentemente de ser sua paixão". Assim, depois que Brian concluiu o ensino médio (passou raspando), foi trabalhar em construção. Alguns anos depois, com vinte e dois anos, ele começou a trabalhar por conta própria como subempreiteiro. Não era sua paixão, mas era melhor do que trabalhar para outras pessoas, *melhor* de forma relativa — ele *odiava* o que estava fazendo.

A sua paixão, na verdade, era a guitarra, especificamente tentar fazê-la soar como nas músicas populares. Esse som é criado através de pedais de guitarra, pequenas caixas eletrônicas que os guitarristas manipulam para criar diferentes efeitos sonoros e tons. Quando um amigo apresentou Brian a um fórum online para pessoas interessadas em customizar pedais de guitarras, ele entrou de cabeça.

Nos próximos anos, depois de trabalhar o dia inteiro, eu chegava em casa às cinco da tarde, jantava e passava um tempo com a família, para, em seguida, usar o resto da noite aprendendo tudo sobre eletrônicos, por meio de leitura e experimentação. Fazia isso todas as noites, sem parar, até as três ou quatro da manhã. Algumas vezes, ficava acordado a noite toda e ia trabalhar, e fazia tudo de novo.

Em muitos desses fóruns, muitas das perguntas eram feitas por pessoas leigas, sem experiência em eletrônicos. A maioria das pessoas que respondiam eram engenheiros ou falavam muito além da capacidade de compreensão de quem fazia as perguntas. Quando essas pessoas pediam para simplificar a resposta, elas eram zombadas... Simplesmente havia pessoas do tipo artístico fazendo perguntas e engenheiros do tipo cerebral se recusando a simplificar as respostas. Eu já fui esse "tipo artístico" de pessoa no começo. Quando descobri tudo por conta própria, me assegurava de explicar as coisas de uma forma muito fácil de entender para que os outros pudessem aprender mais facilmente.

(O que, a propósito, foi exatamente o que eu fiz com o vinho).

Ele também começou a vender seus próprios pedais modificados online, o que gerou perguntas de clientes, aumentando o número de horas que Brian passava respondendo comentários, e-mails e até telefonemas. Ele finalmente publicou uma série de e-books para consolidar todas as informações que estava disseminando. Então, começou a vender kits "faça você mesmo" com peças e instruções para modificação de certos pedais. Quando os clientes e varejistas começaram a pedir que montasse e vendesse pedais customizados, ele criou sua própria linha, e a Wampler Pedals nasceu. Ele saiu do setor de construção e começou a viver da venda de todos esses produtos. A demanda continuou aumentando.

Brian se deu conta de que não seria capaz de manter o ritmo e investir o mesmo tempo em todos os seus produtos. Algo precisava ser prioridade. Tentando decidir qual direção tomar, no início de 2010, ele encontrou o *Vai Fundo!*. As lições que aprendeu mudaram radicalmente a forma de tocar seu negócio e ajudaram no seu crescimento.

1. Aceite seu DNA: "Provavelmente, devo meu casamento a essa ideia. Antes de ler o livro, minha esposa e eu estávamos tentando fazer tudo de uma vez — projetar novos produtos, construí-los, fazer o marketing deles, achar novos varejistas nacionais e inter-

nacionais, manter o serviço ao cliente, postar tudo em tempo adequado... gerenciar empregados etc. Ocorreu muita tensão porque eu realmente era muito ruim em tudo, exceto no projeto dos novos produtos, criação de conteúdo e conversas com novos e potenciais clientes. Depois de ler o livro, decidimos terceirizar tudo para empresas externas ou contratar pessoas que trouxessem as qualidades que eu não tinha."

Sua epifania também ajudou a perceber em qual lado do negócio ele realmente deveria se concentrar.

"Eu me dei conta de que não era engenheiro — os livros que vinha escrevendo eram compostos de ideias razoavelmente complexas de engenharia elétrica que eu vinha simplificando para levá-las a um público que as queria, mas não coloquei meu coração nisso tanto quanto colocava na criação de coisas novas, algo que inspirasse outros artistas a usá-las como ferramenta para fazer *sua* arte, e na criação de algo com o meu nome — algo que meus tataranetos poderão ver um dia e dizer, 'Foi meu tataravô.' Então parei de vender todos os produtos "faça você mesmo" e foquei só isso."

1. Conte sua história: "Nessa época, muitas das outras companhias não tinham cara. Simplesmente comecei a ser eu mesmo de forma autêntica e me tornei o primeiro presidente de uma empresa de instrumentos musicais que fazia as demonstrações de seus próprios produtos. À época, isso foi muito esquisito para muitas companhias. No entanto, nossos clientes amaram! Eles perceberam que eu era um guitarrista de verdade que sabia fazer pedais, em vez de um engenheiro que sabia um pouco de guitarra. Essa diferença, embora possa parecer pequena, foi imensa para nós e uma chave para nosso sucesso."

2. Aumente a Profundidade, Não a Largura: "Os dados analíticos não contam toda a história. Em resumo, decidi parar de perse-

guir números e foquei mais em criar conteúdo que traria mais valor para nossos clientes. Mil visualizações e cem comentários são muito melhores que dez mil visualizações e um comentário."

3. Todo Mundo Precisa se Tornar uma Marca: "Insisti que todos que trabalhavam para mim se tornassem o rosto da companhia ao meu lado. Eles tinham que entender que tudo que postavam online refletia a marca. Igualmente importante para mim, compreendendo o fato de que todo mundo é basicamente uma marca, eles teriam uma vantagem sobre os outros quando decidissem buscar algo fora da minha companhia."

4. Você Precisa Ser Você: "Me atirei de cabeça, convencido de que, se seguisse minha paixão com vigor extremo, algo, em algum lugar, iria acontecer. Eu só tinha que ser paciente e trabalhar mais do que todos no meu nicho."

Paciência

É interessante que a paixão e a paciência andem lado a lado. Viver de acordo com a sua paixão, provavelmente, vai exigir que vá mais devagar do que desejaria. Com certeza quer dizer que você tem que dizer mais não do que sim. Tome seu tempo; você se vende barato quando faz negócios que não gostaria. Lembre-se, você só está detonando se estiver vivendo inteiramente nos seus próprios termos.

Não é impossível fazer dinheiro quando você constrói um negócio com o único objetivo de ficar rico, mas, em geral, empreendedores que ficam ricos rápido sacrificam as chances de ter fortuna a longo prazo. Quando eu estava começando a fazer meu negócio familiar crescer, amigos que se formaram na universidade ao mesmo tempo que eu também começaram a trabalhar. Eles começaram a fazer dinheiro e gastar em viagens para Las Vegas, garotas atraentes e belos relógios. E eu? Eu também estava fazendo dinheiro. Nos primeiros cinco ou seis anos, o negócio cresceu para US$45 milhões, e não muitos anos depois, era um império do vinho de US$60 milhões. Quando um cara normal de vinte e seis anos constrói um negócio de US$60 milhões, ele torra em coisas que um cara de vinte anos gosta. Ainda assim, eu vivia em um apartamento de um quarto em Springfield, New Jersey. Dirigia um Jeep Grand Cherokee. Não tinha relógios, ou ternos, e nenhum brilho. Poderia ter me pago centenas de milhares de dólares por ano, mas o máximo que tirava era US$60 mil. Eu mantinha minha cabeça baixa, como um boi no pasto, colocando quase todo centavo que ganhasse de volta no negócio e focando toda a minha energia em construir uma marca pessoal centrada em um serviço ao cliente sem paralelos, tanto na loja quanto online. Quando não estava conversando com clientes, eu era o ser humano mais entediante do planeta. Hoje, não só tenho tudo que queria (menos os Jets), como todos os outros empreendedores neste livro, mas também estou vivendo a melhor época da minha vida. Alguns atingiram sucesso em um tempo relativamente curto; a maioria trabalhou por anos antes de qualquer pessoa saber quem eram eles.

Você não tem nenhuma razão para agir de forma especial até que realmente tenha algo especial para mostrar. Mesmo então, não aja de forma especial; no momento em que o fizer, estará indo na direção contrária. Ouça meu conselho: rale o tempo que for necessário. Seja um homem ou mulher superior a todos à sua volta. Isso quer dizer que o cliente está sempre certo. Isso quer dizer que você coloca seus funcionários antes de você. Isso quer dizer que você não tira muitas férias, talvez por anos, e o seu único tempo fora do trabalho é para celebrar feriados importantes e estar presente para sua família (ou seus amigos que são como família). Seja paciente. Seja metódico. Pague suas dívidas. A não ser que sua marca seja glamorosa, viva de forma simples e, mesmo assim, seja prático e determinado. Coloque-se por último. Uma vez que tenha atingido os objetivos da sua marca e do seu negócio, *aí* você pode começar a curtir (sem se endividar, porque isso é loucura).

COMO ESTOU DETONANDO

Alex "Nemo" Hanse, Foolies Limited Clothing Company

IG: @FOOLIES

Um dia depois que Alex "Nemo" Hanse fez trinta, ele estava em Nova Orleans para tentar conhecer algumas mulheres.

E não quaisquer mulheres. Especificamente, algumas das estrelas listadas na sua camiseta, como Taraji P. Henson e Ava DuVernay, que estavam na cidade para o evento Essence Festival, uma megacelebração de quatro dias da cultura negra em geral e das mulheres negras em particular. Foi a camiseta que colocou sua marca de roupas, Foolies Limited Clothing Company, no mapa.

Mas o que é realmente interessante sobre sua presença no encontro é como ele chegou lá.

Seus fãs e clientes lhe deram dinheiro de aniversário para pagar por isso. Eles literalmente enviaram o dinheiro para que ele comprasse uma passagem de avião para participar e se conectar com pessoas que ajudariam seu negócio a crescer.

Isso é amor e lealdade realmente espetaculares de seus clientes. Alex devia estar fazendo algo certo.

Alex sempre teve um espírito empreendedor forte. Sua mãe morreu quando ele estava na quinta série e, como não tinha uma figura paterna, foi acolhido por uma amiga da família (que tinha doze filhos). Ele era grato por ter um teto, mas, na escola, se cansava da implicância com suas roupas e sapatos esfarrapados, então carregava uma mochila com salgadinhos, barras de chocolate e sucos de caixinha que vendia para conseguir algum dinheiro. Ele também trabalhava depois da escola em um lava a jato, onde recebia menos porque era menor de idade. "Eu estava tentando apenas sobreviver."

Em 2005, quando era aluno da Universidade da Flórida, Alex era rapper. "Fazendo versos e rimas... pelo menos na minha cabeça." Buscando no Google "como criar uma marca para um rapper," ele encontrou um artigo que dizia que um rapper precisava criar uma identidade para seus fãs. Então, ele e seu "irmão de outra cor," Billy, um grande fã de sua música, bolaram uma espécie de bordão. "Estávamos sentados dizendo, 'Cara, essa ideia parece bobeira. É tão bobo fazermos isso.' Continuamos repetindo e repetindo, e começamos a dizer, 'Isso, nós somos Foolies.' E foi tipo, 'O que é um Foolie?' E eu disse, 'Alguém que é burro o suficiente para tentar algo e descobrir só no final.'"

Depois de se formar em 2009 em medicina esportiva, Alex não conseguia encontrar um emprego, então se concentrou em sua música enquanto trabalhava em uma loja da AT&T. Ele e Billy decidiram que rappers precisavam de uma linha de roupas. Eles não tinham dinheiro, então passaram a ferro a palavra FOOLIES em um camiseta branca suja. Fizeram o que Alex chama de efeito Diamond John: "Coloque a camiseta em uma pessoa, tire uma foto e tire a camiseta. Coloque em outra pessoa, tire uma foto e tire a camiseta. Como você não tem dinheiro para dar camisetas para todos, pode postar fotos no Facebook e no Twitter e fazer com que pareça que todo mundo tem uma camiseta. Talvez outras pessoas queiram também. E foi isso o que começou a acontecer com a gente, vagarosamente."

As camisetas eram criadas para trazer atenção à música de Alex, mas elas rapidamente se tornaram seu produto principal. Ele desenvolveu maneiras espertas de tornar a experiência muito especial para seus clientes. Quando tinha uma liquidação especial, mandava aos clientes que compravam uma camiseta um link customizado para um vídeo do YouTube com ele cantando uma música com o nome da pessoa, ou outra mensagem pessoal. Enviava as camisetas dentro de latas de tinta em miniatura, a ideia era que, quando se abria a lata, você libertava seus sonhos. E enviava uma carta manuscrita a cada cliente, junto com um diário de sonhos, "porque esta é a maior coisa que as pessoas não fazem: não escrevem suas metas, então elas nunca se manifestam e tornam-se vivas."

Assim que os clientes recebiam o pedido, postavam uma foto em alguma mídia social. Algumas vezes, curiosamente, não postavam a camiseta — postavam a carta, a lata ou o diário de sonhos. Agradeciam a Alex, dizendo que havia anos que alguém lhes escrevera uma carta e alguns colocavam as cartas na geladeira ou nas paredes do banheiro.

A empresa mal começava a existir, enquanto Alex continuava em seu trabalho, ensinava, orientava em Boys and Girls Clubs, e pulava de sofá em sofá. Era difícil seguir em frente, mas ele continuava. Ler o *Vai Fundo!* em 2015 "foi uma confirmação de que eu não era maluco. Ia a competições de negócios e esses investidores falsos começavam a me confrontar: 'Como isso é expansível? Por que você escreve cartas para cada cliente?'. Comecei a ler o livro e pensei, *Cara, alguém finalmente me entende*. Foi como encontrar um amigo de longa data ou conhecer seu gêmeo após ser separado e não saber que ele existia."

Ele percebeu que o problema era que não estava criando conteúdo suficiente. "Comecei a ser motivacional, enchendo o Facebook de posts."

Em setembro de 2015, ele viu pela televisão quando Viola Davis ganhou seu primeiro Emmy. Na mesma noite, Regina King também ganhou seu primeiro Emmy. "Eu estava berrando. Minha marca nunca focou deliberadamente mulheres negras, mas elas sempre me apoiaram. Então pensei, 'Cara, precisamos fazer algo motivacional baseado nessa maravilha que essas meninas negras estão fazendo.' Foi quando listamos todas as frases, como uma estampa regular."

A estampa era uma lista de formas como as pessoas poderiam imitar as mulheres negras poderosas da nossa época: ESCREVA COMO SHONDA. FALE COMO VIOLA. CAMINHE COMO KERRY [WASHINGTON]. SEJA DESTEMIDA COMO TARAJI. SEJA FORTE COMO REGINA. LIDERE COMO AVA.

"Postei a estampa logo antes de ir para o trabalho, às oito e trinta da manhã e, por volta de dez e quinze, meu telefone começou a vibrar. Entrei na minha página do Facebook e vi mais de 40 compartilhamentos. Já tinha tido compartilhamentos antes, mas esse era um número estranho, e continuava aumentando. O que estava acontecendo?"

A razão do telefone de Alex vibrar incessantemente era porque a autora de best-sellers, palestrante e estrategista digital Luvvie Ajayi, conhecida como Awesomely Luvvie, havia postado a estampa em sua página. Ela lhe enviou uma mensagem e disse que ele precisava colocar esses nomes em uma camiseta. "Ela nem sabia que eu tinha uma empresa de camisetas. Apenas pensou que eu era um cara aleatório, é uma loucura como Deus trabalha e como tudo simplesmente se alinha."

E então Ava DuVernay repostou a estampa no Twitter.

"Começou a aparecer em todos os lugares." Alex rapidamente adicionou alguns outros nomes à estampa — LUPITA [NYONG'O], UZO [ADUBA], ANGELA [BASSETT], e QUEEN [LATIFAH] — e a transformou em uma camiseta com o logo da Foolies na parte de trás.

Esse detalhe, a colocação do logo, foi importante para o que ocorreu depois.

Alguns meses depois, em uma quarta-feira, Alex recebeu um e-mail da *Essence* pedindo camisetas para um coro de jovens usar em um evento chamado Mulheres Negras em Hollywood. Elas precisavam das camisetas até domingo para gravar o show durante a semana.

"Era uma missão de grande risco." Geralmente levava semanas para imprimir as camisetas e, acima de tudo, ele havia acabado de trocar de fornecedor de impressão porque o anterior vivia deixando ele na mão. A nova empresa conseguiu lhe dar um tempo de fornecimento rápido e ele despachou as camisetas a tempo para o evento.

Não houve gravação quando o evento ocorreu, mas logo depois ele recebeu um alerta do Instagram. Era uma foto das meninas usando sua camiseta, e quem estava com os braços em volta delas era Oprah Winfrey.

Ele não tinha ideia de que o evento era patrocinado pela Oprah Winfrey Network (OWN).

Ele e sua COO, Kim, começaram a colocar a camiseta em todos os lugares que podiam. Quando o show foi ao ar na OWN, a princípio não houve sinal do coro. Alex achou que a parte delas havia sido cortada. Mas, logo após um intervalo comercial, lá estavam elas.

As camisetas estavam fantásticas, mas Alex percebeu que colocar o logo atrás em vez de na frente não tinha sido tão boa ideia. "Queríamos que a camiseta tivesse a ver com a estampa, não conosco, e queríamos nos assegurar que os clientes soubessem que sempre estávamos cuidando da retaguarda. Muito esperto, gênio."

Nessa noite, Shonda Rhimes tuitou uma foto da camiseta, tagueando a Foolies, e postou no Instagram também. "Nunca recebi tantas notificações na minha vida," disse Alex.

Desde então, qualquer dinheiro que Alex ganha volta para o negócio ou em camisas grátis para influenciadores. Há algumas novas versões da camiseta, listando atores diferentes. Ele tenta ir a todas as conferências que pode para encontrar outros influenciadores, se voluntariando para trabalhar, pois não consegue pagar o preço da entrada. Ele recentemente recebeu um ingresso grátis para a conferência BlogHer de alguém que tinha ouvido falar da Foolies em outro evento vários meses antes e queria se assegurar que ele fosse.

Ele está comprometido em motivar as pessoas a atingir suas metas com mais do que uma camiseta. "Não quero só vender camisetas. O que acontece se você não comprar uma? Agora não será mais motivado? Por que não servir só por servir?". Para tanto, ele lançou um podcast chamado Dream Without Limits Radio, no qual reúne histórias de sonhadores, inovadores e pessoas vivendo seu propósito.

Então, os números do podcast são interessantes. Acho que mais pessoas estão me seguindo do que ouvindo o podcast. Os episódios variam, então provavelmente vamos ver duzentos ou trezentos, ou cinquenta, quarenta e cinco. Estou bem com esses números só por causa das respostas que tenho e das pessoas, elas são as cinquenta ou duzentas que realmente querem. Não parece tão legal porque eu não tenho dezenas de milhares de ouvintes, mas sei que esses cinquenta ou duzentos são aqueles que ouvem e fazem alguma coisa com a mensagem, e prefiro que seja assim. Porque eles vão ser aqueles que vão me dar dois, três, quatro mil depois.

Consigo trazer pessoas negras e mulheres que não conseguem tanto destaque. Você vê todas essas mulheres maravilhosas lá. Eu amo os caras, mas sei qual é o meu mercado, onde está meu nicho. As pessoas me dizem, "Oh, você precisa expandir e conversar com todas essas pessoas," e eu fico tipo, "o Gary entende."

Alex orientou muitos estudantes na Universidade da Flórida e continua a visitar escolas primárias e secundárias para conversar sobre empreendedorismo e como sair do bairro. Quando sua marca começou a decolar, alguns dos seus antigos aprendizes disseram a ele que fazia perfeito sentido que esse fosse seu chamado. "Isso foi o que você sempre fez, Mas agora está na forma de uma empresa de roupas."

Velocidade

Adoro uma boa contradição, mas não é o caso. Paciência é para o longo prazo; velocidade é para o curto prazo. A pressão que ocorre entre os dois produz o diamante.

Velocidade é uma das minhas duas ou três obsessões no negócio. Sempre gravitarei em torno da ideia que me permita viver minha vida de forma mais eficiente e fazer meu trabalho mais rápido. É uma das razões que me animam tanto em relação a assistentes controlados por voz, como o Google Home e o Amazon Echo (ver mais na página 250). Empreendedores — que diabos, humanos! — se preocupam com tempo e conveniência, e é mais rápido cuspir a pasta de dente e dizer, "Ok, Google, me lembre de comprar mais pasta de dente", do que pegar o telefone e digitar "pasta de dente" na sua lista de compras. Se você está começando, vai lutar sozinho por um longo tempo até poder contratar uma assistente para ajudar a gerenciar seu tempo. Até então, coloque todas as ferramentas que puder encontrar em bom uso para continuar a se mover ao longo do dia e usar seu tempo sábia e eficientemente.

Você precisa estar constantemente em modo de execução. Vejo vocês pensando demais sobre conteúdo e agonizando com as decisões, demorando uma eternidade para se decidir. Sua confiança é pouca e você está preocupado que as pessoas o chamem de perdedor se fizer uma escolha errada. Deixe isso para lá logo. Adoro perder porque aprendo muito com isso. A razão para não falar tanto das minhas falhas não é porque estou escondendo algo, mas porque uma vez que eu tenha visto uma falha, na minha cabeça, já acabou. Admito: estava errado em 2010; o app de chat baseado em localização Yobongo não era a próxima grande startup. Mas que bem me faz remoer o que não deu certo? Prefiro olhar adiante para a próxima coisa que tenho certeza que vai funcionar. Meu histórico fala por si só. Não ter medo de cometer erros torna tudo mais fácil para mim. Não se preocupar com o que as pessoas pensam liberta você para fazer coisas, e fazer coisas permite que vença ou aprenda com a derrota — ou seja, você vence de qualquer forma. Ouça-me agora: é melhor que você esteja errado dez vezes e certo três do que tentar só três vezes e acertar em todas.

COMO ESTOU DETONANDO

Timothy Roman, Imperial Kitchen & Bath

IG: @IMPERIALKB

Timothy Roman conseguiu se virar com uma pequena ajuda dos seus amigos.

Uma vez que conseguiu se livrar dos antigos, quero dizer.

Timothy é filho de imigrantes russos que o trouxeram para os Estados Unidos dezenove anos atrás, quando ele tinha 11. Seus pais se ocuparam fazendo o que imigrantes fazem: trabalhando, tentando sobreviver e se ajustando a um novo país, a uma nova língua e a um novo estilo de vida. Eles esperavam que Timothy fizesse sua parte indo bem na escola e entrando na universidade.

O problema era que Timothy odiava a escola. "Eu tirava notas baixíssimas em tudo e não conseguia me concentrar. Minha cabeça estava sempre nas nuvens. Eu estava sempre rabiscando alguma coisa, planos, ideias ou sonhos, ou contando meus lucros. Não consigo me lembrar de qualquer educação formal."

Os lucros aos quais Timothy se refere eram da sua dupla fonte de renda. Veja, ele estava colocando em prática as suas tendências empreendedoras naturais. Quando começou o ensino médio, ele trabalhava como DJ e vendia fitas mixadas. Também estava vendendo maconha. No 2º ano, quando percebeu que estava ganhando tanto quanto seus professores, ele disse à sua mãe que iria largar a escola e faria uma prova para equivalência de diploma (GED). Ela pensou que ele estava saindo da escola para ser DJ e esse era, sim, o plano original; a venda de drogas era para ser apenas uma receita suplementar. Logo adiante, entretanto, as coisas se inverteram e, por cerca de dez anos, essa foi a vida de Timothy.

"Eu estava em um bairro pobre. Ninguém tem o conhecimento ou qualquer coisa para te influenciar o suficiente para dizer 'Olha, você pode talvez tentar fazer algo legal e tentar se tornar um empreendedor e começar um negócio pequeno, trabalhar muito duro e tentar ir por aí.' Sabe, não dava nem para conversar sobre isso."

Até que ele, finalmente, foi parar na cadeia (foi como sua mãe descobriu o que ele vinha fazendo para se sustentar).

Quando ele saiu, um mês depois, estava determinado a mudar. Começou eliminando todos os amigos antigos e fazendo novos.

"Um estava fazendo desenvolvimento Web e SEO (otimização de algoritmos de busca). Outro estava vendendo imóveis de luxo. Outro estava vendendo móveis de luxo. Mas todos criaram essas situações por si mesmos e tinham ideias semelhantes. Nós nos demos bem imediatamente. Eles me respeitavam e eu mal podia esperar para aprender como tudo deveria ser feito."

O amigo que vendia imóveis deixou Timothy dormir em seu sofá. Ele também apresentou Timothy ao seu pai, que era dono de uma empresa de construção e ofereceu um cargo a Timothy. Ao mesmo tempo, Timothy, que pensou que gostaria de ser um designer de websites, estava gastando muito tempo tentando aprender por conta própria por meio do YouTube. Foi assim que ele encontrou um vídeo de Gary Vee. "Descobri que ele era russo e que seus pais eram imigrantes, e imediatamente havia essa conexão doida e eu realmente entrei com tudo. Fiquei viciado." Ele pesquisou todo o material de vídeo que pôde encontrar e, quando percebeu que a única outra forma de conseguir mais informação era pelo *Vai Fundo!*, leu o livro também, embora a leitura fosse muito difícil para ele, que só havia lido um livro (*Satisfação Garantida*, de Tony Hsieh) na vida até esse momento.

Eu nunca tive um confidente, ninguém que dissesse, "Olha, você pode fazer isso. Vá em frente; faça acontecer." A mensagem de *Vai Fundo!* era que, independentemente de onde você está, de quem você é, da cor da sua pele, de onde você veio, seu tamanho, formato e todo o resto, se você acha que é bom em alguma coisa e coloca isso no seu trabalho, eu garanto, vai chegar a algum lugar. Sabe, é difícil entender isso direito quando você não tem a experiência, mas eu só peguei o conceito e coloquei em prática.

Isso foi no final de 2012. Depois de seis a oito meses trabalhando com o pai de seu amigo, Timothy tinha certeza de que queria começar sua própria empresa, uma empreiteira especializada em cozinha e banheiro. Em dois anos e meio, ele foi de tarefas burocráticas a fechar projetos, se tornando o braço direito do dono. Isso era só durante o dia. Depois do trabalho, até duas ou três da manhã, Timothy estudava.

Eu aprendia tudo o que podia sobre a indústria de construção, lia revistas, aprendia nomes de arquitetos. Queria ter tanta informação no primeiro dia do meu negócio para que, se tivesse uma conversa com um cliente, pudesse entregar muito valor. Estava tentando aprender tanto sobre o produto que as pessoas não olhariam para minha idade e falta de experiência como um ponto fraco, mas não se importariam com isso quando eu falasse tudo o que sabia.

Eu tinha know-how em computadores e algumas habilidades básicas, então trabalhava no site. Tentava escrever conteúdo. Empreiteiros não tinham materiais de marketing adequados. Esqueça SEO. As que tinham sites eram empresas realmente grandes com dez carretas. Seus caras de cozinha e banheiro estavam todos na casa dos quarenta, cinquenta e sessenta anos, e estavam no negócio há vinte ou trinta anos. Eles tinham estabelecido tantas relações que alguns faziam negócio literalmente por meio do boca a boca. Eu sabia que levaria anos para estabelecer um boca a boca de forma tradicional. Estava fazendo coisas que outros empreiteiros nem entendiam e isso me consumia muito tempo. Nós não tínhamos todos os apps que temos hoje, que podem automatizar as coisas para você.

Por meio do seu trabalho, ele desenvolveu relacionamentos com subempreiteiros e, com o consentimento de seu chefe, gastou todo o seu tempo fora do emprego plantando as sementes para sua própria empresa através do Facebook e do YouTube. Pouco a pouco, as pessoas começaram a se deparar com seu conteúdo. Se alguém curtisse uma foto, Timothy enviava uma mensagem de agradecimento. Se alguém enviasse um e-mail pedindo um orçamento e ele conseguisse um endereço, a pessoa recebia uma nota de agradecimento e pequenos presentes perto das festas de final de ano. Ele conseguiu seus primeiros projetos no meio de 2015. Felizmente, não tinha que chegar no trabalho até 9:30 da manhã, o que lhe dava várias horas para focar seus próprios projetos antes de seu dia começar oficialmente. Durante a hora do almoço, ele podia correr para ver o trabalho dos seus subempreiteiros, deixando as noites livres para e-mails e trabalhos de venda.

Quando ele conseguiu três projetos agendados, informou ao seu chefe que estava pronto para sair. No entanto, sua agenda não ficou mais fácil. Preencheu essas horas com mais trabalho, mais compromissos e mais criação de conteúdo. Ele usa Snapchat Stories e Instagram Stories para compartilhar espiadas nos projetos "por trás da cortina" e, agora que tem um showroom, ele pode facilmente apresentar novos produtos assim que chegam.

Dois anos depois de começar a trabalhar por conta própria, a empresa de Timothy cruzou a marca de um US$1 milhão de vendas, com previsão de atingir US$2,5 ou US$3 milhões no final de 2017.

"Sabe, fiz sacrifícios e tomei decisões loucas todos os dias, sabendo que tudo ia dar certo. Agora se tornou rotina. Ter seu próprio negócio parece realmente assustador, e é muita responsabilidade. Mas Gary dizia, 'Qual a pior coisa que pode acontecer? Vá em frente. O mercado vai te dizer se você tem o que é necessário ou não.'"

Aliás, a mãe de Timothy está imensamente orgulhosa. "Minha mãe se enche de lágrimas cada vez que falo para ela sobre alguma realização nova, ou o projeto que concluí, ou um marco que tenha ultrapassado. Tem sido realmente ótimo."

Trabalho

Auditei muitas pessoas ao longo dos anos que, à primeira vista, pareciam estar fazendo tudo certo. Elas estabeleceram um bom nicho, eram apresentáveis e interessantes, seu conteúdo era no alvo e valioso, mas elas expressavam a frustração de não estar atingindo seus objetivos de negócio. Quando olhei mais de perto, vi que todos ainda estavam jogando golfe ou tuitando sobre o episódio da noite passada de *The Walking Dead*. Deixe-me esclarecer isso o máximo possível:

Quando você começa, não há tempo para lazer — se quiser detonar. Não há tempo para vídeos do YouTube, bater papo na sala de café ou almoços de uma hora e meia. É por isso, é claro, que empreendedorismo é visto como atividade de pessoas jovens. É preciso muita energia para fazer a marca pessoal e o negócio decolarem. E *é* muito mais fácil devotar todo seu tempo a um novo esforço de negócio quando você tem vinte e cinco e é solteiro, sem ninguém para prestar contas que não seja você mesmo. Ainda assim, 95% das pessoas lendo este livro, mesmo as jovens, provavelmente já tem algum tipo de obrigação: empréstimos universitários (muitas podem ainda estar na faculdade), hipotecas, pensão alimentícia, parentes idosos ou famílias dependentes. A maioria provavelmente já tem um emprego. Talvez você tenha um horário flexível porque está dirigindo para uma empresa de transporte ou trabalhando em tempo parcial ou à noite. Mas a maioria de vocês está trabalhando das nove às cinco ou até das oito às seis. Sua única crença de um dia viver a vida do *Vai Fundo!*, então, é dispender imensos esforços de trabalho entre sete da noite e duas da manhã. De segunda a sexta, e o dia todo nos sábados e domingos. Você estará, idealmente, construindo seu negócio em torno do que ama fazer para divertir e relaxar, então não vai ser como se estivesse perdendo seu tempo de lazer. A única coisa adicional para a qual terá tempo é sua família. Ela merece o melhor de você, então se assegure de que não vai deixar o trabalho tomar todo seu tempo com ela — a não ser que ela possa fazer parte do trabalho, o que seria maravilhoso. Traga ela para essa aventura com você! Muitas pessoas entrevistadas para este livro fizeram isso. Rodrigo Tasca contratou sua irmã para ajudá-lo a construir seu negócio de produção de vídeo, e eles trabalharam no quarto dele, na casa dos pais. Jared Polin e Lauryn Evarts incluíram suas avós regularmente nos seus blogs. Os filhos de Rich Roll e sua esposa, Julie, são uma presença constante nos seus vídeos e fotografias, e o casal está listado como coautores em seu primeiro livro de receitas. Quando Brittany Xavier agenda uma oportunidade de marketing para o dia das Mães ou um ensaio fotográfico de mãe e filha, ela separa uma parte do pagamento em uma conta separada para sua filha, pois sem suas filhas, essas oportunidades não existiriam. Desde que fez nove anos, a filha de Chad Collins, Jordyn, comanda os eventos de curiosidades realizados no Brick Fest Live, o evento nacional da LEGO que surgiu a partir do canal da LEGO do YouTube que eles construíram juntos. É assim que os negócios familiares modernos podem ser.*

Você tem que decidir como vai gastar seu tempo. Comece bloqueando as horas que deve gastar em suas obrigações — seu trabalho, seus filhos, seu cônjuge, sua mãe idosa. Se está falando sério sobre detonar, cada minuto não gasto nessas obrigações deve ser gasto produzindo e distribuindo conteúdo, se relacionando com a sua comunidade ou desenvolvendo o negócio. Stephen Marinaro (IG: @TheSalonGuy), que era cabeleireiro, DJ, bombeiro e caçador de recompensas antes de se tornar TheSalonGuy no YouTube, um dos maiores canais profissionais de cabelo na plataforma, era implacável na busca de construir sua marca. "Se você ficar sentado o dia inteiro esperando que algo aconteça, nada irá acontecer." De apenas um vlogger que poderia se filmar demonstrando técnicas de corte de cabelo, sua persistência irredutível o levou a se apresentar em episódios de reality shows, aparecer no *Good Morning America* e no Fox News, cobrindo o Oscar, e se tornar uma presença fixa nos eventos da New York Fashion Week, na qual entrevistou celebridades e designers. Ele foi de ganhar cerca de US$20 mil quatro anos atrás a ser capaz de cobrar milhares de dólares por mês para oferecer serviços de mídia para marcas.

---

* Por mais que eu compartilhe sobre minha vida cotidiana, minha mulher e filhos estão fora. Nós voltaremos ao assunto mais tarde, quando as crianças forem maiores e puderem decidir por si mesmas se querem ter uma presença pública conectada à minha marca. É uma decisão que Lizzie e eu tomamos pela nossa família, mas apoio completamente qualquer pessoa que tenha escolhido de outra forma.

Faça coisas! Crie conteúdo diariamente. Desenvolva o negócio todo dia. Encontre-se com duas ou três pessoas por dia, pessoas com quem você possa obter presença, distribuição ou vendas — coisas próximas das suas metas. Envie mensagens diretas para pessoas no Instagram com ofertas para colaborar (instruções na página 227). Você deveria estar fazendo essas ações doze, quinze horas por dia. Se está trabalhando em outro emprego, deveria estar preparando tudo o que puder fazer em três ou quatro horas que te sobram por noite (ou dia, se você trabalha no turno da noite). E não se esqueça de dormir. Seis a oito horas de sono por dia ou noite é o ideal para a maioria das pessoas. Mas faça cada minuto das outras dezesseis a dezoito horas valer a pena.

Você acha que esse tipo de ética de trabalho implacável parece insalubre? Parece muito? Preste atenção a esses sentimentos. Autoconsciência é essencial.

Detonar é viver em seus próprios termos, igualmente satisfeito com sua renda e sua vida. Não vou julgar você se suas metas forem modestas. Tenho uma ambição detestável, mas não acho que todo mundo deva ter, e não quero que ninguém pense que eu tenho um molde e espero que todos que leiam este livro se encaixem nele. Mas, por favor, se não estiver disposto a pegar pesado, pelo amor de Deus, não reclame quando seu negócio não crescer tão rápido ou se tornar tão grande quanto você quer. Talvez decida passar duas horas por semana fazendo trabalho voluntário no abrigo de animais ou no banco de alimentos, ou talvez decida entrar em um clube de ciclistas. Você vai ao cinema. Você joga no celular durante os voos. Sem problemas! Isso provavelmente o torna uma pessoa melhor. Mas aceite, então, que suas ambições são mais humildes do que havia pensado inicialmente e faça as pazes com isso. Nem todo mundo deve tentar construir um negócio tão grande quanto pode ser. A verdade é que você não pode fazer tudo, então vai ter que fazer escolhas. Seja prático. Elevar sua autoconsciência e sufocar qualquer desilusão é um ponto crucial para se manter no caminho do sucesso, não importa como você o defina.

Detonar segue as leis da termodinâmica: a energia que coloca dentro de algo vai se manifestar em quantidades iguais quando sair. Algumas vezes, a energia resultante será captada para movimento de músculos ou máquinas; às vezes, será dissipada, sem uso, no etéreo. Um empreendedor de sucesso é alguém que coloca energia para mover as engrenagens e executa bem o suficiente para que o trabalho não seja desperdiçado.

COMO ESTOU DETONANDO

Deon Graham, Digital Architect

IG: @DEON

Deon Graham era um tenista profissional. Agora ele é o diretor digital do Diddy's.

Ele tem trinta e um anos, mas já tem um dos empregos mais cobiçados no mundo do marketing.

É o que a marca pessoal pode fazer por uma pessoa.

Esta história começa em 2008, em Miami. Durante o dia, Deon estava ensinando tênis. À noite, ele estava gastando muito dinheiro na balada e "fazendo coisas de pessoas jovens". Percebeu que havia um vácuo no mercado. As casas noturnas queriam acessar um tipo de público específico — branco, hispânico, etc. — e, embora gostassem de ter festas de hip-hop porque a receita era boa, eles não queriam projetar a imagem de ter uma galera hip-hop da pesada. Nenhuma empresa de marketing estava focada em boates que se dirigiam ao público urbano ou hip-hop. Então, Deon resolveu fazer isso.

Ele criou o site de vida noturna City Never Sleeps. Oferecendo divulgação de marcas de casas noturnas em seu site, ele driblava a relutância do proprietário em divulgar proeminentemente suas noites de hip-hop. O público tinha acesso a suas fotos, e os proprietários da boate tinham acesso aos clientes. As pessoas amaram o site, então ele sabia que tinha algo acontecendo, mas não havia dinheiro nenhum nisso.

Deon disse que isso era meio que sua culpa. "Eu estava tentando fechar acordos e fazer jogadas por lucro. Não estava tentando construir uma marca. Não estava comprometido com o processo de construir uma marca; estava comprometido em fazer dinheiro."

Só depois de começar a mergulhar nos princípios de *Vai Fundo!* e focar em construir uma marca a longo prazo é que as coisas começaram a virar. Ele começou a ser mais seletivo sobre o calibre das casas noturnas com as quais trabalhava, recusando dinheiro se não achasse que a boate poderia ter uma marca e levar a clientes melhores. "Toda a minha tomada de decisão mudou. As reações que estava tendo das pessoas mudaram e, não por coincidência, os cheques começaram a ficar maiores."

Ele vinha atraindo pessoas no Twitter e no Facebook, mas não tanto quanto deveria. Começou a assistir Gary Vee. "Esse cara tinha todos esses seguidores, parecia ter um negócio de mais sucesso do que o meu, mas todo dia estava nas mídias sociais conversando com pessoas, dando conselhos, oferecendo conteúdo grátis. Então por que eu não estava fazendo isso?"

Ele apostou dobrado no engajamento. "Eu trabalhava 24/7. Literalmente qualquer pessoa que mencionasse qualquer coisa, eu entraria em conversas, responderia a todos. Se fosse duas da manhã e tivesse uma festa ocorrendo, nós estávamos nessas conversas, falando para as pessoas de outras festas na cidade. Não havia espaço para mais nada." Depois de conseguir um contrato com um notório grupo de vida noturna, ele se sentiu seguro o bastante para abandonar seu emprego regular.

A popularidade do site aumentou até que fosse a maior plataforma relacionada ao mercado urbano e do hip-hop. Ele foi abordado pelo time de marketing da vodka Cîroc, a Blue Flame Agency.

"Eles perguntaram, 'Você fez esse site?'" "Sim."

"Nós pagamos às pessoas US$75 mil para fazer um site."

"Eu disse, 'Farei por US$10 mil.' Eu só queria entrar no negócio."

E entrou. A Blue Flame Agency o contratou e, daí para frente, ele ficou ocupado com projeto depois de projeto. Por dois anos e meio, intermediou negócios com a Hennessy, a LVMH (Louis Vuitton Moët Hennessy), qualquer marca que você possa pensar que queira chegar no cliente da vida noturna urbana.

Em 2015, Aubrey Flynn, da Combs Enterprises, ofereceu a Deon uma posição como seu diretor digital, trabalhando com oito diferentes marcas, incluindo uma tequila, uma rede de TV e uma gravadora de discos.

É uma vida agitada. Deon tem uma família, então muito de seu trabalho é feito depois de seus três filhos estarem dormindo e antes de todo mundo acordar. Sua caixa de entrada foi inundada com convites para palestras desde que ele foi mencionada na edição de maio de 2017 da revista *Entrepreneur*.

Ele tem uma enorme ambição e nada ficará no seu caminho.

Eu definitivamente terei uma agência digital similar a que Gary está comandando, fazendo o que eu faço por Sean Combs com muitas marcas e celebridades diferentes.

Às vezes, vou para esses encontros e as pessoas me olham esquisito, só porque sou um homem jovem e negro. Esta tem sido a parte mais difícil, ser levado a sério pelo mundo corporativo. Por isso, é bom estar alinhado com alguém como Sean Combs, que luta por isso. Mas é definitivamente uma conversa diferente quando sou eu que entro nesses recintos do que, digamos, Gary. Eu entro pela porta e eles definitivamente ficam surpresos. Dá para notar que estavam pensando ou procurando alguém diferente. É só uma coisa com a qual tenho que lidar; não posso usar como desculpa.

A coisa mais importante é estar completamente comprometido e bloquear qualquer ruído, porque ninguém fez o que você está tentando fazer. E a única forma de fazer é manter-se em linha reta e seguir em frente.

Atenção

Para onde os olhos vão? Sobre o que seus clientes estão falando? Quais são as mais novas tendências na sua área? Quais são as maiores controvérsias? Você tem que prestar atenção em tudo. Uma das minhas grandes vantagens tem sido a habilidade de ver para onde a atenção está se desviando enquanto meus competidores estão olhando para outro lugar (em geral, para trás).

Saber como enxergar a atenção a baixo preço ou desvalorizada é uma habilidade chave de um influenciador. As pessoas sempre negaram ou subestimaram a coisa nova, do rádio à TV, da internet às redes sociais. São as mesmas pessoas que acreditam que Hollywood, não YouTube ou Instagram, ainda são as incubadoras das maiores estrelas. Como qualquer pessoa com menos de vinte e cinco anos diria, elas estão erradas.

Não fique tão confortável em uma plataforma a ponto de não ter tempo para desenvolver habilidades sólidas nas outras. Por outro lado, não se apegue à sua favorita mesmo quando se tornar inefetiva ou cara. Continue a experimentar mesmo quando estiver certo de que está fazendo o correto. Sua disposição ao desconforto do risco vai salvá-lo a longo prazo. Há muitos de vocês cujos competidores estavam dominando o Instagram cinco anos atrás só pelo caso de se tornar realmente grande, enquanto você estava debatendo se teria uma conta ou não. Não cometa esse erro novamente.

COMO ESTOU DETONANDO

Andrew Nguyen, Brand with Drew

IG: @BRANDWITHDREW

"Meu mercado começou no Facebook, depois pulou para o Twitter. Eles saíram do Facebook, depois pularam para o Instagram. Eles saíram do Twitter e pularam de volta para o Facebook. E para o Snapchat também." E para onde vai a atenção, também vai Andrew Nguyen.

Andrew pode seguir os olhos, mas ele sempre marchou no seu próprio ritmo. Quando tinha dezessete, tentou seguir um caminho tradicional e agradar seus pais imigrantes aceitando uma bolsa de estudos em uma pequena faculdade em Hampton, Virgínia, com a intenção de estudar e se tornar farmacêutico. No final do primeiro semestre, ele tinha reprovado em quase todas as disciplinas. Pensando em uma opção melhor, mudou para um programa MBA de cinco anos.

Ele não contou para seus pais.

Era o meio do ano antes dele finalmente confessar. Naturalmente, ficaram furiosos. Eles também apontaram que se queria apenas um MBA, ele poderia ir para a universidade em seu estado natal de Maryland e obter seu diploma por muito menos dinheiro. Mas Andrew não estava disposto a sair de Hampton, porque já tinha começado a fazer um nome lá — primeiro, como barbeiro. Andrew havia aprendido a cortar cabelo com seu pai, que tinha ido para escola de barbeiros depois de chegar nos Estados Unidos do Vietnã. Quando Andrew percebeu que estava em um dormitório cheio de homens que precisavam de cortes de cabelo, viu a oportunidade e pendurou um cartão de barbeiro na sua porta. O negócio era bom; algumas vezes, cortava dez ou mais cabelos por dia. Ele também estava ganhando reputação como DJ. Percebeu que o DJ mais popular no campus era do último ano. Alguém teria que tomar seu lugar quando ele se formasse. Pensou: *por que não eu?* Ele usou seu dinheiro como barbeiro para comprar amplificadores e equipamento de DJ e mandou entregar no dormitório. Começou a fazer alguns eventos de graça, construindo sua marca, até que o DJ do campus percebeu seu potencial e resolveu ajudar, fazendo as apresentações necessárias e conseguindo para Andrew bons clientes pagantes. "Eu realmente senti que isso era o que deveria fazer. Deveria ficar nessa faculdade, conhecer as pessoas que deveria conhecer, fazer esses negócios crescerem. Cheguei ao ponto no qual, tendo percebido que realmente acreditava nessa visão, estava disposto a fazer o que fosse preciso."

A mãe e o pai de Andrew não estavam felizes e praticamente o deserdaram. Ele estava sozinho, sem dinheiro sequer para pagar a seu alojamento. Acabou vivendo em seu carro e trabalhando na cafeteria da escola para ter o que comer. Ele se tornou um reservista nos Fuzileiros Navais para ajudar a pagar seus estudos. Por fim, no entanto, ele construiu sua marca de DJ em um próspero negócio de seis dígitos servindo o campus e a cidade (seu antecessor que se tornou seu mentor, Taylor Austin James, se tornaria melhor conhecido como DJ Tay James, DJ oficial do Justin Bieber).

Andrew não tinha mais que cortar cabelo, mas ficou marcado pelos meses sem teto. Economizar dinheiro se tornou sua prioridade. Ele decidiu usar seu MBA para conseguir um emprego que lhe permitiria construir um alicerce financeiro e lhe ensinaria a logística do mundo corporativo. Conseguiu um emprego em vendas e marketing com a Pepsi. Ao mesmo tempo, decidiu começar sua própria agência de marketing, a O Agency.

"Minha paixão não era a barbearia ou ser DJ. Minha paixão era fazer a minha marca para me tornar esse DJ, essa fachada, essa marca. Há uma qualidade psicológica no marketing que, às vezes, é difícil de quantificar. Você tem que se importar e mostrar às pessoas a qualidade de quem você é e do que você faz."

Para testar seu conhecimento e habilidades, ele também decidiu desenvolver um plano de marketing para seu amigo Bakari Taylor, um treinador que havia ganho alguma notoriedade local por sua marca, Body by Bakari, através de uma série de campos de treinamento gratuitos na área de Washington, DC, no meio do ano anterior. Taylor tinha as habilidades e o carisma. Andrew tinha o negócio e a experiência em marketing. Juntos, eles lançaram uma grande iniciativa de marca, a turnê East Coast No Excuses, para ajudar a criar consciência para as marcas.

A turnê foi um imenso sucesso, mas quase deixou Andrew falido. "Foi o ano mais duro da minha vida, mesmo depois de dormir no meu carro e ir para os Fuzileiros Navais. Eu sabia que a maioria dos negócios ia à falência, sabia que as probabilidades estavam contra, e sabia que não conseguiria, então acordava às quatro ou cinco da manhã para trabalhar doze horas na Pepsi e depois trabalhar das seis da tarde às duas da manhã para a O Agency e Bakari. E ainda estava trabalhando como DJ."

Graças a Deus que a Pepsi começou a fazer bebidas energéticas, e Andrew podia consumi-las de graça.

Dentro de um ano, ele estava pronto. Saiu do negócio de DJ e deu o aviso prévio para a Pepsi. Seis meses depois de lançar a O Agency, ele conseguiu seu primeiro cliente na NFL. Hoje, trabalha com marcas como 7-Eleven e Sotheby's.

Ele leu *Vai Fundo!* apenas cerca de dois anos atrás, e foi como uma reafirmação. "Ouvir alguém que está muitos, muitos níveis na minha frente dizer coisas que eu já pensava... a ideia geral é o que me anima. Havia muita confirmação de que eu estava fazendo a coisa certa."

Até recentemente, ele sempre priorizou a marca da O Agency, preferindo esperar até que tivesse algo a mostrar por seus esforços antes de expor sua marca pessoal. "Você pode fazer sua marca o quanto quiser, mas se não tiver credibilidade ou não tiver feito nada, é quase sem valor. Você só pode vender algo que seja realmente bom."

Agora que foi capaz de se "libertar" do negócio, ele começou a construir sua marca pessoal, @BrandwithDrew.

> Estou num ponto agora em que me dou conta de que provavelmente nunca ficarei duro de novo na vida. Eu realmente encontrei minha paixão. E uma das coisas que realmente quero fazer com isso é ajudar muitas pessoas que estão perdidas, especialmente o mercado dos millennials. Eu iria mais fundo, dizendo mercado das minorias. Esse é o nicho do qual eu realmente vou atrás e vou me colocar em uma posição na qual possa realmente ajudar as pessoas. Não é pelo dinheiro. Faço muitas coisas de graça porque aprecio mais o impacto do que as coisas monetárias.
>
> Nem considero mais o que estou fazendo trabalho. Gosto muito do que faço. Quero continuar discursando e construindo minha própria marca, escrevendo livros e criando eventos que ajudem as pessoas. Eu amaria fazer isso pelo resto da minha vida.

Esses são os sete primeiros essenciais para uma marca pessoal forte. Espero que soem familiar para os leitores de *Vai Fundo!*. Seria impossível dizer essas coisas demais ou muito frequentemente. Sabe como eu sei? Porque, pelo número de vezes que digo as mesmas coisas todos os anos, deveria haver milhares e milhares mais de vocês atingindo suas metas. A única explicação para que uma grande porcentagem de vocês não tenha atingido é que não estão me levando a sério. Exagero muito para efeito de ênfase e entretenimento, mas não estou brincando quando lhe digo que se você economizar em qualquer um desses elementos, vai vacilar. É tão somente a verdade.

Há um oitavo essencial. É o único que tem visto algum desenvolvimento significativo ao longo dos anos. É tão importante que merece seu próprio capítulo.

3

O OITAVO ESSENCIAL — CONTEÚDO

Para monetizar sua marca pessoal em um negócio usando marketing em mídias sociais, você precisa de dois pilares consolidados: produto e conteúdo.

—*Vai Fundo!*, capítulo 5

Ainda é verdade que o produto e o conteúdo certos são chave para construir uma marca pessoal vibrante. Essa parte nunca muda. Mas como você desenvolve seu conteúdo e aumenta seu alcance definitivamente mudou. Em *Vai Fundo!*, recomendei gerar conteúdo simultaneamente em todos os diferentes canais usando um serviço de mídia social web (alguém se lembra do Ping.fm?). Foi só mais tarde, no entanto, que percebi que havia feito outra confusão. Eu deveria ter especificado que você não deveria transmitir o *mesmo* conteúdo em todas as múltiplas plataformas. Ao contrário, quero que desenvolva microconteúdo nativo de alta qualidade. Para quem é novato, quer dizer conteúdo específico e perfeitamente projetado para a plataforma que está usando para disseminá-lo. O público do Twitter não está buscando o mesmo tipo de conteúdo que os seguidores do Instagram. Um post de Facebook terá maior impacto se não for apenas um copia-e-cola do seu blog ou um vídeo de dez minutos que deveria estar no YouTube. Mesmo que seu público esteja em mais de uma plataforma, as pessoas estão com pensamentos completamente diferentes quando visitam uma ou outra. Se elas estão no Twitter, provavelmente querem saber das últimas notícias. Se estão no Facebook, provavelmente estão em contato com amigos e família. Podem ir para o Snapchat para consumir um pouco de entretenimento no horário de almoço, mas irão para o YouTube quando estiverem a fim de ficar a noite inteira vendo algum vídeo longo, da mesma forma que as gerações anteriores assistiam TV. Você deve pensar como adaptar seu conteúdo para gerar interesse em cada plataforma que seu público possa visitar em um dia.

Criar todo esse conteúdo pode parecer desanimador, mas é muito mais gerenciável se você focar em criar um pedaço grande de pilar de conteúdo, que possa ser dividido em pedaços menores — conteúdo que se reproduza como coelhos, por assim dizer. O conceito pode ser ilustrado por um gráfico que eu e minha equipe criamos para a Vayner Talent, uma divisão da VaynerMedia que estabeleci para influenciadores que tornaram suas marcas tão grandes quanto puderam por conta própria e que precisam de ajuda adicional para continuar crescendo. É um serviço para o 1% do 1%. Se você está lendo este livro, provavelmente não chegou lá ainda, mas espero lhe ensinar o que precisa saber para que, sendo bom o suficiente, precise da gente um dia. De qualquer forma, usamos um gráfico para ilustrar nossa estratégia para criar pedaços infinitos de microconteúdo a partir de uma peça de "pilar" de conteúdo:

Você está aqui para entender como essas peças de conteúdo se parecem e quais plataformas deve escolher utilizar. Mais sobre isso na parte II.

Em *Vai Fundo!*, também afirmei que conteúdo excelente é resultado de paixão e conhecimento. Embora as oportunidades de se tornar estrela em diversas plataformas de mídia social tenham se multiplicado, para ter a mínima chance de ser tornar o 88º Instagrammer sobre whisky, você terá que se assegurar de que esteja constantemente atualizando seu conhecimento e fornecendo informação e insight que as pessoas não vão achar fácil em nenhum outro lugar. Além disso, você tem que fazer isso em um estilo único e memorável, uma assinatura. Não há outro jeito — seu conteúdo deve ser fantástico. Para alguns, essa realidade pode ser paralisante, como a mordida de uma cobra. Mas eis o antídoto: você não tem que esperar até ser um especialista ou ter o design do site perfeito ou escrever dez posts perfeitos antes de lançar o negócio. É bem o contrário.

Documente, Não Crie

Em 2009, dediquei apenas três linhas à ideia de que "você pode até fazer o processo de aprendizado parte de seu conteúdo." Foi um comentário, uma solução possível se você fosse jovem ou estivesse construindo credibilidade. Desde então, percebi que, na verdade, o processo de aprendizado pode ser seu conteúdo. Ou seja, não é um problema se você tiver mais paixão do que conhecimento. Nossos ícones mais amados não são aqueles nascidos com talento e que seguiram com esse talento. São aqueles que começaram a experimentar no porão de suas casas, venderam os produtos no porta-malas do carro, que ascenderam, caíram e se levantaram novamente. Os únicos que não conseguimos perdoar são aqueles que não admitem suas imperfeições ou seus erros.

É verdade que conteúdo excelente depende de uma forma excelente de contar a história, e todas as histórias no universo já foram contadas. Mas não por você. Você é único, e proporciona nuance, perspectiva e detalhes que ninguém mais pode. Quer dizer que não só tem a habilidade de gerar peças criativas únicas — você *é* a peça criativa única. Não se preocupe em chamar a atenção das pessoas criando um vídeo poético no YouTube ou escrevendo quatro esboços de um vigoroso post de status no Facebook. Pelo contrário, use cada plataforma disponível para documentar sua vida real e falar a verdade. Deixe que as pessoas aprendam quem você é, deixe elas acompanharem o seu desenvolvimento daquilo que quer se tornar.

No fim de 2015, DRock, meu cinegrafista, começou a me seguir com uma câmera a todos os lugares que eu ia durante o horário de trabalho. O único momento que a câmera estava desligada era durante reuniões confidenciais ou quando eu ia ao banheiro. Queria que as pessoas vissem como realmente era a agitação, como conseguia tanta produtividade a cada minuto (e, também, provar que mesmo quando você "chegou lá" e é "importante", não tem que agir como um idiota arrogante com as pessoas com quem interage diariamente, principalmente os prestadores de serviço). Era importante responder a uma especulação frequente dos meus feeds, onde diziam que eu estava exagerando o número de horas trabalhadas por dia. Queria que as pessoas vissem que quando eu falava que trabalhava das seis da manhã às dez da noite, de segunda a sexta, estava falando sério. Além disso, vinha trabalhando nesse ritmo há cerca de uma década.

Mais importante, no entanto, queria disponibilizar uma ferramenta de aprendizado para o tipo de pessoa como eu. Aprendi observando e fazendo, não lendo. Não é incomum receber uma mensagem de alguém me dizendo que captou algo de valor me observando interagir com pessoas na tela ou a partir de um discurso aleatório que fiz no banco de trás do carro. Na maioria dos casos, tenho quase certeza de que aquele momento não significou nada para ninguém, mas ouvir que nesse dia fui capaz de ajudar uma pessoa significa muito para mim. Não posso fazer uma reunião com cada pessoa que quer meus conselhos, mas posso ensinar pelo exemplo e elas aprenderão assim. Nenhum de nós pode prever com total certeza o que irá nos acontecer. Provavelmente, vamos conhecer as pessoas que planejamos conhecer, mas também podemos ter encontros aleatórios. Provavelmente, teremos as conversas que agendamos, mas quem sabe aonde essas conversas nos levarão? Documentar garante que cada encontro e cada contato seja registrado, para que eu possa me assegurar de que nunca serei pego desprevenido quando ocorrer um momento que possa gerar conteúdo de valor para meus seguidores. Documentar me liberou da pressão de ter que criar o tempo todo.

Use Snapchat, Instagram Stories, vídeos do YouTube e Facebook Live três, quatro, cinco vezes por dia para compartilhar o mundo através de seus olhos. Deixe seu público conhecer seu tio rabugento, deixe que vejam o que você está almoçando, deixe que o sigam enquanto pega pesado no exercício que adora odiar. Convide-os quando mudar para sua primeira casa depois do divórcio ou para o dormitório da universidade. Leve-os junto nas férias e viagens de negócio. Pense em você como estrela *e* companhia de produção desse show.

Tudo na sua vida diária é inerentemente interessante e novo? Por um lado, sim. Não é fácil fazer um documentário pessoal, mas é muito mais fácil do que tentar produzir *Modern Family*. E qual você acha que vai ser feito mais rápido? Qual é o custo? Vale a pena tentar. Talvez você odeie (levou vários meses para me acostumar a ter uma câmera me seguindo onde quer que fosse) e talvez você falhe. Mas talvez construa um público que lhe renda US$80 mil por ano, ou US$380 mil, que podem vir através de propagandas, afiliados, agendamento de palestras, livros, patrocínios e outras oportunidades complementares de ganho de receita que aparecem quando se tem uma marca pessoal forte. Você nunca sabe qual publicação irá inspirar alguém importante a fazer contato com você. As pessoas que veem seu trabalho trarão ideias, ofertas e parcerias. Elas vão acreditar em você se contar a história certa. No mínimo, mesmo que não se torne a próxima Kardashian, provavelmente descobrirá que pode complementar sua receita atual de forma saudável, fazendo algo que acha interessante e divertido.

Documentar para construir uma marca pessoal é uma boa tática, especialmente se você já está trabalhando em um emprego do qual deseja sair um dia. Construa sua marca e ganhe força no seu nicho antes de precisar ganhar dinheiro e, quando estiver pronto para sair do seu emprego atual, sua marca estará lá para mantê-lo e levar você até a próxima oportunidade.

Bem, essa tática remove apenas um obstáculo: como construir credibilidade quando você não tem nenhuma. Não poderá lhe ajudar, no entanto, se o seu conteúdo for ruim. Desculpe, não posso colocar rodeios no fato de que qualquer sucesso que você tenha será baseado na qualidade do seu conteúdo. Não pense que pode publicar vídeos e blogs medíocres e ter resultados que não sejam medíocres, assim como não pode pensar que um esforço meia boca vai levá-lo nem à metade do caminho que quer alcançar. Dito isso, só por que você é ruim não quer dizer que sempre será ruim. Muitos dos empreendedores com quem conversamos não sabiam o que estavam fazendo quando começaram a fazer vlogs ou podcasts também, e era de se notar. Mas eles trabalharam nisso todos os dias, analisando o conteúdo, contatando o público para ver o que ressoava e o que não ressoava, e estudando outras marcas pessoais para ver quais estratégias poderiam adaptar para si mesmos. Eles praticaram seu ofício tão intensa e metodicamente como cirurgiões residentes praticam como dar pontos ou jogadores da basquete pré-profissionais praticam seus lançamentos.

Documentar vai te manter honesto. Dou risada quando vejo pessoas de dezenove anos e recém-ingressos na universidade se ungindo nos perfis de Instagram como "empreendedores experts," ou "life coaches de mídia social". Uma ova que são. Pouquíssimas pessoas ganharam o direito a esses títulos. Meninas colocam perfis dizendo que são especialistas em beleza. Não, elas têm opinião sobre beleza. Você não pode se denominar expert até que tenha trabalhado — e é o mercado que decide, não você. Quando era criança, eu sentava perto do meu pai no carro e dizia a ele que seria especialista em vinho e construiria a maior loja de bebidas no país. Eu não podia beber, então passei todos os meus anos até a maioridade provando todas as coisas que os críticos e rótulos de vinho diziam que o vinho tinha gosto — grama, terra, cereja, tabaco — para desenvolver meu palato enquanto aprendia o negócio. Foi só quando eu tinha idade e certeza de que tinha algo de valor real e único para oferecer aos clientes que fui a público e comecei a construir uma marca em torno do meu conhecimento. Eu já estava no negócio de provar centenas de vinhos por semana há uma década.

Se pudesse dar um conselho a mim mesmo com dezessete anos, diria a ele para ligar a câmera e gravar cada minuto de seu treinamento. Não seria fantástico se pudesse compartilhar com as pessoas a primeira vez que provei terra? Eu poderia ter me filmado durante a prova de trinta e cinco Merlots diferentes e dizer ao público, "Algum dia, serei capaz de dizer qual é qual com uma venda nos olhos" e, três anos depois, poderia ter me filmado fazendo um teste às cegas com vinhos tintos e identificando corretamente esses Merlots. E assim poderia ter criado um conteúdo que colocasse esses dois vídeos juntos e mostrasse ao mundo quão longe fui. Teria sido honesto, e seria uma ótima história. Aos vinte e seis, eu seria quem eu sou hoje; é uma pena que o processo de chegar aqui tenha sido perdido. Claro, posso contar minha história em livros e durante palestras, mas imagine as lições detalhadas que poderia ter compartilhado, os erros que as pessoas poderiam me ver cometendo, a curva de aprendizado que poderia ter disponibilizado se tivesse pensado em documentar minha vida no momento. As aspirantes a especialistas de beleza podem fazer a mesma coisa. Em vez de ir para a loja de departamento e obter conselhos de maquiagem dos representantes no balcão de cosméticos e se filmar regurgitando a informação como se fosse delas próprias, poderiam se filmar fazendo perguntas no balcão de maquiagem, ensinando ao público enquanto ensinam a si próprias. Então, elas poderiam construir conteúdo com esse novo conhecimento e fazer referência a esse vídeo várias e várias vezes.

Documentar não é apenas valioso porque registra quão interessante (ou não) você é agora; tem a ver com se preparar para como as pessoas vão assistir você daqui a dez anos. Cassius Clay tinha apenas vinte e um quando declarou, "Eu sou o maior." Mas, depois, ele provou isso e se tornou Muhammad Ali. Por que você não pode fazer o mesmo, ainda que seja em um nível menor? Pense em como se sentiu quando viu um clipe do Justin Bieber cantando quando tinha doze anos, ou um vídeo do Michael Jackson ensaiando para o vídeo de *Thriller* em um estúdio de dança com seu coreógrafo. Você consegue imaginar se pudéssemos observar Vera Wang cortar seus primeiros moldes ou costurar seus primeiros vestidos de noiva? Ou se pudéssemos saber os pensamentos de George Lucas enquanto desenvolvia ideias para seus curtas-metragens na Universidade do Sul da Califórnia? Não da forma que podemos agora, através de uma biografia ou entrevistas, mas registrado literalmente no exato momento, antes que eles pudessem estar sujeitos à edição mental que todos aplicamos às nossas memórias ao longo do tempo? É algo fantástico ver o talento crescer e ser testemunha da evolução da grandeza. Algum dia, você pode ser um tipo de inspiração para outros se capturar a sua jornada. Documentar também lhe dá um arquivo que pode usar para ajudá-lo a validar sua promessa ou, como gosto de chamar, ganhar seu sustento. Por exemplo, as pessoas acharam que eu era maluco quando, em 2012, disse que o Facebook roubou o Instagram quando comprou a companhia por um US\$1 bilhão. Me dá um prazer ridículo mostrar essa gravação antiga agora que, nas últimas estimativas, o Instagram está avaliado em US\$50 bilhões (e muito mais, na minha opinião). Documentar seu negócio garante que tenha muitas oportunidades de falar "Eu avisei". Recentemente filmei um encontro com Kyle, um rapper que a *Rolling Stone* selecionou como um dos "10 Novos Artistas Que Você Tem que Conhecer" em 2015. Falamos sobre música e marketing e composição de músicas, e foi ótimo. Em dez anos, quando ele for tão bem conhecido quanto o Eminem, esse vídeo será visto milhares e milhares de vezes por seus fãs. Para muitos, será uma introdução à minha pessoa. Ainda melhor... para mim — ;).

Muitos pseudoespecialistas vão justificar o subterfúgio dizendo que estão usando o velho conselho de fingir até conseguir sucesso. Mas ninguém precisa fazer mais isso. A única razão pela qual as pessoas fingiam era porque tinham que convencer os guardiões das portas — agentes, diretores, editores, produtores musicais, agências de talento — a lhes dar uma chance para se provar. A internet faz o papel de intermediário hoje, e a internet não pode lhe impedir de colocar seu trabalho lá. Coloque seu material lá e veja o que o mercado diz a respeito. Tire se ninguém gostar (ou deixe como referência histórica). Mude e tente de novo. Assuma riscos e aprenda com eles. Daniel Markham, do canal do YouTube What's Inside?, que ostenta cinco milhões de inscritos, lançou vários canais de vídeo até que finalmente lançou o que chamou a atenção das pessoas. Depois que começou a ganhar corpo, ele aplicou tudo que havia aprendido com suas falhas para melhorar o conteúdo de seu canal, a experiência do usuário e a estratégia de monetização.

Há outra razão para não fingir. As únicas pessoas que caem na sua conversa quando você finge ser o que não é são os mesmos clientes que você não vai querer ter em dez anos, ou mesmo em dez meses. Ao mesmo tempo, você perde credibilidade com a camada mais alta dos clientes, que precisa aumentar para que seu negócio cresça e se sustente. Você está sacrificando crescimento a longo prazo por ganhos a curto prazo, e acho que isso coloca os empreendedores em uma posição vulnerável no decorrer do tempo. Quem vai confiar em você quando souber que está disposto a enganar o ignorante?

Não está certo ser manipulador; tudo bem ser novato. Espero que você entenda a diferença. É empolgante assistir alguém surgir profissionalmente de forma pensada, estratégica e inteligente. Abrace sua novidade; de muitas formas, pode lhe dar uma vantagem. Você provavelmente terá energia e entusiasmo novos que muitos profissionais com experiência já perderam. Isso é atraente. E admitir que ainda está aprendendo dará às pessoas uma razão para acompanhar seu progresso. Também pode ser muito mais animador quando puder dizer "Eu avisei." Você já viu um filme ou série de TV no qual a criança que costumava estrelar nas peças da escola e falava sobre ter sucesso em Hollywood de repente aparece na tela, ou viu o rosto de alguém que conhecia na capa de uma revista de circulação nacional? É quase impossível não se agitar. "Caramba, eu conheço ele! Ele chegou lá!" Daí por diante, sempre que a conversa tornar possível, você provavelmente falará que conhecia aquela pessoa antes de qualquer um. Agora, tão empolgado quanto você, imagine quão empolgado não está seu conhecido ao saber que centenas de seus colegas de classe estão tendo a mesma reação, especialmente se ele fora caçoado ou colocado para baixo por ousar pensar que tinha talento ou esperteza suficiente para ser uma estrela. Acredite, é um bom sentimento. Será ainda melhor se você documentou sua jornada até aquele ponto e as pessoas puderem ver quão duro trabalhou para fazer acontecer. Se alguns de nós começássemos a documentar, poderíamos destruir completamente o mito do sucesso da noite para o dia.

Torne seu material público para que possa chegar lá. Se tiver valor e souber que é verdade, não julgue. Deixe o mercado mostrar se você é bom ou não. Há sempre algo novo, e a única forma de ganhar é se for a sua verdade. Produza. Torne-se essa personalidade e a assuma.

Seus talentos naturais só conseguem levá-lo a um determinado ponto. Se você quer ser o melhor, vai ter que trabalhar nisso, mas evite ser perfeccionista. Perfeição não existe; é totalmente subjetiva. Nós conquistamos o respeito e a lealdade dos outros quando deixamos que eles nos vejam de perto, como somos. Saber disso ameniza qualquer percepção errada de que você tem que começar esse processo completamente formado. Lembre-se, houve um tempo em que Kobe e Beyoncé ainda tinham que usar seus sobrenomes.

COMO ESTOU DETONANDO

Rich Roll, Rich Roll Enterprises, LLC

IG: @RICHROLL

Foi um lance de escadas que colocou Rich Roll no caminho para detonar. O ano era 2006, e ele, com trinta e nove anos, tinha tudo: uma carreira lucrativa como advogado do setor de entretenimento, uma esposa amorosa que apreciava seu próprio sucesso como designer de moda e de interiores, quatro filhos saudáveis e uma casa fabulosa em um terreno de três acres no Malibu Canyon.

Ele estava infeliz.

Por anos, havia buscado cegamente a promessa do sonho americano. Ele tinha tudo a seu favor e tinha jogado o jogo de forma perfeita. "Entrei em todas as universidades nas quais me inscrevi. Harvard, Princeton... Fui para Stanford. Eu era nadador competitivo no ranking mundial na universidade. Me formei na Cornell Law School em 1994. Tudo o que importava era entrar na melhor universidade, estudar muito, entrar na melhor faculdade de direito, conseguir emprego no melhor escritório de advocacia, chegar cedo, sair tarde, impressionar os chefes, entrar no caminho da sociedade, comprar o carro bonito."

Ele atingiu tudo isso enquanto lutava secretamente contra um vício debilitante em drogas e álcool que quase arruinou sua vida. Mesmo tendo conquistado a sobriedade e todos os atributos do sucesso, a felicidade que ele esperava continuou difícil de alcançar, jogando-o no centro de uma crise existencial.

Olhei em volta no escritório de advocacia e não aspirava ser nenhum dos sócios que via. Não queria ter uma vida como a deles. Não é que os desrespeitasse, mas eles não tinham nada que eu quisesse para mim. E isso me criou um imenso problema, porque havia investido tanto tempo, dinheiro e energia, anos e anos da minha vida, para chegar nesse lugar e parecia que eu estava empacado. Eu não sabia como sair. Nunca parei para pensar: *O que me faria feliz?* Ou então, *Qual é a minha paixão?* Porque simplesmente nunca era parte da conversa.

Então, na noite anterior ao seu aniversário de quarenta anos, enquanto subia as escadas de casa, Rich começou a suar e teve que parar para tomar fôlego. Ele percebeu que os anos de fast-food e vício no trabalho que lhe deram mais de vinte quilos estavam cobrando seu preço, arremessando-o na meia idade na rota da mesma doença cardíaca que havia matado seu avô ainda jovem. Nesse momento, suas crises de saúde e existencial o levaram a fazer uma gigantesca mudança de estilo de vida.

Da noite para o dia, literalmente, ele adotou uma dieta vegetariana e começou a correr. Dentro de dois anos, com a ajuda da sua esposa, que já praticava um estilo saudável ligado à cura e à espiritualidade orientais, abraçou o veganismo e se transformou de um sedentário acima do peso em um atleta de resistência de nível mundial. Ele também deixou o escritório de advocacia e abriu seu próprio pequeno negócio.

Basicamente, fiz uma revolução em cada faceta da minha vida: física, mental e emocionalmente. Perdi todo esse peso. Minha pele ficou limpa. Eu tinha melhor acuidade mental. Dormia melhor. O puro fato de ter mudado tão dramaticamente em um período de tempo tão curto me fez perceber o quão resiliente é o corpo. E eu fiquei interessado em testar os meus limites externos. Comecei a pensar, *se eu pude mudar tanto em tão pouco tempo, que outro tipo de mudança poderia fazer?*

Embora se sentisse ótimo com o quanto havia mudado o estilo de vida que havia minado suas possibilidades, ele ainda não tinha certeza de para onde estava indo. Se pudesse viver como atleta de resistência, ele o faria, mas tinha uma família para sustentar e uma hipoteca para pagar, e não havia qualquer dinheiro nas provas de resistência.

Ou assim ele pensava. Depois de ficar bem posicionado no Campeonato Mundial Ultra-man de 2008, uma ultraprova de resistência que consistia em um Ironman duplo, de três dias e com mais de 500km no Havaí — e se tornar o primeiro vegano a terminar a corrida —, a mídia começou a abordá-lo para entrevistas. Todos queriam saber: como uma pessoa de quarenta e dois anos poderia ter uma performance tão incrivelmente alta com uma dieta completamente vegetariana? Era algo completamente inédito. Subitamente, Rich se deu conta de que o que estava fazendo poderia ser do interesse de outras pessoas fora de seu núcleo familiar.

Rich tinha uma conta do MySpace e outra do Facebook e havia começado a usar o Twitter relativamente cedo, mas ele estava usando-os "como um ser humano médio." Agora, consciente de que as pessoas queriam saber mais sobre sua dieta e regime de treinamento, ele sugeriu a um amigo que eles se filmassem enquanto treinavam em um campo no Havaí para o Campeonato Mundial de Ultraman de 2009. "Compramos uma destas câmeras flip e começamos a fazer vídeos diários sobre nosso treinamento para essa corrida maluca. Fazíamos coisas como 'Deixe mostrar para vocês os bastidores. Veja aqui o que estou comendo. É assim que estou treinando.' E postávamos esses vídeos no YouTube, apenas pequenos vídeos de cinco ou dez minutos extremamente amadores, mas eles já tinham mais de duas mil visualizações! Eu não conseguia acreditar."

Foi durante o treinamento para essa corrida que Rich leu *Vai Fundo!*

Eu já estava começando a ver os resultados que essas ferramentas de mídias sociais poderiam me dar e, embora não soubesse como iam se traduzir em alguma espécie de carreira tangível, acreditava no seu poder. E eu tinha fé de que continuar apostando na minha devoção a elas geraria algum tipo de dividendo em algum ponto. [O livro] validou tudo que estava percolando a minha mente e me forneceu um mapa muito prático e fácil de percorrer para seguir em frente. Talvez, ainda mas importante: realmente levei a sério algo que Gary tornou muito claro naquele livro e que continua até este dia, que é a necessidade de ter uma visão a longo prazo.

Eu não estava tentando faturar com os seguidores no Twitter fazendo um negócio com uma marca ou algo assim. Não me importava com ganhar dinheiro nas mídias sociais. Tudo o que eu queria era disponibilizar conteúdo de valor — entretenimento, informação — que seria útil a eles, sem buscar nada em retorno. Porque eu sabia que em algum ponto — talvez anos à frente — poderia chamá-los para voltar para mim. No meio tempo, tudo com que me preocupava era em cultivar e lidar com esses seguidores.

[Não estava] tentando crescer o máximo possível, mas garantir que as pessoas que estavam prestando atenção em mim e gastavam seu tempo seguindo o que eu estava fazendo recebessem algo de valor que pudesse beneficiar suas vidas. Abordar de um ponto de vista profissional e mudar minha mentalidade para a de um praticante foi muito poderoso e empoderador ao mesmo tempo.

Ele ficou mais decidido.

Em vez de apenas ser bem-humorado e divertido sobre o tema, eu na verdade pensei, "Ok, qual é o propósito deste tuíte, deste vídeo, deste post no Facebook? O que estou entregando terá valor? — seja uma receita de shake, um certo tipo de estratégia de treinamento, [ou conselho sobre] como ser pai e treinar para uma corrida louca como essa e não acabar divorciado."

No ano seguinte, 2010, Rich completou o EPIC5 Challenge, cinco triatlos com distância de Ironman em cinco ilhas havaianas em sete dias.

Ele aumentou a aposta nos blogs e nos contatos com os seguidores, recebendo várias reprimendas das pessoas próximas por estar "distraído" e "não presente".

A primeira chance de Rich monetizar veio de uma forma que suporta em 100% minha teoria de que os números dos nossos seguidores nas mídias sociais são secundários à qualidade desses seguidores. Rich vinha blogando por cerca de quatro anos quando recebeu uma ligação de Sanjay Gupta, diretor médico correspondente da CNN. Ocorreu que Gupta vinha lendo o blog e queria visitar a casa para uma entrevista. Rich percebeu, subitamente, que os dias de anonimato iriam acabar. "Pensei, *Oh meu Deus! Milhões de pessoas vão me ver na CNN. Eu deveria ter algo disponível no meu site para as pessoas comprarem se estiverem interessadas em aprender mais sobre como fiz o que fiz.* Então, literalmente virei a noite e criei um livro de receitas online com as receitas veganas maravilhosas da minha esposa." Em dezoito horas, ele usou suas habilidades rudimentares no Photoshop para reunir algumas fotografias e receitas e criar um e-book, colocado à venda no seu site por US\$9. A entrevista tornou-se viral e o post que ele escreveu para a CNN foi número um na página da rede por três dias consecutivos. Esse pequeno livro de receitas de US\$9, que Rich editou da noite para o dia, pagou a hipoteca da família por cerca de dois anos.

Pouco tempo depois, Rich recebeu uma oferta de US$150 mil para o contrato de seu primeiro livro, *Finding Ultra*.

Percebi que esse livro seria o suporte que poderia alavancar completamente minha nova vida. Então, não apenas trabalhei incrivelmente pesado para fazer o melhor livro possível, mas também trabalhei duplamente pesado no marketing porque percebi que se não colocasse tudo que tinha para divulgar o livro, ele ficaria como tantos outros livros. E eu teria que voltar a ser advogado, a última coisa que queria.

Rich era implacável, escrevendo posts em blogs para qualquer um que deixasse ele contribuir, aparecendo em qualquer podcast que lhe desse lugar, aceitando cada entrevista que pudesse e falando para qualquer e todo grupo, até se a plateia fosse de quatro ou cinco pessoas. Ele também recrutou a sua comunidade nas mídias sociais. "Chamei meu público e disse, 'Ok, aqui está este livro. Me ajudem a divulgar. Sejam meus soldados. Vocês sabem quanto conteúdo passei para vocês. Se vocês obtiveram alguma coisa com qualquer coisa que eu passei, agradeceria muito se pudessem espalhar a notícia sobre isso.'"

O dia em que *Finding Ultra* chegou às livrarias, em 2012, foi o dia em que Rich decidiu que não ia mais praticar o direito. Certo de que agora tinha se posicionado para demandar valores razoáveis para aparecer em eventos, ele deixou sua licença de advogado vencer. Apesar de sua popularidade, no entanto, a demanda ainda não era satisfatória. Sem suas receitas como advogado ou outros fluxos de receita consistentes, mesmo o dinheiro do livro ou suas palestras, o casal não estava fazendo o suficiente para prover para a família em longo prazo. Os anos seguintes foram assustadores e sem rendimentos.

Como tenho um diploma de advogado de Cornell e um universitário de Stanford, seria muito fácil para mim voltar para um emprego confortável, com bom salário. Então, a coisa mais difícil para mim era dizer não a isso e manter o curso mesmo quando estávamos a quarenta e oito horas de perder a casa, mesmo quando não conseguia colocar comida na mesa, mesmo quando meu carro foi reavido. Cometi muitos erros e, poderia se dizer, que fui imprudente em algumas das decisões que tomei; 2013 foi um ano muito difícil. Houve momentos muito sombrios quando todo mundo me dizia que eu era maluco e estava sendo irresponsável.

Ele conseguiu um emprego de curto prazo ajudando um amigo a lançar uma plataforma de mídia para uma nova oportunidade de econegócios no Havaí e levou a família para lá. Grande fã de podcasts, Rich lançou o seu próprio, o Rich Roll Podcast, outra plataforma em que compartilha suas opiniões pessoais e dá a seu público uma chance de ouvi-lo discutir questões e ideias com convidados interessantes. O podcast se tornaria imensamente popular e ficaria consistentemente no Top 10 de podcasts do iTunes, embora levasse mais de dois anos antes de crescer ao ponto em que conseguisse monetizar com receitas de propaganda. Enquanto isso, ele continuou a colocar conteúdo no seu blog e canal do YouTube. Rich admite que quando sofreu com falta de autoconfiança e começou a questionar seu julgamento, foi sua esposa, Julie, que o incentivou a continuar. "Ela continuava me dizendo que eu tinha que fazer isso, me impulsionando a não perder de vista o objetivo maior. Quando tive minha noite escura da alma e refleti, *Isso é loucura. O que estou fazendo?*, foi ela que disse, 'você tem que continuar.' Estávamos vivendo em uma tenda no Havaí e ainda assim ela falou, 'Vamos dar um jeito.'"

A família voltou a Los Angeles e as coisas começaram a dar certo. O banco permitiu que eles renegociassem a hipoteca. O público de Rich continuou a crescer, e ele começou a ser convidado para aparecer em podcasts mais importantes. Agendou palestras mais prestigio-sas, para companhias como Goldman Sachs. Ele fez um acordo para um segundo livro, e *The Plantpower Way* foi publicado em meados de 2015. Seu alcance e popularidade haviam aumentado tanto que agora ele era considerado um "influenciador de influenciadores".

A história de Rich tem um final feliz de conto de fadas, mas ele rapidamente reitera que a única razão para estar onde está hoje é porque apostou tudo e teve uma esposa que topou fazer o mesmo com ele. Ele é profundamente consciente dos sacrifícios e dificuldades que sua família enfrentou enquanto esperavam que ele encontrasse seu caminho.

Tive que trabalhar muito, por muitos anos, para chegar a esse ponto. Eu tinha que estar disposto a perder a casa para per-seguir esse sonho, e reconfigurar meu relacionamento com as coisas materiais. E não poderia ter feito sem a Julie; ela sempre sustentou a crença de que íamos dar um jeito. Arriscamos tudo para estar aqui. Tudo. E valeu a pena, mas não foi fácil. Até hoje, minha filha de treze anos não quer voltar para o Havaí porque o associa com trauma. Eu tenho dois rapazes, agora com vinte e um e vinte e dois. Foi duro, mas eles puderam ver seus pais buscando o que amavam, encarando a dificuldade juntos. Acho que algo assim poderia romper casamentos e famílias. No nosso caso, ficamos mais próximos e a situação ensinou aos garotos uma importante lição. Olhe, a vida é difícil. Você não tem o que quer quando quer. O fato de que pudemos passar por isso juntos é uma lição inestimável para eles. E acho que permitiu que eles valorizassem um pouco mais o que nós temos em longo prazo. Eles disseram isso para nós. Estou cheio de culpa que minha filha associe o Havaí com trauma, mas sou um pai melhor agora do que seria se tivesse que voltar a ser advogado para manter uma casa, para que a minha filha não ficasse aborrecida. Que tipo de exemplo é esse?

Fiz tudo isso porque é o que eu amo. Estava desesperado para encontrar uma nova forma de viver. Eu amo fazer o podcast. Amo escrever esses livros. E, agora, todo dia recebo e-mails dizendo, "Você mudou minha vida. Você não tem ideia do quanto me influenciou." E tenho certeza que Gary recebe muito mais e-mails assim, mas, para mim, a ideia de que estou aqui agora e de onde estava há não tanto tempo é absolutamente chocante e maravilhosa. E pode-se atribuir isso completamente a tentar ser o melhor praticante dessas poderosas ferramentas de mídia social, que me deram essa vida que eu nunca pensei que poderia ter.

Minha recomendação e minha mensagem são sobre o poder da transformação. É sobre ser responsável por sua história. É sobre a coragem de ser vulnerável. É sobre a capacidade inata que todos temos não só de mudar, mas de despertar fontes de potencial que estão dormentes. E é sobre desempenho. O fato de eu ter sido capaz de fazer cinco Ironmans em cinco ilhas havaianas em menos de uma semana, com quarenta e quatro anos, seguindo uma dieta vegetariana, é a representação clara dessas fontes de potencial não aproveitadas que penso que todos temos, porque não me considero nada especial. E esse feito é apenas uma metáfora para as coisas que nós negligenciamos nas nossas próprias vidas e talvez devêssemos prestar mais atenção.

Em setembro de 2017, Rich completou o ÖTILLÖ Swimrun World Championship, considerado uma das provas de resistência mais difíceis no mundo. Durante o ÖTILLÖ, que significa "ilha a ilha" em Sueco, os competidores nadam e correm cerca de 74 quilômetros em vinte e seis ilhas no arquipélago de Estocolmo. Rich e seu companheiro de equipe levaram quase onze horas para terminar, três horas atrás do time vencedor. Em uma entrevista para o *New York Times*, ele confessou que a corrida foi a coisa mais difícil que já tinha feito. Mas também acrescentou que a experiência validou uma das mais importantes mensagens que ele frequentemente compartilha com seus seguidores: "O mais importante é perceber que, mesmo que você se sinta horrível por um tempo, não é como você vai se sentir o tempo todo... As coisas mudam se você continuar se movimentando."

4

O QUE ESTÁ IMPEDINDO VOCÊ?

Alinhe todos os oito essenciais — empenho, autenticidade, paixão, paciência, velocidade, ética de trabalho, habilidade de atrair a atenção do cliente e dominar as plataformas sociais, e conteúdo — e você terá o mais próximo de uma fórmula que eu posso oferecer para detonar. Sei, no entanto, que mesmo uma fórmula, por assim dizer, não será suficiente para colocar alguns de vocês em modo de execução. Todos os dias encontro pessoas que juram que vão começar sua própria "coisa". A maioria não vai. Pedi à minha equipe para fazer uma lista com as razões mais comuns que eles ouviram para não conseguir detonar, seja na seção de comentários de nossos conteúdos ou nas interações com aspirantes a empreendedores. Veja com o que elas apareceram:

Tenho um emprego que me ocupa o dia inteiro.

Não tenho dinheiro.

Tenho filhos.

Não tenho tempo.

Meu setor tem muitas regras rígidas.

Tenho uma ideia para um aplicativo, mas não sei programar.

Meus pais não entendem.

Minha família está me segurando.

Tenho medo de que meus amigos tenham mais sucesso do que eu.

Ainda não terminei os livros que meu life coach me passou.

Ninguém estava assistindo.

Apenas algumas pessoas estavam lendo.

Não sei qual ideia perseguir.

Não tenho o equipamento certo.

Não sei por onde começar. Sou muito velho.

Sou artista, não uma pessoa de negócios.

Não gosto de nada monetizável.

Tenho medo de receber comentários hostis.

Todos desses itens são bobagem, e alguns estão na categoria "Você deve estar brincando!". De cerca de cem finalistas que consideramos antes de reduzir a lista dos colaboradores de *Detonando!* que incluímos neste livro, apenas alguns estavam gerando mais do que uma receita moderada quando decidiram apostar tudo e detonar. Muitos estavam quebrados ou se mantendo a duras penas. Muitos tinham filhos pequenos e outros tinham idade para ser avós. Alguns já tinham fracassado em tentativas anteriores de construir negócios. Pelo menos três já tinham ido para a cadeia. Você pode achar que esses exemplos são circunstanciais, mas, lembre-se, recebemos tantas respostas que não poderíamos incluir todas. Se centenas de pessoas podem entender como detonar, por que não você? Será que não vale a pena tentar?

Sobre as mensagens hostis. Sim, há um monte de pessoas horríveis por aí que estão irritadas porque não estão fazendo nada, e você provavelmente vai escutar algo delas, especialmente se der certo, como o fotógrafo Jared Polin salienta. Não deixe que elas o silenciem ou, como Polin também diz: "Danem-se os pessimistas". Às vezes pode ser difícil, e algumas pessoas receberão feedbacks mais maldosos ou inapropriados do que outras. As mulheres terão uma experiência diferente dos homens nas mídias sociais. Certamente você sabe que muitos caras são idiotas. E há os insultos padrão que vêm de qualquer pessoa: você é feio. Você é estúpido. Você não é tudo isso. Quer saber como os melhores influenciadores lidam com isso? Eles ignoram ou confrontam. Na verdade, você provavelmente não teve sucesso até que leia suas mensagens hostis em um post. Veja a Taylor Swift, que escreveu uma música número 1 sobre isso. Misoginia, racismo e intolerância são problemas muito reais, mas não são a razão pela qual você ainda não está detonando. *Você é a razão pela qual ainda não está detonando.* Na real, quando os *haters* vierem, apenas não ligue, deixe para lá. Você sabe que eles não estão detonando, eles têm tempo a gastar vomitando veneno em você. Você deveria ter pena deles. Se realmente quer mostrar sua força, transforme a ignorância deles em conteúdo fenomenal para seus fãs.

As mídias sociais e a tecnologia não tornaram o mundo pior do que era antes. Elas não nos mudaram; apenas nos expuseram. E isso não é uma coisa ruim. Seremos sempre mais eficazes contra os demônios que conhecemos e conseguimos identificar do que contra aqueles escondidos no escuro. **Todas as razões que as pessoas usam para justificar não fazer o que dizem que querem fazer se resumem a três tipos de medo,** cada um com uma resposta diferente.

Medo de Falhar

Bom, é do que as pessoas falam que têm medo, pelo menos. Eu acho que elas têm medo, na verdade, de serem julgadas por pessoas cujas opiniões significam algo para elas.

Não estou tentando minimizar. Conheço isso bem. Não dou a mínima para o que as pessoas pensam e, mesmo assim, há dias em que vou bem longe para tentar mudar a opinião negativa de alguém porque me preocupo com o que pensam de mim. Acredite, eu entendo, especialmente se você está preocupado em se justificar para sua família. Tenho a família que mais apoia no mundo todo, e até eu de vez quando fico pilhado quando um dos meus investimentos dá errado ou algo não sai da forma que previ. Por isso, posso entender totalmente o quão devastador pode ser saber que você desapontou sua mãe, ganhou o desprezo de seus irmãos ou foi colocado de lado pelos seus amigos. Mas vai ter que encontrar uma forma de superar. Se consulte com um psicólogo, comece a praticar yoga, ache um hipnotizador, faça o que for necessário para acalmar seus nervos, viver o momento e parar de se preocupar com o que os outros pensam. Comprometa-se a ignorar cada voz que ameaça te enfraquecer. Se é a sua mãe, ache uma forma respeitosa de dizer para ela que quer seu amor, mas não sua opinião. Se forem seus amigos, diga que você é grato pela preocupação, mas eles têm que escolher entre apoiá-lo ou dar o fora. A única pessoa que você não pode ignorar é seu cônjuge, se tiver um. A forma de dar a volta nisso é trabalhar com seu marido e mulher para bolar um plano com o qual vocês dois possam viver. Sempre haverá pessoas ao seu lado te dizendo para não fazer as coisas. **Você terá que se permitir ser seu único juiz e júri.**

Na minha experiência, boa comunicação resolve tudo. Aconselho todo mundo nessa situação a confrontar o problema de frente. Sente-se com a pessoa que você mais se importa e diga, "Eu vou fazer uma coisa que deveria ter feito há anos. A única coisa que me impediu foi meu medo do que você diria, mas você precisa saber que eu superei isso agora. Não preciso da sua aprovação, mas preciso saber que terei seu apoio quando falhar. Porque eu falharei. Não completamente, espero, mas definitivamente em curto prazo. Em longo prazo, no entanto, vou vencer e significaria muito para mim saber que você me apoia e está torcendo para o meu sucesso, não esperando pela minha falha."

E então, não importa como as pessoas respondam, comece. Assim mesmo. Você se surpreenderá com a rapidez com a qual pode trabalhar quando não for mais amarrado pela tirania da opinião dos outros. Pessoas que têm medo de errar sempre estabelecerão suas metas bem abaixo do que precisam, para o deleite da concorrência.

Ninguém que não tenha corrido riscos chegou lá. Essa é a *sua* vida, e eu juro que as chances de você arruiná-la são pequenas. Fora comportamento autodestrutivo ou uma completa falta de autoconsciência, há muito, muito pouco que você possa fazer e de que não consiga se recuperar. Tenha os olhos abertos e seja estratégico, esteja disposto a trabalhar mais pesado e por mais tempo do que já fez na sua vida, e você não vai desapontar ninguém. Na verdade, prevejo que surpreenderá a todos.

COMO ESTOU DETONANDO

Rodrigo Tasca, Tasca Studios

IG: DRIGO_WHO

Rodrigo Tasca não está levando uma vida glamourosa. Com trinta e um anos, ele se mudou de volta para a casa de seus pais na Flórida para economizar no aluguel. Pediu a sua irmã para ajudar em seu negócio de videografia, e seu estúdio é seu quarto. É bem diferente de quando ele morava em Nova York, onde fotografava modelos e gravava vídeos de bastidores para revistas. Mesmo assim, ele ainda acha que conseguiu fazer mais do que alguns de seus amigos. Na verdade, ele sente pena deles.

"Mudar de volta para a Flórida foi um risco, mas sabia que tinha que sair da minha zona de conforto... Eu não estava ficando mais jovem. Mas estava disposto a começar do zero e trabalhar. Acordava todo dia feliz com o que estava fazendo. Mas aí andava com alguns amigos e eles diziam, 'Deus, odeio o que estou fazendo.' Cara, não tem razão para [você] estar fazendo algo que odeia hoje em dia. Mas eles tinham medo de falhar, ou tinham medo de como sua imagem ficaria."

Ele entende. É difícil impressionar as mulheres quando você diz que está morando com seus pais. "Tenho trinta e um anos, com certeza quero me estabelecer. Mas se eu encontrar uma mulher hoje, tem que haver uma compreensão. Estou tentando criar algo maior aqui, e preciso fazer esse sacrifício pelo próximo ano e meio da minha vida para ter uma vida melhor, e potencialmente uma vida melhor para nós dentro dos próximos cinco anos. Se você não está de acordo, você não é a mulher que estou procurando."

Rodrigo começou no negócio de restaurantes, primeiro com sua família, depois trabalhando para uma grande empresa. Cerca de sete anos atrás, ele ganhou uma GoPro em uma rifa das festas de fim de ano da companhia. Adorou brincar com a câmera e fazer vídeos, mas não tinha a intenção de fazer nada mais até visitar um amigo que vivia no Peru. O amigo era agente imobiliário e, um dia, quando seu fotógrafo não apareceu, ele pediu a Rodrigo para tirar as fotos. Ele concordou, e foi pedido a ele que fizesse uns vídeos da propriedade também. Ele passou os próximos sete meses tirando fotos de propriedades no Peru. Na sua volta aos Estados Unidos, se mudou para Nova York para ocupar por pouco tempo um cargo no novo restaurante de seu antigo empregador, depois pagou as contas trabalhando em um clube de tênis, no qual conseguiu seu próximo trabalho como chef pessoal para uma família nos Hamptons, enquanto também fazia freelance com uma empresa de bufê. Ele descobriu *Vai Fundo!* quando sua empresa cozinhou para a Techweek 2015 e ele ouviu esse imigrante bielorrusso contar a história de como ganhou dinheiro enquanto adolescente em Nova Jersey comprando bonecos do Shaq na loja de um dólar e devolvendo para o Kmart do outro lado da rua para obter reembolso total. Esse tipo de estratégia era familiar para Rodrigo, cuja família se mudou do Brasil para os Estados Unidos quando ele era uma criança pequena. O dinheiro era curto, e seus pais iam à Costco comprar insumos para o restaurante e ele comprava um caixa de barras de chocolate por US$6 ou US$7 e vendia para seus colegas na escola por um dólar cada um.

Ele ouviu o *Vai Fundo!* durante sua viagem de uma hora de metrô, do seu apartamento em Crown Heights para cozinhar para a família de seu cliente no Upper East Side, e ficou convencido a seguir sua paixão e começar a filmar. A escola de cinema estava financeiramente fora de questão; teria que aprender fazendo. Ele começou com seus colegas de quarto, que eram modelos, e se ofereceu para fazer um ensaio para uma empresa de roupas na qual um de seus amigos trabalhava. Eles colocaram o ensaio no seu Instagram e ele recebeu tanta atenção que o convidaram para registrar outro evento. Ele ganhou um pouco de dinheiro pelo trabalho, mas seria o único que pagaria dentre os próximos dez vídeos que ele faria. E isso era padrão. Enquanto fazia tantos cursos online da Udemy ao ponto da empresa entrar em contato para saber porque ele consumia tanto conteúdo tão rápido, ele oferecia serviços de graça a quem conseguisse achar. "Encontrava alguém que estivesse fazendo um evento e dizia, 'Ei, tem alguém registrando o evento para você?' E se dissessem não, eu me oferecia. Era bem assim, como posso fazer para trabalhar? Eu não tinha as habilidades técnicas, mas percebi que sair, aprender e ter a experiência de campo e a oportunidade de trabalhar com clientes me beneficiaria em longo prazo, então, quando estava pronto para cobrar alguém, todas essas habilidades que conquistei fazendo coisas de graça teriam sua finalidade."

Ele tinha o trabalho perfeito durante o dia para encaixar seu treinamento. A família para a qual trabalhava nos Hamptons e no Upper East Side fazia ele trabalhar cerca de quarenta horas durante dois ou três dias, deixando o resto da semana para ele trabalhar no seu negócio. "Você tem que começar a construir essas conexões. Foi o que me motivou. No início pode ser desencorajador, mas Roma não foi construída em um dia."

Depois de três meses, ele finalmente recebeu US$200 para filmar o vídeo de bastidores para uma grande publicação. Ansioso para sair dos invernos de Nova York, ele começou a pesquisar o mercado da Flórida para esses tipos de vídeos e descobriu que não havia. Ninguém estava fazendo aquele tipo de trabalho lá. Ele decidiu que criaria o mercado.

Então Rodrigo voltou para a Flórida em março de 2016. As coisas não correram bem.

Em Nova York, eu poderia encontrar um cliente e então fazer o projeto completo para eles, o processo inteiro, filmar o vídeo, editar e produzir. E pensei que voltaria para a Flórida e seria este sabe tudo de Nova York, mas percebi que ninguém ligava que eu estive em Nova York. É uma daquelas coisas: eu precisava acordar e perceber que a outra coisa que tinha aprendido em *Vai Fundo!* foi fazer uma marca pessoal crescer. Inicialmente, falava assim, "Oi, sou Rodrigo Tasca, da Rodrigo Tasca Productions." E todo mundo dizia, "Quem?". E eu só encontrava portas fechadas. Mas então mudei minha marca para Tasca Studios, e as pessoas estavam disponíveis para marcar um horário e me encontrar, e ouvir o que eu tinha a dizer, e aprender que havia um mercado para vídeos de empresas de pequeno porte além dos de bastidores para revistas. Então mudar a marca foi como me ajustar ao mercado, percebendo que as pessoas não queriam apenas contratar um cara que fizesse tudo, como em Nova York, onde se você não for o cara que faz tudo, eles vão encontrar outra pessoa. Ainda há clientes aqui que só recentemente fizeram uma página no Facebook.

Rodrigo está comprometido em ajudar seus clientes a aprender como comercializar online, ensinando o básico do marketing do Facebook, Instagram e YouTube, mesmo quando eles resistem a princípio. Sua persistência e compromisso valeram a pena.

Um ano atrás, quando comecei, estávamos ligando para empresas e oferecendo vídeos grátis, e as pessoa falavam, "Não, não estamos interessados," ou "Não, nós não precisamos." Compare isso ao fato de que agora eu cobro dos clientes US$1.200 pelo dia de filmagem. Estou indo para a Califórnia. Acabei de voltar do Tennessee após gravar um festival de música. É muito doido que dentro de um ano de trabalho pesado e aposta eu tenha chegado tão longe.

Eu poderia me mudar, mas estou considerando ficar na casa dos meus pais por mais um ano e então arranjar um escritório. Minha família é extremamente solidária ao que eu e minha irmã estamos fazendo (ela saiu do emprego e trabalha comigo em tempo integral agora). Eles falam, "Qualquer coisa que possamos fazer para ajudar. Queremos que isso funcione para vocês dois." Eu realmente não teria chegado tão longe sem a ajuda dos meus amigos e da minha família.

Medo de Perder Tempo

Se você tem menos de trinta e cinco, isso não é nem mesmo um problema. Você sempre pode voltar para o mundo prático em vinte e quatro meses se for ruim ou odiar o que está fazendo. A faculdade e o batente das nove às cinco não irão a lugar algum.

É bom mencionar que o medo de perder tempo fez com que muitos empreendedores bem estabelecidos perdessem oportunidades importantes. Há muita gente que cedeu terreno no Instagram porque estavam colocando muita energia no Twitter e no Facebook. As pessoas que riram do Snapchat devem se sentir bem tolas agora. Cada plataforma vale algum investimento. Claro que nem todo mundo vai se adaptar e nem toda plataforma vai valer a pena, mas você não pode saber antes de gastar um tempo nela. Para cada Snapchat e Insta no qual ganhei, houve uma Socialcam na qual perdi. Posso assegurar que o que eu aprendi com a Socialcam me tornou um melhor jogador em todos os outros lugares.

As pessoas têm tanto medo de perder tempo se tentarem construir um negócio, mesmo que seu tempo não tenha valor. Se você está sacrificando tempo que poderia ter passado com pessoas queridas ou fazendo algo que traga valor à sua vida — ou, que diabos, US$50 mil — então consigo ver como isso pode lhe causar alguns arrependimentos. Mas se está usando seu tempo de descanso — tempo que usaria vendo *Game of Thrones* ou jogando vídeo games — como pode dizer que foi perdido? Você está literalmente trocando horas vazias por algo que pode encher sua vida de alegria, e está preocupado em desperdiçar tempo? Isso é besteira. Se não está 100% feliz com a sua vida hoje, nunca será perda de tempo tentar algo que possa lhe dar essa felicidade.

COMO ESTOU DETONANDO

Sean O'Shea, The Good Dog

IG: @THEGOODDOGTRAINING

Quando você é jovem e seu maior sonho é se tornar músico profissional, você aceita que vai trabalhar em empregos de pouco prestígio e alta flexibilidade, como bartender ou garçom, para se manter financeiramente vivo até conseguir chegar lá. Isso faz parte do percurso. Todo mundo tem contas para pagar. Aos vinte e cinco, até trinta, você está em paz com isso.

Aos quarenta, nem tanto.

Por onze anos, Sean O'Shea trabalhou como manobrista, estacionando carros em um restaurante e para uma empresa que cuidava de eventos privativos para celebridades de Beverly Hlls. Baterista desde os três anos, ele tocou em gravações de hits com artistas como Alicia Keys, CeeLo Green, Jennifer Hudson e Ghostface Killah. Apesar de ser parte dessas faixas de sucesso, era o trabalho de manobrista que pagava as contas, não a música. O futuro não estava parecendo brilhante e ele estava em um "período ruim".

O estalo para a oportunidade veio na forma de dois cachorros loucos. Ambos filhotes de seis meses, a mistura de Chow, Junior, e o Pit-Leão da Rodésia, Oakley, eram doces e fofos e tudo que você queria em um filhote. Mas, como outros proprietários de cachorros, Sean não sabia realmente onde estava se metendo. Filhotes precisam de treinamento e disciplina constantes, e Sean admite que fez tudo errado. A princípio, os cachorros eram antipáticos e mal-educados, mas, quando chegaram a dois anos e meio, se tornam perigosamente agressivos e reativos com outros cachorros. "Nós éramos uma ameaça na vizinhança. Eles eram imensos e, se estivéssemos no parque, a grama estivesse molhada e eles vissem outro cachorro, eles literalmente decolavam e me puxavam, como se eu estivesse fazendo esqui aquático, mas com o traseiro no chão. Fui até no programa *Judge Judy* porque meu cachorro tinha ido atrás do cachorro de outra pessoa."

Ele não culpou os cachorros; sabia que a falha era dele. E sabia que, se quisesse manter e proteger esses animais, teria que descobrir uma forma de mudar as coisas. Começou a assistir *O Encantador de Cães, com Cesar Millan*, e estudar técnicas de adestramento, e também começou a fazer um profundo trabalho de desenvolvimento pessoal.

"Para ser honesto, eu estava uma bagunça. Estudava muito, não livros tradicionais, mas um monte de trabalho pessoal para mudar meu sistema de crenças, meus valores, trabalhar no caráter, em tudo que eu nunca tinha recebido enquanto criança ou jovem adulto."

Levou alguns anos, mas finalmente os seus métodos — conhecidos como técnica do "treinamento balanceado" — transformaram seus cães em modelos de bom comportamento, para surpresa e alívio dos vizinhos. A transformação foi tão notável que, em 2006, ele começou um negócio de passeador de cachorros, suplementando sua renda como manobrista e músico em tempo parcial. Ele era o cara que poderia levar um grupo de quatorze cachorros para passear ao mesmo tempo e fazer parecer fácil. Naturalmente, as pessoas começaram a perguntar se ele poderia adestrar seus cachorros também. Como manobrista e músico, ele tinha conseguido ganhar cerca de US$20 mil anuais. No seu primeiro ano de treinamento e passeio, ele conseguiu US$65 mil. Esse valor dobrou no segundo ano.

Sean começou a sentir um novo sonho se formar, um que não incluía sair em turnê com uma banda. Embora tivesse descoberto uma habilidade natural de se comunicar com cachorros, ele não era um homem de negócios natural. "Eu não sabia nada de negócios. Zero. Como a palavra *marca*, a palavra *marketing* — eu não sabia nada sobre nada disso". Fez leituras de forma obsessiva para aprender, e foi assim que chegou em *Vai Fundo!*. Ele seguiu cada palavra.

"Mergulhei de forma bem ingênua, comecei criando muitos vídeos, comecei a fazer muita coisa no Facebook. Lembro de ter conversas simples comigo mesmo: *Se eu fosse o cliente aí fora, o que me faria voltar a uma página do Facebook ou um canal do YouTube muitas vezes?* E a única resposta que consegui achar foi se isso ajudasse a melhorar minha vida, se tivesse valor nesse sentido. E essa foi a minha estrela guia."

Embora não ficasse muito confortável sendo filmado, ele começou a fazer vídeos com uma câmera flip barata. "Vídeos de faça você mesmo, vários vídeos ensinando, vários vídeos do tipo antes e depois, mostrando o que podia fazer, mas também ensinando as pessoas a fazerem suas próprias coisas." Outros treinadores estavam fazendo o mesmo, mas seus esforços intensos e o fato de ele ter chegado mais cedo nas plataformas serviram para diferenciar seu trabalho e elevar seu perfil.

Muitos treinadores à época, nas mídias sociais ou em outros lugares, estavam como que marcando território, dizendo "Saí do útero e, instantaneamente, fui abençoado com este dom". A minha jornada era mais do tipo "Fiz tudo errado, estava todo errado, e meus cães também. Esta é a minha jornada de como saí dessa condição. Permitam que eu a compartilhe com vocês." Fui realmente transparente e fiz todo o meu melhor para tentar compartilhar a informação, as ferramentas, a abordagem, as técnicas e meu próprio esquema de como consegui sair, incluindo material de desenvolvimento pessoal e recomendação de livros.

Trabalhei obsessivamente. Estudei, estudei e estudei, tentando entender como fazer certo e como construir o negócio, pois estava muito obcecado em fazer algo especial. Finalmente achei que tinha encontrado a minha chance. Minha maior meta era fazer algo que tivesse impacto. Parece piegas, mas era assim que eu estava. Penso que lutei por tanto tempo sem sentir isso que, quando tive a oportunidade, fui com tudo até o fim. Estava determinado a encontrar minha resposta, determinado a desenvolver e cultivar as habilidades para poder seguir em frente. E sabia que tinha muito o que estudar para me atualizar. Eu estava muito para trás.

Seu número de seguidores aumentou rapidamente. Ele esperou até estar "sobrecarregado" de clientes para abandonar o emprego de manobrista. "Estive lá por onze anos, e todo mundo perguntou 'Onde você acha que vai?' e eu disse, 'Tenho planos.'" Dentro de alguns anos, havia construído um perfil internacional (ele me telefonou da Escócia para ser entrevistado para este livro, após falar para o Parlamento Escocês sobre o treinamento balanceado e suas ideias para regular o setor). Em 2012, abriu uma segunda sede em Nova Orleans. Contratou uma sócia, Laura, que tinha trabalhado com pessoas famosas em Hollywood e podia fazer o suporte administrativo e organizacional que ele precisava, e mais adestradores para lidar com a demanda crescente pelos seus serviços.

Agora, com quarenta e nove, Sean faz muito pouco adestramento, exceto quando animais especialmente perigosos surgem, dos quais ele cuida até que seja seguro para sua equipe. As pessoas enviam os cachorros de avião de todo o país. E os adestradores vêm de todo o mundo para estudar com Sean e sua equipe, aprendendo não apenas técnicas de adestramento, mas também como usar as mídias sociais para alavancar seus negócios. Ele passa cerca de seis horas por dia criando conteúdo e respondendo à comunidade. Também escreveu livros e criou DVDs, e tem um podcast de perguntas e respostas. "Há tantas pessoas ao redor do mundo que não podem chegar até nós e que não conseguem adestradores que os ajudem com coisas sérias. Estamos tentando empoderar as pessoas. Recebemos retorno de pessoas em diferentes países, e elas mandam fotos de seus cachorros sem coleira, completamente treinados, só com o uso de nossos vídeos gratuitos. É realmente fantástico."

Uma coisa que ele não fez foi colocação de produtos. "Não queria rebaixar o blog. Não que eu não fizesse isso se algo ótimo aparecesse. E não quero dizer monetariamente. O dinheiro seria ótimo, mas há tantos produtos ruins de pessoas que não constroem relacionamentos. Elas mandam um e-mail e perguntam, 'Oi, você gostaria de colocar isto no seu blog?' Não!". Ele construiu todo o negócio a partir das mídias sociais e de sua marca pessoal. Em 2016, obteve receitas de mais de US$600 mil.

Não se passa um momento sem que ele pense no negócio.

Tenho pouco tempo livre. Com o Instagram Stories, o Instagram, o Facebook, o YouTube, respondendo, adestrando e tocando o negócio, não há muito tempo extra, mas está ótimo por agora. É o necessário para colocar as coisas no espaço certo. Estou totalmente de acordo. Para ser honesto, com quarenta anos de idade [quando comecei], não havia tempo a perder. Não é uma coisa desesperada. Não é pânico ou descontrole emocional. É só algo como "Você não tem tempo, cara. Você gastou muito tempo fazendo coisas que não te servem para nada. Vamos pegar pesado e ver o que consegue fazer acontecer no tempo que tem."

Medo de Parecer Vaidoso

Quando escrevi *Vai Fundo!*, em 2009, recebi uma boa quantidade de críticas de pessoas que me acusaram de glorificar o narcisismo. Não tenho escutado muito mais delas, porque o cliente, quer dizer, o mercado provou que estou correto: desenvolver uma marca pessoal forte leva a negócios de sucesso. Não se preocupe em parecer vaidoso. Aceite isso. Todo os outros que estão detonando aceitaram. Lembre-se, empreendedores espertos não ligam para o que as outras pessoas pensam. Você vai parecer um idiota por um tempo se andar por aí com a câmera voltada para o seu rosto, **mas todo mundo parece idiota quando tenta algo novo.** Os reality shows na TV já foram uma piada, lembra? Agora você não dá um passo sem ver uma estrela de reality show em uma capa de revista, balcão do setor de maquiagem, equipamento de exercício ou embalagem de comida congelada. **Todo mundo é idiota até ser um pioneiro.**

Prepare Sua Mente para o Sucesso

A parte mais empolgante de ser um empreendedor hoje é que ainda estamos vivendo nos anos iniciais. A piscina está lotada, mas ainda há muito lugar para você. Entre enquanto ainda tem espaço! Olha, eu sou solidário. Não aprendi a nadar até os nove anos porque tinha muito medo de colocar meu rosto na água. A única razão para finalmente aprender foi porque um dia estava jogando air hockey na piscina comunitária quando ouvi minha mãe aplaudindo e torcendo. Minha irmã mais nova tinha finalmente conseguido descobrir como fazer a braçada de crawl e estava atravessando a piscina. Tirei minha camiseta, me joguei na piscina e comecei a nadar antes que o aplauso da minha mãe parasse de ecoar. Sem chances que a minha irmã aprenderia a nadar antes de mim.

Às vezes você tem que pular na piscina mesmo quando tem medo.

À medida que você reúne suas ideias e coloca as estratégias em ação, prepare-se emocionalmente para ter sucesso. Encontre sua coragem e fortaleça sua autoestima até que se sinta corajoso o suficiente para fazer barulho e chamar a atenção das pessoas. E aí mostre que se preocupa profundamente em manter essa atenção.

Muitas das pessoas entrevistadas para este livro disseram que, embora imensamente inspirador, *Vai Fundo!* não as compeliu realmente a mudar qualquer coisa sobre como estavam fazendo sua marca pessoal crescer ou tocando seu negócio, porque não podiam se imaginar atuando de outra forma. Preocupar-se com qualidade, valor e experiência do cliente acima de tudo já estava funcionando para elas. Vivemos em um mundo tão rápido, casual e cínico que pode ser desorientador para um cliente quando ele entra em contato com alguém cuja ansiedade para ajudar ou agradar o impressiona como um São Bernardo entusiasmado. Desorientador, mas também encantador. E viciante. *Vai Fundo!* meramente confirmou o que esses empreendedores brilhantes já sentiam dentro de seus corações, e lhes deu a satisfação de saber que estavam certos em seguir seus instintos.

É muito como o *O Mágico de Oz*, na verdade. Deixe-me falar um pouco como Glinda, a Bruxa Boa: você sempre teve o poder de atingir suas ambições mais extravagantes. Não existe, literalmente — *literalmente* —, razão pela qual não possa se tornar um empreendedor e influenciador em 2018. A minha grande esperança é que, ao final deste livro, você se sinta muito como eu aos nove anos de idade, quando me joguei na parte funda da piscina e percebi, "Olha, eu *sei* nadar!"

COMO ESTOU DETONANDO

Mimi Goodwin, Mimi G Style

IG: @MIMIGSTYLE

A escola da vida é um lugar brutal para ter sua educação formativa. Mimi Goodwin sabe disso. Criada em Chicago por uma mãe solteira que trabalhava em dois empregos de tempo integral para pagar as contas, ela ficava com frequência na casa dos avós, onde era molestada quando bem jovem por dois membros masculinos da família. Quando sua mãe se casou de novo, Mimi foi abusada pelo seu padrasto. Ela encontrava uma folga todo verão em Porto Rico, onde passava tempo com seu pai. Sua tia era costureira, e Mimi adorava fazer roupas para suas Barbies e se sentar próxima da tia, enquanto ela costurava vestidos de gala e de noiva. O pai de Mimi lhe comprou uma máquina de costura e ela a levou de volta para Chicago, onde sua mãe poderia comprar tecido. Quando tinha treze anos, Mimi se ofereceu para fazer um vestido para a mãe usar em um casamento. O resultado foi horrível — a bainha estava mal feita e ele não cabia direito. Mesmo assim a mãe de Mimi o vestiu com orgulho. Mimi ficou emocionada e uma semente foi plantada.

Infelizmente, a vida na casa de Mimi tornou-se intolerável e ela fugiu, deixando a máquina de costura para trás. Procurando calor que durasse o ano todo, ela usou dinheiro roubado de sua mãe para comprar uma passagem de trem para a Califórnia, para onde um amigo tinha se mudado com a família um mês antes. "Eu pensava que toda a Califórnia era Hollywood." Ela não conseguia entender o maquinista no alto-falante. "Lembro de ele dizer 'alguma coisa, alguma coisa, Califórnia', então saí do trem. E acabei descendo em Pomona. E pensei, 'Isso não se parece nada com os filmes.'"

Por oito ou nove meses, ela viveu em um parque da cidade, dormindo em um banco ou com pessoas aleatórias em troca de dinheiro ou comida. Ela conseguiu finalmente encontrar a casa de seu amigo e se mudou. O amigo se tornou namorado. Ela vivenciou violência doméstica lá também e, logo antes de seu aniversário de dezesseis anos, descobriu que estava grávida. Ao ouvir que seria avó, a mãe de Mimi veio visitar e tentar acabar com o abismo entre elas. "Ela se desculpou e depois eu me desculpei. Acho que tive uma compreensão maior da minha mãe depois que me tornei mãe; eu me encontrei em situações muito parecidas."

Ansiosa para dar a sua filha, Chastidy, uma situação de vida mais segura, Mimi se mudou da casa do namorado, mas acabou ocupando ilegalmente um apartamento sem água corrente. Sua mãe implorou para que Mimi a deixasse levar a bebê até que ela desse um jeito na vida. Relutantemente, ela concordou.

Mimi se casou com a primeira pessoa que pôde, para ter uma casa e trazer sua filha para viver com ela. Novamente, entrou em um relacionamento abusivo. Uma segunda filha, Lexi, veio em 1998, e Mimi tentou continuar com seu marido, mas quando Lexi tinha poucos meses de vida, Mimi pediu a um casal de amigos para morar com eles. Ela tinha um emprego como recepcionista e logo se mudou para um apartamento de um quarto. Estava conseguindo se sustentar, com muita dificuldade.

Havia semanas em que tínhamos um monte de batatas, ou um monte de macarrão instantâneo, ou seja lá o que eu conseguisse arrumar à época. Eu chegava em casa do trabalho, ia direto para o quarto e chorava. Sentia que estava me afogando nessa vida horrível. E as crianças gritavam, "Mãe! Mãe! Mãe!" e eu me recompunha e voltava para a cozinha para fazer jantar e seguia em frente, porque é o que você faz quando é mãe.

As coisas começaram a melhorar. Ela conseguiu um emprego como recepcionista em uma empresa de mídia digital 3D para um homem chamado Steve, que a orientou e ensinou sobre o seu negócio. Ela se casou de novo ("meu relacionamento mais saudável"), teve duas outras filhas, e assumiu um velho hobby, costurar. Seu marido transformou a garagem em um pequeno quarto de costura para ela.

Ela usava algumas das roupas feitas à mão no escritório e sempre recebia elogios. Seu chefe, Steve, que era sempre o primeiro a gritar, "Ela que fez!", frequentemente sentava com ela para falar sobre suas ambições e metas. Um dia, quando estavam tendo essa conversa e ele perguntou novamente o que ela queria fazer além de ser recepcionista, ela respondeu, "Acho que quero ser estilista."

"De quanto você precisa?", ele perguntou. Eles falaram mais sobre os passos que ela teria que dar para tornar seu sonho realidade, e ela foi para casa.

No dia seguinte, ela encontrou um cheque de US$30 mil na sua mesa. Começou a trabalhar em uma coleção e até fez um desfile no Fashion Business Institute em Los Angeles, mas logo percebeu que, embora gostasse do design, odiava outros aspectos do trabalho. Steve não ficou irritado. "Você vai dar um jeito", garantiu.

Em 2012, ela percebeu que muitas pessoas estavam começando a ter blogs de costura e a fazer moldes e costura artesanal em casa. Ela pensou, "*Eu posso fazer isso*", assim, em março, começou seu blog de costura de moda, Mimi G Style. Nessa época, você encontrava instruções online para fazer uma colcha ou um avental, mas não havia onde pesquisar se quisesse descobrir como fazer as roupas que via nas revistas. "Eu pegava algo que tinha visto na passarela que, é claro, não poderia comprar, modificava e criava algo novo."

Um dia, ela fez uma saia inspirada em uma peça de Oscar de la Renta que viu. Postou no blog e as pessoas ficaram doidas, implorando para ela fazer uma para elas. Mimi não estava interessada em costurar para fora, então postou as instruções no blog. No entanto, os pedidos continuaram. Finalmente, por volta da época do Natal, quando estava pensando sobre presentes para suas filhas, ela pensou, "*E se eu aceitasse apenas alguns pedidos?*". Então, postou que aceitaria pedidos por vinte e quatro horas. Ela botou um preço alto na saia, US$198, para manter o número de pedidos baixos. E avisou às pessoas para não esperarem receber a saia em menos de quatro semanas. E foi para a cama.

Quando acordou no outro dia, havia milhares de dólares em pedidos.

Ela ficou empolgada, costurou sem parar com suas filhas cortando e seu marido dobrando perto dela, entregou as saias e jurou, "Nunca mais". Então, pensou, "*E se eu pudesse ensinar às pessoas para que elas fizessem por conta própria?*"

Ela filmou uma série de lições em vídeo, mostrando às pessoas o passo a passo de criar uma roupa a partir do zero, com base nas suas medidas. Ela criou um vídeo novo por mês, e as receitas aumentaram tão rápido em dois anos que pôde deixar seu emprego e focar em expandir seu negócio. Enquanto isso, "eu estava recebendo esses e-mails de todos os lugares do mundo, todas essas mulheres dizendo, 'Encontrei seu blog e você me inspirou a começar um novo hobby', ou 'Você me inspirou a me vestir melhor', ou 'Eu acabei de perder meu emprego', 'Estou passando por um divórcio', 'Estava pensando em cometer suicídio' ou 'Estou na clínica de reabilitação' e depois falando coisas como 'De alguma forma o seu blog me ajudou a passar por isso'. Nesse momento, percebi que o blog era menos sobre moda e costura, na verdade, era um veículo de motivação."

Um amigo que adorava livros de negócios apresentou *Vai Fundo!* a Mimi em 2015. Nessa época, seu blog estava caminhando bem, ela estava desenvolvendo seus próprios produtos e havia começado sua própria linha de moldes. Ela já estava usando e adorando as mídias sociais, mas ler o livro mostrou que poderia fazer ainda mais. "Ok, você transformou seu hobby em sua carreira, é a sua paixão, e você está trabalhando duro, mas agora precisa fazer mais. Precisa ter mais contato. Agora, você precisa melhorar seu serviço ao cliente. Agora, precisa gastar tempo fazendo todas essas perguntas e tendo certeza de que os seguidores e fãs realmente se conectem e tornem-se leais a você. Você precisa continuar construindo essa comunidade."

Por exemplo, um dia Mimi postou que ia comprar tecido e alguém escreveu que estaria disposto a ir de Tampa até lá para comprar tecido com ela. "Eu pensei ser doideira, mas alterei a data em trinta dias, e as pessoas vieram! E, no final do ano, elas perguntaram, 'O que vamos fazer ano que vem?' Ano que vem?"

No ano seguinte, ela reservou um hotel, preparou algumas aulas e cerca de oitenta pessoas apareceram. Em 2017, a Mimi G Style Fashion Sewing & Style Conference celebrou seu sexto aniversário. Foi acompanhada por milhares de pessoas no Facebook, Instagram e no blog da Mimi.

Mimi trabalhou com cerca de trezentas marcas diferentes até agora, mas disse que seu maior momento foi o dia em que recebeu uma ligação do *Project Runway*.

Eles estavam trabalhando no *Project Runway Junior*, e as crianças usariam moldes vintage e os transformariam em looks mais modernos. Eles contataram a Simplicity [Pattern] porque sabiam que era o que eu usava e perguntaram se eu poderia participar do show e ser uma mentora para as crianças, além de introduzir o desafio com o Tim Gunn. Então, o pessoal da Simplicity me ligou e disse, "Oi, o *Project Runway* ligou. Eles querem que você participe do show", e eu falei, "*O quê? Claro, vamos nessa!*

Quando Mimi leu *Vai Fundo!*, ficou empolgada ao aprender que há um termo para o tipo de negócio que ela estava tocando — *um negócio reacionário*. Ela ainda está nele, olhando para a frente para ver aonde pode ir em seguida. Achou um grande buraco e está agora no processo de preenchê-lo.

Na comunidade de costura, consegui cruzar todas as fronteiras. Estive em todas as revistas de costura que há. Tenho sido muito privilegiada. Mas sou latina, e muitos na minha comunidade são afro-americanos ou latinos, e quando olhei para essas revistas de costura, não vi ninguém que nos representasse. Cheguei ao ponto em que realmente queria ver mais de mim nessas revistas e pensei, *Bom, vou fazer eu mesma*. Nós lançamos *Sew Sew Def*, uma revista de costura digital multicultural que foca tanto em homens quanto em mulheres e que apresentará pessoas de todas as classes sociais.

Assim que lançamos a revista, recebi um monte de críticas fantásticas. As pessoas estavam postando e compartilhando, pois não havia nada igual. E, para mim, penso que quanto mais pessoas eu ajudar, maior será o meu retorno. Tenho muita sorte de trabalhar com essas marcas, mas nem todos os estilistas conseguem, especialmente aqueles que se parecem comigo. Sei que há muitos, porque eles me seguem, e eu os sigo e vejo seu trabalho. Se eu puder trazer conscientização para eles e fazer com que mais marcas que trabalham comigo tenham uma melhor representação de toda a comunidade de costura, e não apenas de parte dela, terei feito meu trabalho.

5

A ÚNICA COISA QUE VOCÊ PRECISA DAR A SI MESMO PARA DETONAR

PERMISSÃO

COMO ESTOU DETONANDO

Pat Flynn, Smart Passive Income

IG: @PATFLYNN

Pat Flynn tinha planejado ser arquiteto desde os dias em que só tirava notas 10 no ensino médio. Depois de se formar magna cum laude (com alto desempenho acadêmico) na Universidade da Califórnia em Berkeley, ele rapidamente conseguiu um emprego em uma firma de arquitetura de renome na área da baía de São Francisco, na qual foi uma das pessoas mais jovens a se tornar encarregada de um projeto. Com um futuro brilhante e uma poupança que só aumentava, pediu sua namorada em casamento e ela disse sim. Isso foi em março de 2008.

Você sabe o que aconteceu depois.

Três meses depois Pat perdeu seu emprego, assim como 2,5 milhões de pessoas no país aquele ano. Foi um golpe duro. Pat tinha dado um passo além para se tornar certificado em Liderança em Energia e Design Ambiental (*Leadership in Energy and Environmental Design* — LEED), uma credencial profissional que prova domínio na área altamente especializada de construção ecológica. O exame LEED AP é tão rigoroso que só cerca de 30% das pessoas passam. Seus chefes asseguraram que a certificação ficaria muito bem em seu currículo e seria um fator favorável nas revisões anuais. Desejando impressionar as pessoas e se diferenciar dos demais, Pat estudou durante boa parte de 2007 e nos primeiros meses de 2008 para se preparar para o teste. Sobrecarregado pela grande quantidade de material — só o guia de referência tinha mais de quatrocentas páginas —, ele criou um site para se manter organizado e facilitar fazer referências cruzadas e acessar seus recursos e notas de qualquer lugar que estivesse, porque viajava muito a trabalho. Fez a prova em março de 2008 e passou com notas altas. Foi quando foi promovido a encarregado.

Como ele tinha essa posição, lhe deram alguns meses para encerrar seus projetos antes de sair de seu emprego, o que lhe deu pouco tempo para diminuir suas despesas e se preparar para uma vida financeira bem reduzida. Ele e sua noiva se mudaram para a casa de seus respectivos pais, e Pat começou a ligar para todo mundo que ele conhecia no setor, cada empreiteiro ou empresa com a qual já havia trabalhado através de seu empregador, para implorar por um emprego. Ninguém estava contratando. Grande coisa adiantou tanto estudo. Uma certa depressão começou a se instalar.

Enquanto isso, ele ainda tinha que aparecer no trabalho. Normalmente, ouvia sua playlist musical durante a viagem de ida para o trabalho — estava indo de trem, mais barato do que ir de carro — mas um dia ficou entediado e começou a mexer nas seleções de podcasts. Esbarrou no Internet Business Mastery show, apresentado por Jeremy Frandsen e Jason Van Orden. Naquele dia, estavam entrevistando alguém que estava fazendo seis dígitos por ano ajudando as pessoas a passarem em algo chamado exame de gerenciamento de projetos. Pat pensou sobre seu site. Além de compartilhar com alguns colegas de trabalho, uma vez que passou no exame, no início de 2008, ele praticamente o esqueceu. Ele pensou, *Eu passei no exame LEED. Talvez possa criar algo que as pessoas possam usar.* Então, ele entrou em seu site. Ainda incerto de como poderia monetizá-lo, instalou alguns softwares analíticos de tráfego para se preparar para qualquer marketing que pudesse criar. Não demorou muito tempo para ver que milhares de pessoas estavam visitando para obter auxílio a partir da informação que já estava lá.

Ele ativou a seção de comentários e, rapidamente, as pessoas começaram a perguntar. Ele sabia as respostas. Enquanto interagia com seus visitantes, começou a gastar horas dialogando com pessoas em outros fóruns de arquitetura, LEED e construção sustentável, deixando trilhas para levá-los de volta a seu site. No final de julho, ele colocou o Google Adsense no seu site. No final do primeiro dia em que o site estava habilitado para propagandas do Google, ele ganhou US$1,18. "Era a sensação mais incrível. Isso poderia realmente funcionar! Obviamente, você poderia achar essa quantia nas almofadas do sofá, e eu não podia viver com US$1,18 ao dia, mas era um sinal para continuar em frente. *Quem mais está fazendo isso, e onde posso conseguir algum conselho?*"

Os anfitriões do podcast que inspirou Pat a monetizar seu site tinham lançado um programa "mastermind" formal, como descrito pelo clássico livro de autoajuda de 1937, *Pense e Enriqueça*, de Napoleon Hill, para ajudar as pessoas através dos passos de construção de um negócio online. Um dos fundadores se mudou para San Diego, onde Pat estava morando com seus pais, e concordou em ser anfitrião de um encontro de pessoas no qual elas pudessem conversar sobre seu processo. Pat decidiu ir, se reunindo em uma padaria não muito longe da casa de seus pais. "Eu sentia que não tinha nada a acrescentar, nada a contribuir. Só queria ser como uma mosca na parede e ouvir. E então todo mundo estava se apresentando e conversando sobre o que estavam fazendo. Fiquei tão impressionado. Foi realmente inspirador."

Também foi muito intimidador e, quando chegou próximo da sua vez de falar, ele ficou tão nervoso que começou a suar e teve dificuldades em respirar. Eles lhe pediram que explicasse o que estava fazendo, e ele disse que tinha acabado de ser despedido, mas que tinha um site que ajudava as pessoas a passar no exame LEED. Eles não tinham ideia do que era.

E eu disse, "É, olha, ninguém sabe sobre isso. Não vai funcionar muito bem."

E eles disseram, "Bem, parece interessante e muito inexplorado. Como é seu tráfego?"

Eu disse, "Ah, você sabe, cerca de duas mil pessoas". "Isso é muito bom, sabe. Duas mil pessoas por mês? Dá pra se virar com isso." E eu falei, "Não, duas mil por dia." *O quêêêê?*

Eles ficaram aturdidos. "Você não está monetizando isso? Você não tem um e-book?"

E eu disse, "Não sei o que isso quer dizer."

O grupo passou os próximos trinta minutos explicando a Pat o que ele poderia e deveria fazer.

Levou cerca de um mês e meio trabalhando dia e noite para que Pat escrevesse seu e-book, que era uma compilação da mesma informação que estava no site, mas melhor organizada e mais fácil de ler, incluindo gráficos. Seu mentor explicou quais ferramentas poderia usar para transformá-lo em um PDF e vender online (ele usou uma chamada e-Junkie). Colocou um gráfico na barra lateral do site, um botão do PayPal, e uma pequena descrição do livro, que ofereceu a US$19,99. Nesse ponto, ele estava a uma semana e meia do desemprego. Seu único conforto era que se isso não funcionasse — e estava bem certo de que não funcionaria — seus pais tinham prometido não expulsá-lo de casa.

Eram duas da manhã quando ele acionou as vendas. Pat foi dormir e quando acordou, quatro horas depois, para se preparar para o trabalho, foi verificar se tinha tido alguma venda. Nada.

"Pensei, *Deus, isso é inútil. Joguei fora todo aquele tempo.* E então se deu uma desculpa. Ainda era cedo. Ninguém ia comprar guias de estudo às três da manhã." Ele pegou o trem para o trabalho, chegando por volta das oito e meia. Verificou seus e-mails. Nada.

Estava começando a me desesperar quando, quinze minutos depois, recebi uma notificação de pagamento recebido no valor de US$19,99, menos a taxa do PayPal. Foi o e-mail mais legal que já recebi. Imediatamente após a agitação, comecei a pensar,

Droga, e se ele devolver o livro? E se não gostar? E se me proces-
sar porque a informação está toda errada? — todas essas coisas
negativas que a maioria das pessoas pensa quando faz algo fora
de sua zona de conforto. Então, saí para uma caminhada, porque
estava hiperventilando, voltei quinze minutos depois, e tinha outro
e-mail do PayPal dizendo que fiz uma venda.

Então, mesmo enquanto estava fora caminhando, estava fazendo outra venda, e isso me impressionou. Tipo, cara, esse
negócio está disponível agora para as pessoas 24 horas por dia,
sete dias por semana, 365 dias por ano, e eu não tenho que estar
aqui para a transação acontecer. Entre o livro e as propagandas
no site, acabei gerando US$7.908,55 naquele mês, duas vezes e
meia a mais do que meu rendimento como arquiteto.

Houve alguns pontos positivos e negativos, mas a partir daquele
dia, em grande parte, a receita de Pat cresceu mês após mês. Ele se
tornou conhecido como um expert em LEED, porque ninguém mais
estava oferecendo a ajuda que as pessoas estavam buscando. Todo
o trabalho que ele pôs no site estava dando resultado. Em março de
2009, estava faturando de US$25 mil a US$35 mil por mês.

Junto com as questões sobre o exame LEED, Pat começou a
receber pedidos de informações sobre como havia construído o
site e o negócio. Ele se lembrou de todos os gurus de negócio que
havia procurado, os sites que havia explorado e as newsletters em
que havia se inscrito quando estava tentando descobrir como começar. Ele se lembrou de como sentiu que estavam fazendo uma
propaganda enganosa, atraindo-o com grandes promessas, mas,
no final, entregando informações de pouca utilidade. "Queria que
alguém fosse direto e honesto comigo, mas senti como se só qui-
sessem meu dinheiro."

Então, ele lançou o SmartPassiveIncome.com (em inglês), um
site no qual poderia documentar tudo que havia aprendido sobre
começar um negócio online.

Aconteceram duas coisas que fizeram com que ele percebesse que esses sites não estavam destinados a ser geradores de receita temporários para que ele pudesse sobreviver até que conseguisse voltar à sua carreira de arquiteto.

A primeira foi um telefonema. Cerca de dois meses depois de Pat lançar o SmartPassiveIncome.com, seu antigo chefe entrou em contato. Ele havia sido despedido da renomada firma de arquitetura também, e tinha começado sua própria empresa. Havia convidado vários colegas de Pat para trabalhar e queria que ele viesse também. Ofereceu a Pat um salário mais alto do que o que ele ganhava na outra firma, uma sala só para ele e um ano de aluguel. Tudo o que Pat tinha que fazer era voltar para Irvine e continuar de onde havia parado. "Não me levou mais de dois ou três segundos para dizer, 'Não, obrigado'. E quando desliguei, pensei sobre a oferta e fiquei surpreso em ver como havia respondido tão rápido. Por quê? Era um sinal de que esta era a direção que queria seguir, e eu precisava realmente decidir. Queria me tornar um empreendedor."

A segunda coisa foi que ele descobriu *Vai Fundo!*, que o ajudou a aceitar o que aconteceu a seguir. "O livro diz, 'Se você quer ganhar dinheiro vendendo minhocas, faça e admita, e seja esse cara' Os materiais do exame LEED? Esses eram minhas minhocas. Eu era esse cara."

Não foi apenas a leitura do texto de *Vai Fundo!* que influenciou como Pat tocou seu negócio. Visitando a página da Amazon do livro, Pat reparou outra coisa.

Gary estava realmente respondendo aos comentários negativos ocasionais e dizendo, "Ei, sinto muito que este livro não fez a diferença para você. Vamos nos telefonar e conversar." Eu não podia acreditar que esse autor estava prestando atenção, respondendo a comentários e oferecendo um número de telefone ou Skype. Muitos dos críticos de uma ou duas estrelas voltaram com um comentário adicional. Eles podiam não ter mudado de opinião, mas diziam, "Gary, ainda não concordo com você, mas agradeço o tempo que usou para falar comigo e entender meu ponto de vista". Isso me impressionou mais do que o conteúdo do livro em si. Onde está o Retorno sobre o Investimento (ROI) de responder a um comentário de uma estrela? Vi que (a) ele disponibilizava seu tempo, (b) ele se importava o suficiente para entrar em contato e (c) ele se importava em ver como poderia melhorar.

Depois disso, Pat adotou a mesma estratégia de resposta para qualquer comentário negativo que recebesse, e o ROI tem sido claro. "Às vezes estas pessoas com quem conversei no telefone apenas confundiram algo que falei e acabaram se tornando alguns dos meus maiores fãs."

Bem nesse ponto, as receitas de Pat registraram um impressionante ponto de inflexão positivo. "Não estou dizendo que *Vai Fundo!* foi a única razão pela qual consegui que minha receita crescesse aos valores atuais, mas me tornei maior, com certeza. Comecei a produzir mais coisas em vez de ser apenas um blogueiro. Comecei a procurar outras formas de expandir para além da minha zona de conforto."

E, sim, ele expandiu. Começou um canal no YouTube em 2009. Em 2010, lançou o podcast Smart Passive Income, que já teve mais de quarenta milhões de downloads. Em 2011, começou a aceitar ofertas para palestras. Para disponibilizar um espaço para responder o dilúvio de perguntas que ele recebe dos seus seguidores, criou um podcast diário, Ask Pat, bem como alguns outros para tratar de temas de nicho. Seu livro independente tornou-se um best-seller do *Wall Street Journal*.

Durante todo esse tempo, ele foi em frente com seu compromisso de ser um "boneco de testes" para o desenvolvimento de negócios online. Começou a criar novos negócios ao vivo na frente das pessoas — como um site para pessoas interessadas em food trucks e outro para pessoas interessadas em se tornar seguranças — e a postar a receita para essas também. Se cometesse um erro, seria em público. Ele detalhava cada passo do processo ao longo do caminho. No final, a paixão de Pat por arquitetura e design foi superada pela sua paixão por ajudar os outros.

Recebo e-mails de pessoas, com vários parágrafos, me agradecendo por ajudá-las a economizar tempo e esforço ou por ajudá-las a conseguir uma promoção. Recebi cartas manuscritas de pessoas que ajudei a passar na prova. O interessante é que, em outubro de 2009, perguntei às pessoas por que tinham comprado o meu e-book. Pensei que a informação seria útil, então poderia continuar a fazer aquilo que eles me dissessem que estava funcionando. Cerca de um quarto dos que responderam disse coisas como, "Pat" — isso foi outra coisa legal; eles me chamavam pelo nome, como se me conhecessem — "Pat, comprei de você porque você finalmente me deu uma oportunidade de retribuir. Eu nem precisava do livro; já passei na prova. Mas você me deu tanta informação que pensei que precisava dar algo de volta." Finalmente aprendi que essa reciprocidade é da natureza humana, e eu estava configurando sistemas para esse tipo de interação e transação.

O melhor a respeito do sucesso de Pat é quantas opções isso lhe deu. Ele vem expandindo seu trabalho filantrópico, e está na diretoria de uma entidade educativa sem fins lucrativos. Ele está interessado em moldar a política de educação. Apesar de sua crença em *Vai Fundo!*, ele não quer ser outro Gary Vee. "Sou quem sou e ele é quem é. *Vai Fundo!* também fala sobre isso, sabe: ter confiança em quem você é, não tentar ser nenhuma outra pessoa. Quando você realmente admite isso e se expõe lá fora sendo você, sua vibração vai atrair sua tribo, e você será capaz de fazer mudanças neste mundo."

A história de Pat está esperando para ser contada mil vezes mais. Eu sei que muitos de vocês têm experiência em nicho, e mesmo assim acham que não poderia ser um negócio real. Mas, vamos lá! Sério, o exame LEED? Você está brincando? Se Pat Flynn pode fazer uma receita brilhante a partir de um site dedicado a ajudar as pessoas a passar em um exame que só poucas pessoas no país ouviram falar, você pode fazer isso com curiosidades de futebol ou milk-shakes. Por favor, se aprofunde naquilo que conhece melhor ou, ainda melhor, o que conhece melhor e ama mais, e comece a criar conteúdo. Siga o esquema que a história de Pat ilustra: vá fundo, vá no nicho e forneça valor real na forma de entretenimento ou de informação.

Embora possa parecer que, ao longo dos anos, os influenciadores tenham podido escolher sua ferramenta dentre milhares de plataformas que poderiam usar para estabelecer suas marcas, você precisa apenas das duas mãos e alguns dedos do pé para contar o número que realmente teve a habilidade de crescer o suficiente para ganhar escala. É muito, muito difícil uma plataforma ganhar espaço neste livro. Se eu a incluí, é porque cresceu a tal ponto que não pode ser ignorada, ou porque vejo potencial para que chegue a esse ponto. Quando considerar onde construir sua marca pessoal, você deve usar nada menos que as plataformas nas quais pode construir a sua vida. Todas as plataformas que discutiremos nas próximas páginas se encaixam nessa descrição.

II

CRIE O SEU PILAR

6

PRIMEIRO, FAÇA ISTO

Não importa o tipo de influenciador que você deseja se tornar, todo mundo tem que começar com este passo: criar uma página profissional no Facebook.

O Facebook é o bilhete de entrada para construir uma marca pessoal. Não tente me dizer que você não precisa fazer isso porque está mirando as pessoas com menos de vinte e dois, que não estão no Facebook com a mesma representatividade dos grupos mais velhos. Como verá, as avanços que o Facebook está fazendo em vídeo tornam provável que ele se torne mais atraente para esses jovens usuários. Você quer estar esperando por eles quando começarem a abrir contas no Facebook. O Facebook vai chegar ao jovem, pode contar com isso. Nunca subestime Mark Zuckerberg e nunca aposte contra o Facebook.

COMO ESTOU DETONANDO

Costa Kapothanasis, Costa Oil—10 Minute Oil Change

IG: @COSTAKAPO

Constantine "Costa" Kapothanasis parece um homem prático. Da primeira geração greco-americana de sua família e de Portland, Maine, ele ganhou uma bolsa da primeira divisão de baseball para uma universidade em Maryland. Obrigado a abandonar o esporte profissional após uma lesão no ombro, ele seguiu para um mestrado em finanças. Depois de se formar, trabalhou em várias empresas financeiras de grande porte, mas nada foi adiante. "Eu era ou despedido ou quase despedido de todo trabalho". Ele se irritava com a burocracia. Não apenas essas firmas grandes o forçavam a seguir protocolos restritos e complexos, que pareciam ineficientes e contraproducentes, como também suas políticas restritivas de mídias sociais atrapalhavam seu negócio paralelo de fazer tacos de baseball customizados, esculpidos à mão. O expediente ia das 9h30 às 16h00, e Costa perdia oportunidades porque não podia responder de imediato a clientes potenciais no Twitter, que estava em seu auge. Também não ajudava que, à medida que os anos passavam, seus amigos dos dias de baseball estavam ganhando milhões jogando pelo time que amavam, enquanto ele estava sentado em um cubículo. Durante muitos anos, evitou assistir baseball na televisão.

Ele precisava planejar uma saída, então, enquanto trabalhava para a firma financeira, vendeu os ativos do negócio de tacos de baseball e comprou um troca óleo, um lugar onde você leva o seu carro para uma troca rápida de óleo. Não era o negócio mais glamouroso ou empolgante, mas ele o viu como um investimento "quase utilitário", quase como eletricidade ou água: em um país dependente de carros e com poucas opções de transporte coletivo, a maioria dos americanos precisaria trocar o óleo em algum momento. Então, como parecia inevitável, ele foi despedido. Foi fantástico! "Ser despedido foi essa coisa maravilhosa para mim. Minha qualidade de vida subiu muito. Nunca percebi quanto peso tinha em cima de mim, e agora tinha ido embora, e isso me colocou em alta velocidade para fazer algo com o negócio."

Costa entrou de cabeça na sua empresa de troca rápida, que batizou de Quick Change Oil, mas suas estratégias não eram tão eficazes. Mala direta. Otimização de mecanismo de busca. Um comercial na iHeartRadio antes do seu tempo. Ele gastou muito dinheiro. E, cerca de oito meses depois, se viu sozinho na loja no dia de Ano Novo, em 2016, porque tinha dado o dia de folga aos empregados. As vendas não eram boas, e ele estava em uma situação difícil. Nada estava acontecendo, então ele estava lendo um livro chamado *Vai Fundo!*. Quanto mais lia, mais ele pensava, *Cara, eu preciso fazer isso*.

Chega de mala, chega de SEO, chega de comerciais. Em vez disso, ele foi para o YouTube e, entre carros e trabalho até as duas da manhã, ele aprendeu sobre anúncios do Facebook. "Eu não queria usar o storytelling incorretamente. Não queria perder nenhuma oportunidade."

Em fevereiro, 100% do seu orçamento de propaganda foi usado para anúncios no Facebook, e ele estava imerso em contatos na rede social e na criação de conteúdo. Usava as buscas do Twitter para encontrar qualquer conversa relacionada a veículos que pudesse lhe dar a chance de falar com alguém. De Cobalts a Porsches, ele fotografou os carros de seus clientes para o Instagram, ajustando as imagens com filtros para parecerem maneiras e expressivas (os clientes gostavam tanto de ver seus carros online que ele nem precisava mais pedir permissão — eles pediam para ele tirar foto antes). Ele começou a postar vídeos educativos para ajudar a informar clientes potenciais sobre pontos positivos e negativos de seus carros. "Divulgamos vídeos sobre os diferentes tipos de óleo, a diferença entre o completamente sintético e o convencional, ou quando você deve lavar o motor. E recebemos muito retorno. Pessoas digitavam mensagens como, 'Essa é a primeira vez que alguém realmente me explicou o propósito do meu filtro de ar'. Eu realmente acredito que o cliente mais informado vai sempre nos escolher."

Menos de um ano depois daquele Ano Novo, quando estava sentado na sua loja vazia ponderando como faria o negócio engrenar, ele tinha seis lojas e ia abrir mais duas, espalhadas em vários estados. Hoje, está ocupado tocando o negócio, mantendo suas conexões nas mídias sociais e se mantendo autêntico, criando conteúdo e aparecendo em vários programas de rádio e TV sobre finanças para falar sobre sua jornada. Foi até convidado para falar em um programa de empreendedorismo de uma universidade. Ele e sua esposa estão falando sobre aumentar a família. Ele tem trabalhado na construção da sua marca pessoal também — em 2017, todos os negócios foram rebatizados Costa Oil - 10 Minute Oil Change.

7

SEJA DESCOBERTO

Você precisa entender uma coisa: quando está começando com nada, descobrirá que suas grandes oportunidades de sucesso serão de duas formas:

1. Pelo uso esperto das hashtags, uma estratégia inacreditavelmente longa e cansativa.
2. Por mensagens diretas, ou seja, abordando diretamente as pessoas e oferecendo algo de valor em troca de sua atenção, uma estratégia inacreditavelmente longa e cansativa.

Eu acredito que o segundo promete mais, e é por isso que, sempre que possível, incluo instruções sobre como colaborar e desenvolver negócios em cada plataforma que discutimos neste livro. Colaborações são a forma mais testada e comprovada de fazer sua base de fãs crescer rápido — *rápido* sendo um termo relativo. **Na maioria dos casos, você deve considerar que esse processo vai levar anos, não meses. Se isso o incomoda, feche o livro.**

Muitas pessoas ficam desconfortáveis com a ideia de enviar mensagens diretas a completos estranhos, mas me deixe ajudá-lo a pensar nesses completos estranhos de outra forma. Digamos que uma amiga o convide a se juntar a um grupo para jantar em um restaurante, e ela também leva um casal que você não conhece. Vocês acabam sentando próximos e se divertem muito. Você é designer de interiores e descobre que esse casal está nos estágios iniciais da decisão de redecorar a casa. Você esconde o fato de que é designer de interiores? Claro que não. É natural dizer a eles qual a sua ocupação e isso vai se tornar uma parte da conversa porque vocês acabaram de descobrir um interesse em comum. Agora, no final da noite, seria estranho dar o seu cartão e dizer "Olha meu site, talvez possamos trabalhar juntos. Ou me avisem se quiserem outras recomendações"? Claro que não. Vocês têm um interesse mútuo, eles querem um serviço, você pode fornecer esse serviço. Parece lógico que você deva dar a eles a oportunidade de decidir se você seria um bom candidato.

Plataformas de mídias sociais online são os amigos mútuos conectando você a milhões de pessoas que compartilham seu interesse em design de interiores. Seu trabalho é fazer a pesquisa e descobrir quais encontrariam mais valor na sua oferta e apresentar seu caso. Vou compartilhar os detalhes sobre como fazer isso nos capítulos seguintes, mas o processo geral é essencialmente o mesmo em todas as plataformas: abordar, fazer uma oferta que não pode ser recusada e começar a trabalhar, produzindo algo que não faça eles se arrependerem de terem lhe dado uma chance.

Agora, há algo que você deve saber: neste minuto, tenho cerca de quinhentas mensagens diretas de pessoas que querem algo de mim. Você sabe o que tenho a dizer para elas? Mazel Tov, e vão embora. E isso se eu estiver com bom humor.

Por que eu encorajaria você a tentar captar a atenção de outros influenciadores quando ignoro ou rejeito a maioria das pessoas que tenta essa tática comigo? Porque se elas estivessem fazendo direito, eu não as rejeitaria. Se eu sentisse que elas não estão querendo me usar, se eu pensasse que elas estão genuinamente tentando ser úteis, se elas conseguissem reconhecer uma lacuna no meu negócio e tivessem o conhecimento e a habilidade para preenchê-la, eu poderia considerar falar com eles.

Quando não pode oferecer exposição ou dinheiro, o que você tem? Conhecimento e habilidade. Você é dono de uma pizzaria? Poderia oferecer pizza grátis por seis meses. Você é designer gráfico? Poderia oferecer fazer seiscentos filtros customizados. Você é dono de uma loja de bebidas? Assim que os seus alvos postam fotos apreciando vinho, você poderia enviar mensagens diretas oferecendo uma caixa por mês pelo resto do ano (se o seu estado permitir — Nova Jersey não permite ☹). As pessoas vão lhe falar para não se vender barato, mas você só pode se apoiar nesse princípio quando as pessoas estiverem dispostas a comprar o que está vendendo. (Para um exemplo perfeito de como fazer isso direito, leia a história do DRock no meu livro *#AskGaryVee*, ou você pode ouvir sou versão da história na *Medium*, "How I Got My Job for Gary Vaynerchuk" [Como Consegui Meu Trabalho com Gary Vaynerchuk].)*

Se influenciadores estabelecidos enxergarem um lado positivo de trabalhar com você — permitindo que poste conteúdo em suas páginas, trabalhando junto para criar conteúdo —, entrarão em contato. Se não, eles vão dizer não, obrigado, em geral não respondendo. Mas, se você buscar contato seis ou sete horas por dia, vai finalmente encontrar alguém disposto a tentar algo novo com você. Uma vez que ache, terá despertado a atenção de milhares de pessoas que não sabiam que você estava vivo. Disponibilize algo valioso para seu parceiro colaborador e você rapidamente aprimorará seu perfil como influenciador e, muito provavelmente, terá feito um novo amigo.

Não vou mentir. Desenvolver negócios desse jeito é difícil, tedioso e consome muito tempo. Gosto de tédio. Isso quer dizer que a maioria das pessoas não vai

---

* Você pode ler a versão dele: DRock, *"How I Got My Job for Gary Vaynerchuk"*, *Medium*, 1 de junho, 2017, https://medium.com/@DavidRockNyc/let-me-preface-this-story-with-something-ive-been-thinking-about-lately-2242480640f2 (em inglês).

fazer isso. Se você fizer, vai ganhar. Se tiver o dinheiro para colocar anúncios em todas essas plataformas ou pagar influenciadores para exibir seu produto, mais poder para você. Mas se está começando agora e não tem dinheiro, essa é a primeira coisa que você pode fazer para construir sua marca.

MUSICAL.LY

Vou começar com o Musical.ly porque aposto que se você não tiver um filho entre sete e onze, nunca ouviu falar dele. Se já ouviu, aposto que a maioria de vocês nunca pensou que pudesse valer a pena investigá-lo por qualquer outra razão que não seja para checar as atividades online de seus filhos. O Musical.ly, como muitos de seus usuários, é jovem, criativo e ansioso para crescer. É uma plataforma divertida a se considerar, porque acho que é a única com mais chance de ser subestimada. Também é a mais provável de não existir mais quando você ler este livro, porque, enquanto escrevo, sua popularidade veio decaindo por cerca de seis meses. Mas você precisa aprender sobre ela de qualquer forma, por razões que ficarão claras nos próximos parágrafos.

Apesar da evidência de que as plataformas que começam forte com pessoas jovens podem e conseguem passar para públicos mais velhos, a maioria dos empreendedores ainda vai rejeitar o Musical.ly, o que é ótimo, porque deixa a plataforma completamente aberta para você tomar conta. E você também vai se divertir usando-o. Musers, como os usuários do Musical.ly são chamados, transformaram esse app em um fenômeno criativo. Originalmente, ele permitia que as pessoas fizessem vídeos de sincronia labial de quinze segundos, tornando públicas as imitações de estrelas do rock que as gerações anteriores costumavam fazer diante de seus espelhos. Hoje o formato evoluiu, incluindo música original, esquetes de comédia e até pequenos vídeos educativos. Bailarinas, maquiadores, ginastas, malabaristas, atletas, rappers, vloggers e mascotes de todas as cores — incluindo Jiff the Pomeranian — estão usando o meio para exibir suas habilidades e estilo. Você pode criar conteúdo de até cinco minutos, compilar os videoclipes em histórias e colaborar em duetos com outros musers.

A empresa agradou imediatamente o público pré-adolescente e adolescente quando foi lançada em agosto de 2014. As pessoas não só faziam download, mas voltavam e interagiam em números expressivos. Nos primeiros meses de existência, a plataforma cresceu em um passo lento e constante. Os designers decidiram, então, fazer pequenas mudanças no design do app, incluindo mudar a posição do logo do Musical.ly para que não fosse cortado toda vez que um vídeo fosse compartilhado no Instagram ou no Twitter. Assim que isso aconteceu, novos usuários inundaram o app. Aprendendo com os erros de seus antecessores, que muito frequentemente tentavam conter os usuários às suas plataformas, Musical.ly ajuda os musers a construir sua base de fãs permitindo que compartilhem seu conteúdo no Instagram, no Twitter, no Facebook e no WhatsApp. Hoje em dia, há 200 milhões de usuários, 30% deles gastando trinta minutos ou mais por dia na plataforma.

Sem dúvida, uma pequena porcentagem dos musers são refugiados do Vine, plataforma extinta de vídeos de seis segundos de propriedade do Twitter que foi rapidamente ofuscada pelo Instagram vídeo e pelo Snapchat, graças a seus formatos ligeiramente mais longos e ferramentas divertidas de edição. A questão natural é, claro, como o Musical.ly vai evitar o destino do Vine?

Uma maneira é crescendo, ou seja, criando funcionalidades que apelam para o seu público, uma vez que essas crianças se tornem adolescentes, para que não migrem para o Snapchat ou Insta. E a ferramenta vai ter que evoluir para competir pelo público mais novo também, assim que o Snapchat e o Insta começarem a se voltar para públicos cada vez mais jovens. Da forma que vejo, para o Musical.ly se destacar da competição e ganhar impulso entre o público de doze a dezessete anos, terá que fazer um salto como o Facebook fez alguns anos atrás, quando fez a transição, com sucesso, para uma plataforma móvel em primeiro lugar, apesar de ter sido originalmente projetado para o desktop. O Musical.ly é tão novo que deve ser ágil e flexível o suficiente para se adaptar a qualquer que seja a próxima grande novidade que vai mudar o paradigma das plataformas. Talvez seja voz. Talvez seja algo que não podemos nem imaginar.

Músicos em ascensão claramente têm uma oportunidade natural aqui, mas é claro que uma das melhores formas de se tornar um peixe grande é nadar em uma piscina pequena, adaptando criativamente uma plataforma para as suas necessidades. É a tática que usei para construir reconhecimento de marca no Musical.ly. Você pode se perguntar por que eu, um homem de negócios de quarenta e dois anos com poucas ligações com o setor de música, teria qualquer interesse em atrair atenção em uma plataforma desenvolvida para pessoas de treze anos. É simples: essas pessoas de treze anos vão crescer e serão empreendedores de dezoito anos e publicitários de vinte e cinco anos. Quando eu tinha doze e sonhava em construir negócios, ninguém sabia como me chamar. *Empreendedor* não fazia parte do nosso léxico. Hoje, empreendedores são ícones da cultura pop, e as crianças estão crescendo assistindo *Shark Tank*. Talvez eu possa ajudar a inspirá-los a chegar aonde querem ir mais rápido. Talvez um dia façamos negócios juntos.

Uma das minhas incursões iniciais na plataforma ocorreu porque pensei que as crianças poderiam aprender algo de valioso ouvindo as palavras sábias do artista de hip-hop Fat Joe em #AskGaryVee. Para ajudar o público a encontrar o programa, postei um clipe em que pulava ao som de "All the Way Up", de Fat Joe, com a esperança de que, se gostassem do que viram, poderiam continuar vendo e ouvindo. Se o fizessem, viriam o meme que criei de um clipe em que me esforçava ao som da música da Rihanna, "Work," ou um vídeo inspirador lembrando às pessoas de olhar para as estrelas ao som de "A Sky Full of Stars", do Coldplay. Fiz um outro em que lembrava o quanto odiava a escola, como eu sentava na sala de aula pensando que um dia provaria a todos os meus professores e colegas de classe que me achavam um perdedor que estavam errados. Imagine quanto essa mensagem pode significar para uma criança que está tendo o mesmo problema hoje? E se apenas algumas dessas crianças vissem e percebessem que tem alguém lá fora que as entende, e descobrissem o que eu realizei, para depois pensar, *É. Eu também.*? É assim que alguém como eu, que não está no setor da música e não sabe cantar, conseguiu conectar negócio e empreendedorismo em uma plataforma conhecida por playbacks, não apenas para fazer a diferença, mas para ter fãs para a vida toda.

Mesmo antes de lançar essas estratégias de conteúdo, no entanto, quando estava apenas coletando informação para descobrir como construir meu perfil, pedi que dois usuários de renome do Musical.ly fizessem participações especiais no #AskGaryVee. No episódio 198, estou cercado por duas pessoas de quinze anos, Ariel Martin e Ariana Trejos. Não são definitivamente meus convidados usuais, mas nos divertimos muito. Meu público e eu tivemos acesso a seus insights, e eles tiveram a chance de mostrar suas habilidades em um programa do YouTube. O negócio é, na verdade, que o meu programa é mixaria comparado com os grandes eventos nos quais eles apareceram, como o tapete vermelho do People's Choice Awards. O que tem valor de verdade para mim é quando seus fãs os procuram no Google e acham os memes do Musical.ly que eles fizeram no meu programa, o que aumenta a consciência deles sobre a minha marca. Quando Baby Ariel for uma estrela absoluta (em

2017, ela apareceu na terceira lista da revista *Time* das pessoas mais influentes da internet), terei o conteúdo que o mundo estará procurando em alguns anos, quando quiserem ver quem ela era no começo.*

Mesmo que o Musical.ly seja um modismo, vamos lembrar que, a cada temporada, marcas pagam milhões de dólares para fazer propaganda em pilotos de novas séries, e a maioria delas não vai existir estatisticamente depois de nove meses. Em 2012, 65% dos novos programas eram cancelados após apenas uma temporada. Literalmente, não importa quanto tempo uma plataforma dura. O que importa é que existe. Se está querendo construir seu público, vá aonde o público está, onde quer que seja. Consuma o conteúdo da plataforma por umas duas semanas para sentir o que é atraente para o público, então monte a estratégia para criar conteúdo que atingirá com sucesso esse mercado. Entenda e coloque seus recursos. Não todos, veja bem. Só alguns. Mais se estiver confortável com a plataforma, menos se decidir que não é para você. Mas rotular qualquer plataforma como irrelevante demonstra uma falta de imaginação e de visão. Nunca duvide de que os designers de plataformas têm uma visão maior para ela do que você vê agora. As plataformas evoluem, seja por natureza ou por acidente, quando o mercado as leva em uma direção totalmente oposta. Se chegar cedo, você pode evoluir com ela. Torne-se uma presença real e os designers podem até pedir a sua ajuda. Por exemplo, podem te dar acesso antecipado a uma versão beta, deixando-o brincar com algumas funcionalidades novas que eles estão querendo lançar. Ou você pode ter preferência na criação de conteúdo novo em um formato ou estilo que ninguém viu antes, essencialmente criando um relacionamento simbiótico entre a sua marca e a plataforma.

---

* Procuro evitar dar conselho para os pais, mas se você é pai ou mãe de uma criança talentosa, esse pode não ser um lugar ruim para deixá-la mostrar seus talentos. Você nunca é muito jovem para começar a construir uma marca pessoal. Você consegue imaginar se a mãe do Justin Bieber tivesse banido seu acesso ao YouTube? Talvez o agente Scooter Braun ou outro agente de talentos o teria descoberto de qualquer maneira. Mas talvez não tivessem, e agora Bieber poderia ser outro fisioterapeuta com uma bela voz que ficaria sempre imaginando, "E se?"

Ninguém pode terminar uma maratona sem o treinamento adequado. Seja na esteira ou na pista de corrida, você tem que conhecer seu corpo, desenvolver sua resistência e decidir de quais práticas físicas, nutricionais e psicológicas você vai extrair seu melhor desempenho. O mesmo vale para plataformas de mídias sociais. Em 2012, eu estava animado com um app chamado Social-cam, que fez sucesso por talvez nove meses antes de fracassar. Nesses nove meses, no entanto, aprendi estratégias que me serviram bem quando o Vine e o Instagram apareceram.

A única coisa que você arrisca saltando nas mídias sociais desconhecidas é tempo. Quer se libertar e viver a vida? Diz que vai morrer se passar mais um dia no seu trabalho de contador, mas não está disposto a arriscar seu tempo no caso de uma plataforma virar um MySpace ou um Vine em vez de um Facebook ou um Instagram? Por que você seria tão caprichoso? Quando não tem quase nada, você não pode ficar escolhendo. Faça o download de cada plataforma social nova, experimente e entenda. Deixe de lado se não funcionar para você ou se não estiver confortável, mas nunca rejeite nada sem antes aprender um pouco sobre (um bom conselho para, sabe, a vida).

Musical.ly: 1ª Lição

Use essas hashtags. Não posso acreditar que não falamos sobre hashtags em *Vai Fundo!*. De fato, não as mencionei por impresso até meu terceiro livro! Usar hashtags é um dos alicerces da mídia social e uma chave para ser descoberto. Uma das formas mais rápidas de conseguir força no Musical.ly, por exemplo, seria abrir o aplicativo, avaliar as trending tags na página Discover, e trabalhar para produzir ótimo conteúdo acerca dessas trending tags, para que você possa ser avistado pelas crianças que não teriam, de outra forma, como saber que vale a pena dar uma olhada em você. Isso inclui os curadores do Musical.ly, que podem recompensar bom conteúdo selecionando-o para ser automaticamente exposto quando as pessoas abrem o aplicativo. Essa curadoria manual cria mais oportunidades aleatórias para que seja visto do que você possa encontrar em outras plataformas. Não conte com ganhar esse bilhete de loteria virtual como um atalho para o seu sucesso. A quantidade de trabalho árduo e criatividade que você aplica a seu conteúdo será um indicador bem melhor do seu sucesso. Você também pode criar ótimo conteúdo associado a suas próprias, espertas e originais hashtags. Conhecer seu caminho em meio à cultura da hashtag é uma forma excelente de dar a seu conteúdo de qualidade longevidade e divulgação.

Colabore. Houve um tempo em que a atração das estrelas era sua qualidade intocável, que lhes dava certo ar de mistério e prestígio, e se nós conseguíssemos acesso a elas na forma de, digamos, uma fotografia autografada, isso já queria dizer muito. Mas as estrelas de hoje são medidas pela sua acessibilidade, e podem pagar um sério preço se ficarem de estrelismo. Tire proveito disso. Não há nada que impeça letristas ou compositores de fazer upload de suas criações, enviando mensagens diretas aos top musers, dando-lhes a chance de fazer uma sincronia labial ou até tocar o material. Você pode fazer a mesma coisa com um esquete engraçado, um poema ou outro tipo de trabalho. Já falei isso até enjoar: a melhor forma de abordar uma comunidade é se tornar parte dela. Faça contato, comente, compartilhe e crie sem pedir nada a ninguém. Torne-se parte da comunidade e você terá uma chance muito maior de que alguém crie um meme com o seu material, ou melhor ainda, de que você crie seu próprio meme e que as pessoas se apaixonem por ele e compartilhem.

Isso não quer dizer que se a sua marca não for atraente para meninas entre doze e dezessete, você não deve gastar nenhum dinheiro no Musical.ly. No meu ponto de vista, os maiores influenciadores (de 1 a 2%) de qualquer plataforma são, em geral, muito caros. Nem sempre; você pode ter sorte e encontrar alguns que são ótimos negócios porque, apesar de terem mais alcance, estão se vendendo barato. Mas, cedo ou tarde, as pessoas percebem, então não conte muito com isso. Em todo caso, as enormes oportunidades para marqueteiros podem ser encontradas no encalço dos influenciadores. Se a minha marca fosse realmente atrativa para crianças e adolescentes, eu gastaria 40% do meu orçamento de marketing total com o Musical.ly, sendo que 40-70% desse total seria usado para negócios diretos com celebridades da plataforma. O restante, eu usaria para testar mídias programáticas. E aí observaria de perto quem está gerando melhor resultado, e me ajustaria ao longo do caminho.

O Musical.ly é o lugar perfeito para uma pessoa performática vender uma performance, mas também é um lugar no qual uma pessoa performática pode vender lápis, açaí ou fidget spinners. Um artista pode fazer um vídeo pintando ou desenhando, ao som de música. Um escritor pode fazer um vídeo que represente seu humor naquele dia. Eu faço memes inspiradores e motivacionais a partir de peças maiores de pilares de conteúdo; meus maiores hits têm sido extrair uma palavra ou frase de um dos meus devaneios e colocar com uma música ao fundo. Quer me ouvir falar russo? Veja meu vídeo de "Hustle" no Musical.ly. Veja também como consegui conectar meu desafio do balde de gelo com a música "The Sweet Escape", da Gwen Stefani. Provavelmente o melhor vocal que já fiz na minha vida.

Pessoas criativas podem ser criativas em qualquer lugar, e as pessoas mais criativas fazem isso onde ninguém tentou antes. De forma geral, as pessoas que produzem conteúdo para pessoas como elas mesmas atingem seu alvo melhor do que as que estão um passo mais longe do seu público. Eu me dou bem com caras alfa porque tenho DNA de macho alfa. Também tenho muita empatia, então consigo me conectar com pessoas emocionalmente inteligentes que têm paciência suficiente para superar o DNA alfa. Um dançarino intuitivamente sabe como produzir conteúdo para outros dançarinos; alguém que transformou sua vida através de autodesenvolvimento sabe como abordar outros buscando uma epifania similar. Sua criatividade será a variável para o sucesso nessa plataforma — ou em qualquer outra.

Imagine Isto

Digamos que, depois de trabalhar por anos como ator e cantor profissional, você decide que cansou de buscar o estrelato e escolhe assumir o acampamento de verão de sua família, em uma floresta próxima dos limites da sua cidade. É uma virada empolgante. Imagine, você finalmente vai ficar em casa tempo suficiente para investir em móveis de verdade e ter um cachorro. E não vai sair completamente do setor de atuação; você planeja oferecer aulas de teatro e de música no acampamento para continuar compartilhando sua paixão e competência. Sorri enquanto imagina o show de variedades do acampamento ao fim de cada temporada de verão.

Infelizmente, você não assumiu um negócio próspero. Embora o seu acampamento já tivesse sido um dos únicos desse tipo na cidade, na última década, muitos outros acampamentos se estabeleceram aqui e nas áreas próximas, e o negócio diminuiu. Particularmente, as inscrições para o acampamento de verão não estão nem perto de onde você acha que poderiam estar. E você já teve que cancelar uma aula porque poucas crianças se matricularam. Você tentou tudo que conseguiu pensar para fazer o negócio crescer, mas, em comparação com as opções mais novas e bacanas, seu acampamento parece nerd e antiquado.

Um dia, você está com a sua sobrinha de onze anos e ela mostra um vídeo dela fazendo sincronia labial. É a coisa mais estranha que você já viu — um clipe em close-up de quinze segundos no qual sua sobrinha remexe a cabeça, às vezes para trás, fazendo cara de pato e sinais com as mãos ao som de "Praying", da Ke$ha. É como um trecho de um vídeo de música. Você pergunta se a mãe dela sabe que ela está em um site em que qualquer um pode vê-la. "Claro", ela diz. "Todos os meus amigos estão aqui. É só um lugar para cantar e dançar."

Uma plataforma de mídia social apreciada por pessoas de onze anos que gostam de cantar e dançar. Como é que é o nome mesmo?

Você configura uma conta no Musical.ly e começa a filmar performances de suas canções favoritas. Você pede ao pessoal do acampamento para escolher a música e deixa que eles o dirijam. Eles ficam impressionados — para uma pessoa velha, você não parece ou soa tão mal cantando a música deles. (Só para constar, você tem trinta e cinco.) Você nem faz sincronia labial, mas a coisa real, direta. Cria microvídeos de música que não só apresentam seu talento, mas também o acampamento. Você filma em um lugar diferente a cada dia — a casa dos barcos, o pagode, o campo de arco e flecha, o pavilhão de artesanato e, é claro, o anfiteatro.

Uma das meninas pede para se filmar com o seu telefone. Você manda uma ficha de permissão pedindo o consentimento dos pais para que as crianças façam vídeos no Musical.ly na conta do acampamento. Eles sabem que as crianças já estão lá, e muitos concordam. Daí em diante, a cada dia, um novo campista é responsável por produzir quatro conteúdos diferentes para a conta do acampamento no Musical.ly. As crianças estão brigando para ser o Muser do Dia; é a maior recompensa que elas podem ter, e todas começam a trabalhar muito para ajudar, para conquistar sua vez. Há um benefício adicional em deixar as crianças controlarem sua plataforma: é uma ótima estratégia de aprendizado. Em vez de descobrir por si próprio o que as crianças querem ver no Musical.ly, você deixa a meninada de nove a onze mostrar. Agora, você fica os assistindo, tomando notas de seus comportamentos, e percebe como eles pensam sobre hashtags e trending topics. Com a permissão dos pais mais uma vez, você deixa as crianças documentarem a Olimpíada do acampamento, a busca ao tesouro, a fogueira final e todas as tradições do acampamento que marcarão o verão por três gerações.

Cada criança que faz um vídeo no Musical.ly imediatamente marca seus amigos e amigas para que possam vê-lo. As crianças também mostram para seus pais e para os amigos de seus pais. Elas exibem na escola quando as aulas voltam. Ao longo do ano, a percepção da sua página no Musical.ly e do acampamento começa a aumentar devagar. Perto das férias, quando os pais começam a pensar em qual acampamento vão matricular os filhos, o nome do seu acampamento está fresco em suas mentes. Você fecha o negócio quando as crianças dizem aos pais que decidiram que querem ir para o acampamento juntos na mesma temporada.

Você se torna o mais popular e animado diretor de acampamento, e a sua popularidade dispara, junto com a notoriedade do acampamento que você toca. As matrículas dobram, e suas aulas de artes performáticas são tão populares que você passa a oferecê-las ao longo do resto do ano. Você começa uma aula de vídeos de música, que inclui ensinar às crianças os passos para coreografias de vídeos famosos. Cinco a oito anos depois, o acampamento é apenas uma das opções de verão disponíveis na sua nova escola para artes performáticas. Você é uma estrela menor do que esperava ser, mas nunca esteve mais feliz.

COMO ESTOU DETONANDO

Chithra Durgam, DDS, Aesthetic Dental

IG: DRDURGAM

A Drª. Chithra Durgam conseguiu um feito quase impossível — ela tornou divertido ir ao dentista. Como mais você poderia explicar tantos clientes que marcam consultas iniciais por solicitação de seus filhos? Deixe-me explicar.

Quando Chithra começou seu consultório particular em 2004, ela fez o que a maioria dos outros profissionais de saúde faz para receber referências: enviou conteúdo de mala direta para que seus vizinhos na parte norte de Nova Jersey soubessem que ela estava aberta para negócios. Mídias sociais, ela pensava, eram para uso pessoal. Não foi até começar a seguir um expert em mídias sociais online, e então ler seu livro *Vai Fundo!*, que o pensamento dela mudou e ela entendeu que construir uma marca pessoal nas mídias sociais poderia ajudá-la a fazer seu negócio crescer. Ela ficou intrigada, mas hesitou em começar. Médicos e dentistas são limitados por uma série de regras da Lei de Portabilidade e Responsabilidade de Seguro Saúde (HIPAA) americana, e "tendemos a ficar muito preocupados com o que os outros pensam sobre o marketing que estamos fazendo". Mas ela pensou bastante e decidiu que "em vez de usar meu tempo extra para jogar golfe, se eu usar esse tempo para interagir com meus pacientes e ensinar odontologia de uma forma divertida, não há nada errado. E aí eu meio que dei um voto de confiança."

Por anos, ela tem gasto de quatro a cinco horas por dia nas redes sociais, sua hora de almoço e o tempo que tem depois que seus dois filhos vão dormir, fazendo contatos, reagindo e ensinando. Ela marca presença em todos os favoritos — Twitter, Facebook, Instagram, e escreveu posts para o *Medium* —, mas o que diferencia Chithra de quase qualquer pessoa com mais de vinte e cinco anos, e certamente de qualquer profissional de saúde, é que ela está, também, no Musical.ly. E é por isso que tantas crianças imploram para que seus pais as levem para vê-la.

Ela cria vídeos de sincronia labial sobre diferentes procedimentos, como branqueamento dental. Faz anúncios de utilidade pública (PSA) sobre alimentação saudável, colocando voz em uma paródia de "Shape of You", do Ed Sheeran. Às vezes, posta um clipe educativo, como o que diz a diferença entre uma coroa de porcelana e uma faceta. Ela dança. Faz comédia, em geral usando jaleco branco, algumas vezes segurando uma escova de dentes. É atrapalhada e estranha e, embora isso pudesse ser tudo que ela é, se fosse apenas outra muser, o fato de que ela é uma dentista de quarenta e quatro anos faz tudo parecer extremamente hilário. Os comentários e respostas que recebe de usuários jovens são extremamente positivos e dois dos seus clipes foram destaques da plataforma. Seus pacientes jovens, aqueles na faixa etária do Musical.ly, a seguem. Eles levam seus telefones para a escola e a mostram a seus amigos. E os amigos dizem: "Mãe, dá uma olhada nesse vídeo. Quero ir nesta dentista."

Chithra recebe uma resposta parecida do Snapchat, no qual cria conteúdo construído para um pessoal um pouco mais velho. Ela tem uma série semanal chamada The Office, feita com base no programa de sucesso da TV de mesmo nome. Ela e os membros da sua equipe já fizeram cenas de *As Panteras*, e criaram snaps e histórias usando Bitmojis, música e acessórios. Ela tentava documentar, mas seu público começou a responder tão positivamente ao seu trabalho criativo que ela começou a se focar só nisso.

Muitas das pessoas que a encontram no Musical.ly e no Snapchat não vão ao consultório, porque moram muito longe, mas no Instagram, onde pode atingir mais localmente, ela tem uma taxa de conversão mais elevada; as pessoas enviam mensagens diretas pedindo consultas o tempo todo. A partir do ano em que ela começou a desenvolver seriamente conteúdo de qualidade para as três plataformas, além de todas as outras com menos frequência, houve um aumento de 30% em novos pacientes, com três ou quatro solicitações sobre aparelhos e branqueamento dental por mensagem direta ao dia.

Além disso, Lew Leone, VP e gerente geral da WNYW-FOX 5, a viu no Snapchat e a convidou para ir ao *Good Day New York* para falar sobre fio dental depois que uma notícia da Associated Press divulgou que não era necessário usá-lo. Para constar, Dr. Durgam é pró fio dental.

Deste então, ela tem sido convidada para falar sobre marcas pessoais em reuniões e podcasts. Está trabalhando atualmente com diversas marcas para ajudá-las a desenvolver ideias para promover seus produtos usando mídias sociais, e recebeu solicitações de outros dentistas e médicos pedindo consultorias sobre mídias sociais também. "Tomei o tempo necessário para aprender todos os aspectos de desenvolvimento de marca antes de explorar esse trabalho. Entendo que tenho algo valioso a oferecer."

A maioria dos seus colegas profissionais ainda não entende.

Eu realmente observei muita resistência das pessoas e de outros negócios. Eles querem um retorno imediato para seus esforços; não entendem porque estou investindo tempo. Não entendem que mídias sociais são um jogo de longa duração e tem tudo a ver com desenvolver uma marca tanto quanto vender um produto. E, se nada mais der certo, pelo menos você travou um contato com gente que está ligada a seu negócio. Mas eles realmente não veem isso. Tem sido um esforço solitário, porque estou trabalhando no que acredito, embora as pessoas ao meu redor não concordem com meus métodos.

Até alguns dos clientes se perguntam como ela tem tempo de publicar tantos vídeos. "Então tenho que dizer, minha equipe e eu encaramos nosso trabalho com muita seriedade, mas quando não estamos trabalhando, preferimos gastar nosso tempo livre interagindo com pacientes e os ensinando, em vez de fazer algo apenas do nosso próprio interesse. Uma vez que explico nossa intenção, tudo fica bem. Estou remando contra a maré agora, mas acho que com o tempo as pessoas entenderão que as mídias sociais são muito importante para os negócios."

Uma das razões da minha empolgação com este livro é que, quando escrevi *Vai Fundo!*, não tinha acesso a muitos exemplos de outras pessoas usando as plataformas como eu. Eu estava adiantado. Agora, munido de histórias como a de Chithra, posso rebater todas as suas desculpas. Até dez minutos atrás, você poderia não ter ouvido falar do Musical.ly: agora sabe que uma dentista está usando essa e outras plataformas para construir seu negócio. Isso é demais! Estudo e execução são as chaves para este novo mundo.

9

SNAPCHAT

Apesar dos seus 173 milhões de usuários diários ativos (UDA), seus 10 bilhões de vídeos assistidos diariamente, seus 2,5 bilhões de snaps diários e aproximadamente 18 visitas dos UDAs por dia, o Snapchat permanece uma plataforma enormemente subestimada. Deixe-me dar uma dica para uma pista importante: quando os "normais", ou seja, as pessoas não técnicas e não relacionadas a negócios, são as primeiras a gastar grandes quantidades de tempo em uma plataforma, é o sinal para começar a prestar muita atenção. Foi o que me levou ao Musical.ly no início e foi como eu soube que o Snapchat tinha um futuro empolgante quando apareceu em 2011. Eu o vi como a primeira rede social para recriar, tão fielmente quanto possível, a forma que nos comunicamos cara a cara.

Seus fundadores, Evan Spiegel e Bobby Murphy, o conceberam como o antiFacebook, um aplicativo de compartilhamento de fotos para conteúdo espontâneo, imperfeito e não permanente. Quando o Snapchat entrou em cena em 2011, o vídeo vertical do app de mensagem e o swipe da esquerda para a direita confundiram muito as pessoas. Demorou alguns minutos para a maioria dos usuários, até os mais novos, clicarem por ali e se acostumarem.

Para os adolescentes, no entanto, valeu a pena descobrir como usar, porque a plataforma abordava duas realidades universais deles: (1) Você não quer ficar de papo no lugar onde sua mãe fica, e (2) Você quer trancar seu quarto. Como os adultos não entendiam o conceito, porque as mensagem se "autodestruíam" de um a dez segundos depois de serem abertas, e porque havia a opção de desenhar e escrever texto ou legendas no alto de suas fotos, os jovens perceberam rápido seu potencial de mandar mensagens 2.0 — um lugar mais livre, menos regulado e perigoso do que outras plataformas para compartilharem e se expressarem criativamente. E eles compartilharam; a plataforma se tornou ridicularizada e até temida como a nova ferramenta de sexting para o pessoal do ensino médio (embora nunca tenha sido realmente um app de sexting; era só a imprensa pulando em cima de alguns poucos casos selecionados com manchetes para chamar a atenção). Hoje as pessoas não falam sobre sexting e Snapchat na mesma frase, bem como pararam de zombar do Twitter por ser o lugar onde pessoas aflitas por atenção postavam o que almoçaram, e do Facebook por ser um lugar onde estudantes universitários compartilhavam fotos de beer pong.

Hoje, o aplicativo do Snapchat permite que você publique tanto vídeos quanto fotos e incluiu todos os tipos de extras, como filtros normais e geográficos, lentes, emojis e ferramentas de edição de vídeo, como câmera lenta. O conteúdo não é mais efêmero. Você sempre pode fazer capturas de tela para salvar as imagens, mas com o surgimento do Memories, que armazena o conteúdo nos servidores do aplicativo, o Snapchat cedeu ao desejo humano de salvar e revisitar os momentos importantes de nossas vidas. A funcionalidade introduzida que mudou o jogo, no entanto, e que teria mais influência nos influenciadores é o Stories, uma função que permite que você conecte uma série de vídeos e fotos para criar uma narrativa mais longa e visível para toda a comunidade do Snapchat por vinte e quatro horas. Foi lançada em 2013 e eu declarei publicamente que seria uma bobagem.

Você pode me assistir dando essa mancada com empatia e de forma apaixonada na conferência LeWeb'13 no YouTube. Amei a plataforma, mas pensei que a mudança introduzia muita fricção na interface do usuário e traía o objetivo principal do aplicativo: criar conteúdo de tamanho reduzido que desaparece. Eu estava completamente errado. A funcionalidade Story se tornou o lugar principal no qual os usuários podem consumir conteúdo em escala. Menos de um ano depois, 40% dos adolescentes americanos estavam usando o Snapchat diariamente. Aprendi uma importante lição com essa previsão ruim sobre o Snapchat: uma base de fãs pegajosa e devotada está disposta a ter paciência enquanto você experimenta até a próxima iteração. O próximo grande lançamento, Discover, fez do Snapchat uma plataforma de mídia legítima, oferecendo uma página na qual os usuários podem encontrar uma série de marcas, como National Geographic, T-Mobile e ESPN. O Snapchat agora tem acesso à receita de propaganda, que se estende a qualquer um que decifre o seu código.

O homem que conseguiu se chama DJ Khaled, mas, antes de apresentá-lo, vamos relembrar Ashton Kutcher. Ele não foi a primeira estrela no Twitter — um grande alô para o MC Hammer (entrou em maio de 2007) e LeVar Burton (entrou em dezembro de 2007) — mas depois de se registrar em janeiro de 2008, Kutcher foi a primeira celebridade a ganhar escala com sua marca através da plataforma. Como Hammer e Burton, ele vinha construindo sua marca através do talento e esforço de décadas, como modelo e ator de filmes e sitcoms, e como produtor e diretor do programa de TV *Punk'd*. Em geral, falo sobre Kutcher quando estou falando sobre a história do Twitter, porque apenas quatro meses depois de entrar, ele se tornou o primeiro usuário do Twitter a passar de um milhão de seguidores, graças a uma campanha brilhante desafiando a CNN para uma corrida até atingir a marca. De repente, o Twitter, que parecia uma piada para a maioria das pessoas, ficou popular.

DJ Khaled criou o momento Ashton Kutcher para o Snapchat. Por mais de duas décadas, ele fez seu nome na música como DJ, produtor e apresentador de rádio em Miami. Khaled entrou no Snapchat no outono de 2015, fazendo snaps inspiradores e motivacionais de "chaves" para a vida e o sucesso. Seu carinho pela plataforma, como ele escreveu em sua autobiografia, *The Keys*, vinha do fato de que "Não tem a ver com o ângulo, edição ou iluminação, ou quão bem você pareça, é você por dez segundos sendo verdadeiro com seus fãs". Essa autenticidade lhe rendeu uma base de fãs razoável. Em novembro ou dezembro daquele ano, qualquer pessoa seguindo mídias sociais poderia ver que, não importa o que ele estivesse fazendo, era algo especial. Milhares de jovens apareciam onde seu ônibus estivesse, em lugares como Des Moines, Iowa. Você podia sentir que a escala do Snapchat estava se alterando. Então, em dezembro daquele ano, Khaled deixou a casa de um amigo de jet ski, apenas para ser pego desprevenido pela luz minguante do início do inverno. Desorientado na água totalmente escura, ele fez snaps da sua provação, até o momento em que finalmente chegou à costa. No dia seguinte, sua popularidade — e sua marca pessoal — haviam explodido. DJ Khaled tornou oficial: o Snapchat era um veículo criador de estrelas.

Mas como Khaled fez isso? Como um adulto se torna famoso em uma plataforma que serve como ferramenta de comunicação entre crianças e adolescentes? Não pensando demais nas coisas. Conteúdo não refinado é algo nativo no Snapchat, e Khaled só foi quem ele realmente é. Algumas pessoas podem chamar esse conteúdo banal e espontâneo de estúpido e sem valor, mas isso seria como dizer que os detalhes de nossas vidas são estúpidos e sem valor. Não são. Quando reunidos, esses momentos crus e sem filtro formam o que somos. Nós não consideramos comportamento mundano como algo estúpido quando interagimos com as pessoas; guardamos essas opiniões para comportamentos realmente estúpidos. Aceitamos as pessoas em seus habitats naturais e entendemos que cada palavra que emitem não é digna de um script de um filme. O Snapchat é simplesmente um canal que captura essa realidade nua e crua. A única razão para algumas pessoas acharem o que é compartilhado ali estúpido é porque está em uma tela, e fomos condicionados a achar que qualquer coisa em uma tela tem que ser perfeitamente produzida e executada. No Twitter, é esperado que sejamos espertos ou politicamente astutos ou perspicazes. O Facebook é onde exibimos nossas famílias e férias. No Instagram, construímos relacionamentos através de imagens e vídeos curtos. O Snapchat, no entanto, é onde colocamos nosso conteúdo sem filtro. É um alívio para muitos porque demanda pouco tanto dos criadores de conteúdo quando dos usuários. Eliminou a grande barreira para muitas redes sociais, que é a ansiedade de se perguntar o que você vai postar em seguida, se será bem recebido e se isso poderá voltar para assombrá-lo um dia. Com a liberdade de postar qualquer coisa, as pessoas puderam experimentar e ficar confortáveis para construir suas marcas sem temer as repercussões, o que abriu os portões para que muitos soltassem sua criatividade, descobrissem e desenvolvessem novos talentos. Mais de uma pessoa deixou um emprego em uma empresa ou começou uma startup porque brincar no Snapchat os levou a criar um novo meio de arte ou se tornar um influenciador, o que atraiu marcas ansiosas que pagam dezenas de milhares de dólares para promover seus produtos no Snapchat Stories.

É impressionante quantas famílias estão filmando seus dias e construindo fama real. É especialmente fácil se você estiver disposto a incluir seus filhos. É uma escolha extremamente pessoal, mas bebês e animais fofos são sempre vencedores, com certeza absoluta. Kerry Robinson aprendeu isso quando usou o Snapchat para se filmar participando do #salontalk com sua bebezinha, Jayde, quando Jayde começou a cuidar do cabelo da mãe com uma escova. Suas histórias no Facebook se tornaram virais e geraram artigos e segmentos de TV na mídia nacional, da CBS News à *Essence* magazine. Hoje, Jayde tem seu próprio canal apoiado por anúncios no YouTube, com setenta e quatro mil inscritos e uma conta de Instagram com mais de duzentos mil seguidores. Você pode ver um vídeo dela abrindo um presente de produtos de criança dado por uma empresa de tratamentos capilares e ver uma foto que expressa agradecimento por uma camiseta enviada por uma empresa que valoriza crianças com cabelo naturalmente crespo. Você não poderia ter um exemplo mais puro de uma pessoa que é famosa — e, ao que parece, ganha dinheiro — simplesmente por ser ela mesma. É o que acontece quando você posta uma única peça de conteúdo excelente. O que acontecerá com a celebridade online de Jayde no longo prazo ninguém sabe, é claro, mas numa época em que as pessoas estão desesperadas por boas notícias e conteúdo animador e emocionante, um vislumbre de sua vida simples pode ser exatamente o que estão procurando.

Muitas pessoas que já conseguiram alguma força na marca e estão se tornando influenciadores, incluindo alguns destacados neste livro, pararam de produzir conteúdo no Snapchat logo que o Instagram Stories apareceu, em agosto de 2016. A lógica era que o Snapchat estava liquidado. Por que se importar?

Você se importa porque é um erro abandonar uma das ferramentas de uso sem qualquer razão. Ouça isto: Instagram e Snapchat não são a mesma coisa. Como sempre, as pessoas estão procurando coisas diferentes em cada um. Por que você deveria frustrá-las? Óbvio, é difícil. Esse é o desafio, mas também é a oportunidade. Como é difícil, apenas um em vinte de vocês vai conseguir fazer direito. Você deveria estar ralando para ser este um em vinte. Entendo que você quer focar o que está lhe dando os melhores retornos agora, mas e se não for sempre a mesma coisa? Por que você daria as suas costas a todo um público potencialmente novo?

Enquanto escrevo este livro, fico verificando constantemente a App Store para ver quais plataformas estão com o maior ranking. Snapchat costuma estar nas cinco maiores. Quer dizer que não é uma plataforma irrelevante, e nenhum influenciador é bom demais para ela.

Esse app é, antes de tudo, um dos mais valiosos para qualquer um cuja marca está começando a ganhar escala. Muitos dos seus concorrentes com certeza tornaram-se dependentes e focados no Instagram, o que quer dizer que aqueles olhos no Snapchat estão procurando mais conteúdo para satisfazê-los. Assegure-se de que você vai entregar esse conteúdo. É muito fácil para os influenciadores serem consumidos pelo redemoinho de mídia que criaram. Você se arrisca a se tornar uma caricatura de si mesmo, especialmente no Instagram, no qual as imagens são tão cuidadas. Como uma funcionalidade dentro do seu ecossistema do Instagram, os Stories são quase restritos a ficar dentro dos limites e suportar a narrativa que você criou lá. O Snapchat, por outro lado, é uma entidade em si mesma. Você pode usá-lo para quebrar a narrativa familiar e mostrar lados de você que simplesmente não existem em nenhum outro lugar. Isso lhe dá conteúdo diferenciado. Enquanto todos os seus outros canais se relacionam entre si para suportar seu pilar de conteúdo, o Snapchat está sozinho. É uma razão excelente para levá-lo a sério, mesmo que o seu DNA o torne uma opção natural para o mundano e o bobo. É um lugar para ser surpreendente e diferente, em geral, de formas comuns e banais. (É um conselho que deveria levar comigo também; eu poderia fazer um trabalho ainda melhor por lá!)

Snapchat: 1ª Lição

De volta à questão original: como adultos podem fazer suas marcas e sonhos crescerem em uma ferramenta de comunicação para crianças e adolescentes?

Algumas pessoas, como a bebê Jayde, têm tanto carisma que vão viralizar no minuto em que apresentarem o seu trabalho ou a si mesmos em público. Mas esses indivíduos são poucos. Para a vasta maioria, é necessário talento além de uma combinação de táticas e estratégias para chamar a atenção. E o Snapchat limita essas táticas. Não há hashtags, por exemplo, ou seja, não dá para descobrir por aí. Quer dizer, construir uma marca no Snapchat é uma verdadeira proeza na construção da sua marca. Não é fazer propaganda e quantificar cada clique e variável matemática; tem a ver com a cultura hacker. O Snapchat revela quem é bom e quem não é. Por isso você não deveria se perguntar se deve se preocupar com o Snapchat agora que o Instagram tem sua própria versão do Stories. Independentemente de o Snapchat conseguir competir ou não ao longo do tempo, é um ótimo treinamento para se tornar um publicitário superior e um especialista no desenvolvimento de sua marca, e não apenas um vendedor digital com foco na conversão de vendas.

Deixe-me falar isso novamente de outra forma. O mundo de negócios é separado em dois campos, vendedores com foco na conversão e pessoas de marketing e marcas. Os primeiros são jogadores em curto prazo; os últimos, em longo prazo. Sem qualquer desrespeito com as vendas, eu sempre tentei ensiná-lo a ser o cara do marketing e da marca, porque o lado positivo ótimo e que muda a sua vida tem a ver com pensamento em longo prazo, e não com descobrir como ganhar uma grana rápida. Por exemplo, Lauryn Evarts, criadora do The Skinny Confidential, tem uma visão em longo prazo de seu investimento no Snapchat.

Respondo a cada snap que recebo, e certas vezes são duzentos por dia. Eu me sento à noite durante uma hora e pela manhã também durante uma hora, e respondo a cada pergunta. É quase como enviar mensagem de texto para seus leitores, como se fossem seus amigos. Acho que isso permitiu que as pessoas entrassem de verdade na minha vida e que eu entrasse na delas. É uma forma diferente de ser social. E me permite contar uma história e, enquanto conto essa história, estou 100% gerando valor para o público.

Por exemplo, se eu vou para crioterapia, tiro uma foto de onde estou e então me mostro na cabine congelando. E depois posso mostrar o que usei e, depois disso, faço um snap do panfleto com os benefícios. O que meus seguidores tiram disso é aonde ir, quais são os benefícios, o que devem vestir e como é quando você está na câmara. Para cada pequena coisa que faço, tento atingir esses quatro pontos. Não vou apenas postar uma foto da minha xícara de café, mas vou dizer "Hoje, estou tomando café gelado. Estou bebendo com um canudo de silicone, pois é isento de BPA e eu gosto de colocar canela porque ajuda a regular seu nível de açúcar no sangue." Cada snap precisa dar algo a eles, ou então é puramente narcisista.

Com o Instagram Stories, você está competindo com muita gente. O Snapchat tem ruído branco e, quando o vejo, fico intrigada, porque é uma forma de se destacar. Alguns desses influenciadores só ficaram tirando fotos pelos últimos cinco anos. O Snapchat força você a mostrar sua personalidade. Você é inteligente? Você é engraçado? O que você tem de interessante além do que está usando?

O que você deve lembrar é que ninguém é famoso só no Snapchat. Devido à natureza temporária da maioria do conteúdo, a única forma de permitir que viva o suficiente para que as pessoas descubram e conheçam você é fazer polinização cruzada com outras plataformas. Por exemplo, se perdeu o drama do jet ski do DJ Khaled, você ainda pode encontrá-lo no YouTube. O mesmo com a conversa de salão de Kerry e Jayde Robinson. Ou seja, para ser um influenciador do Snapchat, você precisa ser forte em outras plataformas também. O conteúdo que você produz para o Snapchat tem que ser suficientemente poderoso para atrair visualizações no YouTube, Facebook e Instagram.

A forma de ser descoberto no Snapchat não é muito diferente da forma que os canais de televisão tentam fazer com que as pessoas sintonizem em seus programas, que é fazer marketing em todos os outros lugares nos quais as pessoas que podem estar interessadas em você já estão indo. É o que fiz. Eu nunca fiquei preocupado com a dificuldade de ser descoberto no Snapchat, porque vi que tudo que tinha que fazer era chamar atenção através da minha base no Twitter, no YouTube e no meu site. Não usei táticas como rodar anúncios no Facebook para trazer pessoas. Em vez disso, construí minha marca e meu marketing. Você será uma minoria se conseguir descobrir uma fórmula que funciona igualmente bem em várias plataformas — a maioria das pessoas se apoia em uma ou duas com as quais está mais confortável — e essa habilidade rara pode torná-lo uma força dominante aqui.

Tudo que você está fazendo quando testa estratégias de descoberta é sacar como atrair a atenção das pessoas. Por exemplo, se quer chamar atenção para o seu perfil do Snapchat e manda muitos e-mails, adicione seu snapcode ao seu e-mail. Bem fácil, não? Você pode usar uma camiseta com seu snapcode impresso ou criar filtros geográficos customizados, que estariam abaixo do preço.* Ambas as táticas lhe permitiram colocar sua marca bem na frente dos olhos das pessoas, de uma forma divertida, interativa e não discreta.

Snapchat: 2ª Lição

Colabore. Não há capacidade de descoberta no Snapchat; as pessoas têm que saber quem você é e se motivarem a lhe procurar e seguir. Isso torna colaborações organizadas difíceis, a não ser que você aborde as pessoas nas suas outras plataformas — seu e-mail, Instagram, seja lá o que for — e proponha fazer algo especial juntos no Snapchat ou ofereça algo valioso em troca de um alô ou um apoio no canal deles. Se precisa que outros influenciadores lhe ajudem a fazer sua conta crescer, provavelmente você não é grande o suficiente para ser interessante para eles, a não ser que tenha algo espetacular escondido na manga. Eis algumas ideias para fazer seus seguidores aumentarem, construir sua marca e se tornar mais atrativo para colaborações:

▶ Escreva múltiplos posts sobre o Snapchat, para que a mídia venha até você quando precisar de uma menção.

▶ Ganhe visibilidade criando eventos do Snapchat, como o projeto Jurasnap Park, que ajudou a lançar a carreira de Shonduras (ver página 170)

---

* Para instruções explícitas sobre como criar e fazer upload dos seus próprios geofiltros, leia o meu post no blog chamado *"How to Create and Use Snapchat's New Custom Geofilters"*, https://www.garyvaynerchuk.com/howtocreateandusesnapchatsnewcustomgeofilters (em inglês).

▶ Pague por um Google Ad que pergunte algo como "Quem eu deveria seguir no Snapchat?" e ofereça uma lista de nomes, com o seu no topo.

Mais uma sugestão: você pode visitar The11thsecond.com (em inglês), um site criado por Cyrene Quiamco, também conhecida como CyreneQ, artista do snapchat e extraordinária influenciadora. Ela criou o site em resposta à falta de descoberta do app. Lá, você pode enviar e conferir descrições e nomes de usuários do Snapchat para tornar mais fácil aos usuários achar contas conforme seus interesses, como Meowchicken fish, que usa arte do Snapchat para ensinar a língua dos sinais, e Snapchatchef, que faz vídeos de culinária. O site é um repositório de capturas de tela com arte bacana de Snapchat, bem como um recurso no qual Snapchatters podem buscar dicas, truques, inspiração, conselhos e mais. CyreneQ viu um problema — não ter opção de descoberta na sua plataforma favorita — e resolveu. Como todos os bons empreendedores, ela achou um caminho.

Imagine Isto

Digamos que você seja como eu, um influenciador de quarenta e dois anos que se tornou de certa forma rotulado em termos do tipo de conteúdo que é esperado de você. Você já tem um blog, um programa de perguntas e respostas e um vlog diário. Enquanto brinca com o Snapchat, percebe que ele poderia lhe fornecer um ambiente interessante onde você poderia criar uma nova narrativa, um lugar para fazer um microvlog. É o lugar no qual você pode falar sobre seu café, mostrar uma foto do corredor colorido de cereais no seu supermercado e revelar que seu marcador colorido favorito é verde. É onde Rick, gerente de loja de roupas, faz snaps brincando de Wiffle Ball com os amigos, e onde Sally, a corretora de imóveis, admite que, embora siga a dieta paleolítica, tem uma fraqueza por tortas fritas. Compartilhar esses detalhes menores e supostamente sem importância — em geral, embelezados com rabiscos coloridos ou filtros divertidos — não fará nada para nos ajudar a construir nossas marcas como influenciadores em nossos campos respectivos, mas dará uma chance aos nossos seguidores de nos ver em nossa forma mais humana.

COMO ESTOU DETONANDO

Shaun McBride, Shonduras

IG:@SHONDURAS

Não é segredo para ninguém que eu acho que gastar quatro anos para obter um diploma universitário é uma perda de tempo e dinheiro se você já decidiu se tornar empresário ou empreendedor.

Na verdade, uma *baita* perda de tempo e dinheiro. É como me sinto.

Sou grato, no entanto, à Weber State University, em Utah, porque foi lá que Shaun McBride recebeu *Vai Fundo!* como material de leitura de um dos seus professores em 2010. Se isso não tivesse ocorrido, poderiam se passar mais alguns anos sem que ouvíssemos finalmente falar dele. O momento, no entanto, pôs Shaun em uma posição para se tornar um megainfluenciador. E ele fez isso na plataforma na qual a maioria das pessoas disse que não poderia ser feito.

Shaun incorpora o modelo trabalhe-duro-trabalhe-com-inteligência. Quando estava estudando, Shaun também tocava uma loja de skate e snowboard. Fazia sentido: até então, o skate tinha sido sua maior alegria na vida. Seu outro amor era motivar as pessoas e compartilhar a positividade. Ele havia passado dois anos em uma missão de serviço em Honduras — foi assim que ganhou seu apelido, Shonduras — onde foi sensibilizado pela sua experiência servindo aos outros e ajudando a fazer diferença em suas vidas. A loja de skate era um lugar ideal para compartilhar seu amor pelo esporte e pelo serviço. O problema era que, embora gostasse do trabalho, não era muito divertido. Ele sabia que queria construir um negócio, e sabia que sua paixão era o skate, mas suspeitava que criar um negócio em torno dessa paixão poderia ser uma forma ótima de garantir que ele raramente teria o luxo de curti-la, como o professor de música e sua sinfonia esquecida, em *Mr. Holland – Adorável Professor*. "Você pode matar suas paixões. Em um dia de neve muito bom, eu estava na loja porque todo mundo precisava comprar equipamento para fazer snowboard. Penso que é, em geral, melhor buscar coisas que estão alinhadas com suas paixões, mas não são exatamente a sua paixão."

Lendo *Vai Fundo!*, ele aplicou algo do que aprendeu em seu serviço ao cliente da loja, mas, ainda mais significante, o livro fez com que ele percebesse que se fosse em frente de forma criativa, poderia ser capaz de construir um negócio de e-commerce, que permitisse que ele se divertisse todos os dias fazendo algo que gostava. Ele não sabia nada de e-commerce, mas compreendeu que a melhor forma de aprender era começar a fazer. O que ele poderia vender online que também permitisse interações regulares com pessoas? Seu primeiro pensamento, claro, foi pranchas de skate e de snowboard. Mas as pranchas para snowboard precisavam de muito espaço de estocagem, eram caras para enviar e difíceis de comprar por atacado. Eram a sua paixão, mas não era uma escolha prática. Então, o que era pequeno, leve e fácil de comprar em grande quantidade?

Joias.

Quem comprava joias?

Mães.

E onde as mães ficavam na internet?

Facebook.

À essa época, o Facebook ainda estava nos estágios iniciais do seu crescimento gigantesco, incorporando milhões de usuários a cada mês, com as mulheres liderando, compondo 57% dos associados e 62% das ações. E o Facebook tinha todas essas funcionalidades que poderiam aprimorar o contato. Por exemplo, se uma pessoa comentasse um post, todos os seus amigos veriam! É difícil lembrar, mas à época, isso era bastante formidável.

O Facebook se tornou a vitrine e o estúdio de design de Shaun.

"Pedia que meus fãs me dissessem os tipos de estilos que eles gostavam e que me ajudassem a dar nome às peças. Dava coisas de graça como, 'Quem der o melhor nome para este colar vai ganhar dez colares de graça.'" O engajamento decolou. Ele dava às pessoas oportunidade para interagir com o site. "Parecia que elas eram parte da butique de joias e que estávamos criando juntos."

Ninguém ficou mais surpreso com o sucesso do investimento do que Shaun.

"Eu nem sabia que ia dar certo. Esperava ganhar US$50 a mais por semana, enviando um par de colares nos fundos da minha loja de skate. E, dentro de uma semana, tinha mais pedidos do que conseguia lidar. Dentro de duas semanas, tinha contratado todas as minhas irmãs e lhes pagava com colares."

Levou apenas dois meses para chegar a seis dígitos.

Ele rapidamente contratou mais ajuda e, ao final do primeiro ano, o negócio tinha faturado US$1,2 milhão. Mas Shaun não estava lá para comemorar. Ele estava se divertindo, mas depois de oito meses, já estava cansado. A empolgação pelo negócio estava ligada à íngreme curva de aprendizado; agora que já tinha aprendido tudo que havia para aprender, estava pronto para ver se conseguia aplicar esse conhecimento em um outro negócio, um que envolvesse ajudar marcas a contar histórias e divulgar mensagens positivas via mídia social em vez de vender produtos de consumo. Shaun vendeu o negócio para seu parceiro e abandonou seu emprego na loja de varejo e, em vez de começar imediatamente uma nova empresa, ele aceitou um emprego dos sonhos trabalhando como representante de vendas para uma das suas marcas favoritas de pranchas de skate e snowboard, uma posição que lhe dava muitas oportunidades de fazer manobras radicais o quanto quisesse. Também lhe deu o tempo necessário para estudar o mercado e bolar uma ideia de negócio em longo prazo, com ganhos em escala.

O emprego exigia que ele viajasse muito, então as irmãs de Shaun, no ensino médio, pediram que ele fizesse download deste novo app popular entre adolescentes chamado Snapchat para que fosse mais fácil compartilhar suas aventuras com elas. E aí estava: a resposta que ele vinha buscando. À época, você tinha que segurar seu dedo na tela ou a imagem desapareceria. Ou seja, 100% de participação. Você podia desenhar e rabiscar suas fotos com seu dedo, algo que não podia fazer em nenhuma outra plataforma. Era divertido. Se há alguma coisa que Shaun tinha aprendido com sua experiência na butique de joias é que ele era bom criando comunidades online seguras na quais as pessoas podiam se reunir para trocar informação e se divertir.

"O maior desafio era tentar crescer em uma plataforma que não suportava o crescimento. Snapchat era uma plataforma de comunicação, como mensagens de texto, então eu tinha que transformá-la em uma plataforma de criação de conteúdo. Posteriormente, o Snapchat fez atualizações que ajudaram, mas primeiro tive que ser criativo."

Há uma razão pela qual o conteúdo de Shaun chamou muito mais atenção do que tantos outros no Snapchat: ele tratou o Snapchat como um negócio. Muitas pessoas começam a gerar conteúdo legal em uma plataforma e esperam que chamem a atenção e que seu público cresça o suficiente para que as marcas comecem a ligar. Em geral, você precisa ser mais proativo do que isso. Ele estabeleceu uma série de metas, e tudo que fez desde aquele momento foi para atingi-las.

A meta número um era fazer o público aumentar, usando engajamento e colaborações criativas, então ele começou a rabiscar. Todos os dias postava um vídeo dele mesmo fazendo algo atrapalhado ou uma foto divertida que modificava para fazer as pessoas rirem, como um unicórnio vomitando arco-íris em um fundo de neve, ou seus dachshunds em fantasias e poses bobas. Ele também convidou seus fãs para participar de seus snaps. Por exemplo, ele se desenhou como um tricerátopo e anunciou que queria ajudar a construir Jurasnap Park, postando solicitações para amigos tirarem selfies, se desenharem como dinossauros e enviarem as fotos para ele. Ele fez capturas de tela das imagens e as exibiu. A reposta foi tremenda. "Parecia comunicação cara a cara. Em muitas mídias sociais, você faz uma imagem linda e as pessoas comentam embaixo. O Snapchat parece mais colaborativo. Construímos as histórias juntos."

A maioria das pessoas naturalmente consideraria que foram as habilidades artísticas de Shaun que o atraíram para a plataforma, mas há algo engraçado na forma que ele desenhou seu caminho até a fama do Snapchat.

Eu literalmente não sabia desenhar. Quando decidi fazer o lance do Snapchat funcionar, pensei, "Bem, se quiser contar uma boa história, e acho que esta é uma ótima plataforma que está emergindo, muito disso vai ter a ver com rabiscos e criatividade, que eu tenho que aprender." Eu literalmente procurei no Google "Como desenhar dinossauros" e então "Como faço olhos raivosos?" e coloquei os dois no meu dinossauro. Nunca copiei nada, mas aprendia a desenhar buscando arte na internet, e lentamente aprendia como fazer camadas. Me dê um Snapchat e farei um rabisco divertido, mas me dê caneta e papel ou pincel e eu provavelmente não consigo fazer muito por você.

Ele buscou um artista talentoso no Snapchat, Michael Platco, que tinha muita procura e, com o objetivo de mutuamente aumentar suas bases de fãs, criaram a primeira colaboração do Snapchat: uma luta de boxe. Cada um convidou seus fãs para enviar a seu oponente "socos", na forma de snaps rabiscados com um *Pof!* colorido ou dois, com punhos e luvas de boxe. A pessoa que recebesse mais socos seria nocauteada. Dentro de uma hora, milhares de socos foram dados, e Shonduras e MPlatco responderam a cada round com selfies rabiscadas para fazer com que eles parecessem reduzidos a pó. Eles finalmente declararam a luta um empate mas, apesar disso, Shaun havia ganho por multiplicar seu público em milhares, tornando possível que fosse adiante com o próximo passo de seu plano.

O objetivo número dois era chamar a atenção da imprensa. O maior obstáculo para fazer uma marca crescer no Snapchat era sua instabilidade. Não havia forma de vincular, nenhuma forma de compartilhar, e o conteúdo evaporava depois de vinte e quatro horas. A única forma pela qual os Snapchatters poderiam dar a seu conteúdo uma vida mais longa e estabelecer uma presença online permanente era capturar as telas e colocá-las no Twitter e no Instagram. A outra forma que ocorreu a Shaun era fazer alguém escrever sobre ele. O Snapchat nem tinha um site, então a única forma pela qual alguém podia aprender mais sobre a plataforma era através do Google. Shonduras tinha a intenção de ser o primeiro nome a aparecer.

Novamente, ele usou a criatividade. Sua mãe, compreensivelmente orgulhosa de seu filho, contatou um veículo de mídia e sugeriu que mostrassem seu trabalho. Preocupado que os jornalistas não dariam atenção a uma pessoa promovendo a si mesma, ele decidiu usar o endereço de e-mail da mãe para lançar histórias sobre o Snapchat. Todas as noites, ele pedia à sua assistente nas Filipinas para fazer e-mails de rascunho personalizados para contatos nas publicações técnicas — *Mashable*, *BuzzFeed* e *Business Insider*, por exemplo — com um anexo de seu trabalho. Os e-mails eram escrito na voz de sua mãe: "Vi seu artigo recente sobre o YouTube e pensei que uma história sobre esta nova plataforma chamada Snapchat poderia ser boa para seu público. Meu filho faz coisas realmente interessantes lá..." Pela manhã, ele acordava com três ou quatro e-mails de pessoas pedindo à sua mãe o número de Shaun.

A atenção da mídia foi se somando até que ele começou a aparecer na *Time*, *Forbes* e *Fast Company*. Isso o manteve relevante e no top of mind, e quando as marcas começaram a se perguntar como poderiam usar a plataforma, como previsto, o seu nome era o primeiro que elas conseguiam pensar.

Enquanto tudo isso acontecia, Shaun também estava trabalhando no objetivo número três: contar uma história para uma marca. "Cada marca com a qual falei não é só um produto, ela tem uma história, e quer compartilhar." O tempo todo ele estava contatando marcas pequenas e negócios locais para ver se lhe dariam uma chance de criar algum trabalho para eles, como um estudo de caso que pudesse usar como ferramenta de marketing. Ninguém se interessou até ele escrever para a Disney. Inacreditavelmente, a Disney, a maior marca de todas, disse sim. Seu slogan de marca naquele ano era "Mostre seu lado Disney", então a ideia de Shaun era ir a toda parte da Disneylândia procurando seu lado Disney, fazendo snaps e rabiscando enquanto avançava. Ele era mais um cara Toon, Tomorrowland ou Adventureland? (No final, ele era um cara de todos os lugares, fazendo um snap de uma foto de si mesmo usando os dreadlocks do Tarzan, um braço robótico, com a Tinkerbell no seu ombro e com uma peruca de Capitão Gancho.)

Daí em diante, o trabalho com as marcas decolou. Além de reprisar seu trabalho como embaixador da marca várias vezes para a Disney, Shaun criou conteúdo de Snapchat para Red Bull, Xfinity Mobile, Taco Bell e muitas outras empresas. Ele até ajudou a promover o lançamento em 2015 de *Star Wars: O Despertar da Força*. Mesmo estando no topo do sucesso, ele olhava adiante para ver o que mais poderia fazer.

"A coisa é assim: uma vez que detonou algo, você tem que continuar seguindo em frente. Quem sabe por quanto tempo teremos o Snapchat por perto? Vamos detonar de novo."

Enquanto continuava forte no Snapchat, Shaun começou a desenvolver seu canal no YouTube. No começo, documentava os bastidores das suas loucas aventuras e viagens com o Snapchat, mas à medida que começou a criar mais vídeos no YouTube para sua marca e sua vida começou a se tornar cada vez mais cheia de reuniões, o canal começou a mostrar todos os personagens de sua vida, dos empregados trabalhando na "Estação Espacial" — o estúdio e escritório de Shaun — a sua esposa, Jenny, e sua pequena filha, Adley. No final de 2016, eles lançaram um segundo canal do YouTube, no qual têm liberdade total para trazer "ideias estranhas" à vida. Shaun o concebe como uma sitcom em que todos os seus amigos e sua família interpretam um papel distinto. Sua esperança é que seu público fique viciado nas personalidades e roteiros como fizeram com programas como *Seinfeld*.

Embora sua marca no YouTube seja mais numerosa do que no Snapchat, seu número de seguidores no Snapchat segue forte. Além disso, ele continua a aceitar pedidos de palestras, incluindo um TED Talk. Ele também está trabalhando como consultor, ajudando as marcas a bolar estratégias, trabalhar com influenciadores e montar fortes campanhas de mídia social. Em 2017, anunciou que criaria conteúdo de marca para a Viacom, incluindo a Nickelodeon e a MTV. E, recentemente, lançou uma organização de sucesso da eSports com alguns dos melhores times do mundo. Ele não vai parar tão cedo. Todo dia esse cara do skate de cabelo longo com os instintos de um homem de negócio maduro se compromete a espalhar mensagens positivas e dar às pessoas uma razão para rir e se divertir.

O segredo para seu sucesso? "Relacionamentos pessoais. Acho que muitas pessoas estabelecem relacionamentos falsos, unilaterais — elas querem pedir algo, ou querem fazer uma colaboração e ganhar apoio. Não desenvolvem relacionamentos reais que provêm valor e só dão, dão, dão. Se você fizer isso, em algum momento receberá de volta, e é daí que vem o sucesso."

Observei esse homem se empenhar de forma implacável nos últimos cinco anos. O que adoro nele é como sua felicidade transparece em tudo que faz. Ele é um contador de historias clássico, sem medo de tentar. Enquanto muitas pessoas encontram qualquer razão no mundo para dizer não, Shaun diz sim. Esse é seu ingrediente secreto.

10

TWITTER

Se a informação a seguir parecer familiar, como se você a tivesse lido em *Vai Fundo!*, é porque você leu. A estratégia de construção de uma marca no Twitter mudou pouco em nove anos, mas a maioria das pessoas *ainda* não aprendeu como fazer isso correta e efetivamente.

O Twitter é o bebedouro da sociedade, o lugar onde todo mundo vai para ter a última atualização de quaisquer notícias ou eventos da cultura popular. A única diferença é que, enquanto trabalhadores de escritório costumavam ter que esperar até o dia seguinte de um evento para se reunir e compartilhar seu conhecimento e opiniões, agora essa conversa está acontecendo 7 dias por semana, 24 horas por dia.

Enquanto escrevo essas palavras, o Twitter, na minha opinião, está em uma posição delicada. Continua a ser a única rede social pura, um lugar no qual as pessoas interagem com conteúdo, com eventos e umas com as outras, de uma forma que não ocorre em nenhum outro lugar. As outras plataformas começaram como redes sociais, claro, mas em algum momento se tornaram sistemas de gerenciamento de conteúdo. Há engajamento, mas em uma escala muito menor do que no Twitter. No Twitter, em um instante, você pode mergulhar em uma conversa sobre qualquer tópico — culinária, espaço sideral, vinho, tênis, política, skate, água carbonatada. Feito de forma sábia, esse engajamento compele as pessoas a buscar seu conteúdo em outros lugares. Infelizmente, essa facilidade de interação levou o Twitter a se desenvolver mais como uma plataforma de conversação do que como uma plataforma de consumo. As pessoas falam muito no Twitter, e o volume em si é problemático. Você vai consumir muito mais do que eu disse se me ouvir falar em uma palestra do que em uma conversa, porque quando nós conversamos, especialmente em grupo, provavelmente nos interrompemos, falamos antes do outro acabar e nos distraímos com qualquer outra coisa que esteja acontecendo no ambiente. É difícil para os consumidores absorverem tudo que você quer que absorvam quando conversa com eles no Twitter. A constante conversa fiada e o volume maciço têm sido ótimos para espalhar ideias, o que é bom para influenciadores e veículos de mídia, mas o excesso de bate papo também tornou mais difícil que as pessoas se destaquem como personalidades do Twitter.

Twitter: Iª Lição

O Twitter é desproporcionalmente o lugar para ouvir, reagir e se apropriar. O problema é que a maioria das pessoas não são boas ouvintes e, em geral, é um desafio grande, em especial para as pessoas que querem construir marcas pessoais, para que o mundo *as* ouça. Mas ouvir bem é a chave para se relacionar bem no Twitter. É ouvindo que você pode encontrar os tópicos de conversa que podem lhe direcionar para as pessoas apaixonadas pelo assunto em torno do qual você vai fazer seu público crescer. Se você é uma advogada que quer ser a próxima comentarista de esportes, é provável que coloque excelentes comentários relacionados a esportes no YouTube e crie um podcast de esportes. Conseguir que qualquer pessoa dê uma rápida olhada nessas plataformas, entretanto, dependerá quase exclusivamente da qualidade do seu conteúdo e, mesmo assim, um número enorme de pessoas simplesmente não vai enxergá-lo. Mas no Twitter, uma comentarista de esportes em ascensão poderia ter como missão encontrar todas as pessoas — cada uma delas — falando sobre Kolten Wong, Adam Wainwright, os Cardinals ou os arquirrivais dos Cardinals, os Cubs, Chicago ou Wrigley Field e responder de uma forma interessante e não ameaçadora que crie uma conexão entre ela e cada fã de esportes. No dia seguinte, ela pode fazer a mesma coisa com pessoas falando sobre os Jets e tópicos relacionados aos Jets. Se ela fizer isso bem e com frequência, em algum momento pode atrair a atenção dessas pessoas no mundo virtual e mostrar o caminho para o seu site, canal do YouTube ou podcast.

O negócio é que é preciso disciplina e paciência enormes. Deixe-me definir disciplina: é reforçar suas ambições com suas ações. Essa novata vai precisar gastar quatro, cinco ou até seis horas por dia nesse tipo de atividade, em geral, antes do amanhecer, se quiser ser a próxima Linda Cohn. Se só quiser um pouco de reconhecimento das pessoas que frequentam o bar quando falarem sobre o time local, talvez vinte ou quarenta minutos sejam perfeitamente adequados. Talvez.

Agora, reter a atenção das pessoas e conquistar uma inscrição ou um fã leal depende inteiramente da qualidade do que esses consumidores encontram no site da nossa comentarista de esportes novata, mas a questão é que o Twitter dá a chance de atrair e laçar — ou dar um soco e um gancho de direita — as pessoas para sua órbita de uma forma que nenhuma outra plataforma consegue. É um processo, muito, muito, muito lento e uma quantidade de trabalho imensa, mas se estiver disposto a fazê-lo e seu conteúdo for especial, você deve ver o resultado.

Twitter: 2ª Lição

Desenvolvimento do negócio. Todo mundo sabe que o Twitter ainda é o lugar número um para chamar minha atenção porque, até hoje, ainda estou consumindo o que as pessoas dizem sobre mim por lá mais do que em todas as outras plataformas juntas. Isso é verdade para muitas outras pessoas de áreas diferentes. Como foi construída para ser uma plataforma de conversa, o Twitter é um lugar interessante para iniciar a oportunidade de desenvolvimento de negócio ou colaborações à medida que sua marca cresce — talvez seja até o melhor lugar. Por exemplo, alguns influenciadores têm centenas de milhares, até milhões de seguidores no Instagram, mas apenas alguns milhares no Twitter. Onde você acha que eles recebem mais pedidos por favores ou colaborações? Instagram. Então, embora provavelmente gastem mais tempo no Instagram, é mais provável que você receba uma resposta se enviar uma mensagem direta via Twitter, onde há menos competição pela atenção deles.

Há várias outras vantagens em usar o Twitter como seu pilar de conteúdo:

▶ É uma lista de contatos completa e confiável. A plataforma já está aí há bastante tempo e aperfeiçoou seu sistema de verificação, melhorando a função de busca. Você ainda precisar gastar muito tempo adivinhando se a conta do Instagram que está olhando é real ou não.

▶ A funcionalidade retweet oferece uma oportunidade formidável de criar consciência instantânea de algo. Digamos que você faça um mashup dos vídeos de música do rapper Logic no YouTube. É improvável que ele veja, mesmo que esteja marcado. Compartilhe o mashup no Twitter, entretanto, e os retweets podem impulsionar seu vídeo a uma enorme viralidade, do tipo que até os maiores influenciadores vejam. Esse tipo de boca a boca não existe no Instagram ou no Snapchat e é enormemente benéfico para criadores de conteúdo.

▶ Não só isso, você pode tentar desencadear esse boca a boca muitas, muitas mais vezes no Twitter do que em outras plataformas. Posto três, talvez quatro vezes ao dia no Instagram, mas há dias em que posto quarenta e sete vezes no Twitter. O fato de ser tão agradável para a palavra escrita quanto para as imagens dá aos criadores de conteúdo a flexibilidade e a liberdade para aumentar o volume da sua narrativa.

No Twitter, você está sempre apenas um comentário distante de ser percebido e de fazer um nome, então quanto mais você tiver chance de falar, melhor. Lembre-se, no entanto, que os melhores convidados para jantar não são apenas grandes contadores de histórias, mas grandes ouvintes. Então traga toda a sua inteligência, humor e esperteza para a festa, mantenha a conversa fluindo falando com todos ao seu redor e veja sua influência crescer e suas oportunidades se multiplicarem. Não há outra plataforma que lhe dê essa abertura para se apresentar a tantas pessoas tão frequentemente. Não ignore isso.

Imagine Isto

Digamos que você seja uma estudante de vinte e quatro anos chamada Anna, e seu sonho seja ser comentarista de esportes. Sei que há muitas de vocês aí fora, porque me mandam e-mails todo mês me pedindo ajuda para conseguir um estágio na ESPN, *Bleacher Report* ou *Barstool Sports*. Sabe o que isso quer dizer? Que até os jovens que passaram a maior parte de suas vidas dentro das mídias sociais e mal conseguem lembrar de um tempo antes do Twitter ainda estão olhando para o mundo através de lentes estreitas e perdendo as oportunidades de grandes carreiras e construção de marcas pessoais que estão bem na frente de seus olhos.

O maravilhoso sobre os esportes é que eles são um grande equalizador. Qualquer fã de basquete pode se aproximar de um grupo de vinte pessoas que não conhece debatendo LeBron versus Jordan e, em alguns minutos, ser parte do grupo. Para muitas pessoas, é o quebra-gelo mais fácil. Os esportes também ajudam as pessoas a fazerem novos relacionamentos, proporcionando uma forma de se conectar com estranhos sem depender de qualquer outro identificador social, como seu emprego, vizinhança ou escola. O Twitter foi construído para esse tipo de conversa. Na realidade, não há melhor lugar do que o Twitter para personalidades e entusiastas de esportes, porque literalmente não há limite para o número e tipos de conversas de esportes das quais você pode participar.

Agora considere isto: quem você acha que tem mais chance de conseguir um estágio na ESPN: (a) o jovem desconhecido que manda seu currículo junto com quatro mil outras pessoas se candidatando para o mesmo trabalho e não tem nada além da fé de que o diretor do programa de estágio olhe seu portfólio, ou (b) o jovem que se torna uma presença ativa e regular nos feeds do Twitter de todas as personalidades e funcionários da ESPN que realmente precisam de ajuda de estagiários?

O que diferencia os comentaristas de esportes é sua habilidade maior ou menor de sintetizar dados, é claro, mas também as formas singulares que adicionam seu toque pessoal ao evento, seja a luta McGregor versus Mayweather, ou os Cavaliers versus os Warriors, ou as finais de tênis de Wimbledon. O Twitter é incomparável em sua habilidade de amplificar sua voz e sua marca. Se você está procurando um emprego ou querendo deixar sua marca em um setor, considere sua atividade nessa plataforma a entrevista mais longa de sua vida. E isso é uma coisa boa. Há poucos sentimentos mais frustrantes do que sair de uma entrevista desejando que você pudesse ter dito algo a mais para mostrar o que você sabe ou enfatizar seu valor para uma empresa. Você nunca precisa se sentir dessa forma no Twitter; o fórum lhe dá oportunidades infinitas de provar por que é especial e merece ser respeitado.

Então, use o Twitter para mostrar ao mundo — e, em particular, a todas as pessoas importantes em várias mídias esportivas que possam precisar de estagiários — sua perspectiva e personalidade única.

Comece procurando os trending topics (no aplicativo móvel, você os verá listados quando clicar no símbolo de Busca). Tem que haver algo relacionado a esportes lá. Clique e comece a expressar seus pensamentos. Você pode fazer isso de duas maneiras. Pode só começar a escrever. Com um limite de 280 caracteres, pode levar onze tuítes para dizer tudo o que você quer, mas tudo bem. Ou pode tentar gravar um vídeo de si mesmo falando sobre o tópico (o limite atual de vídeos no Twitter é de 140 segundos) e postá-lo. Inclua as hashtags relevantes para que qualquer pessoa buscando informação nesse tópico veja seus tuítes. Uma vez que tenha se esgotado com os trends, comece a procurar outros tópicos de esportes e a se inserir nas conversas que estão acontecendo em torno deles, respondendo aos tuítes das pessoas. Você mostra sua abrangência compartilhando seus pensamentos o dia todo, todos os dias, por texto ou vídeo, sobre tudo, desde a NHL ao MMA, PGA e World Taekwondo (que era conhecido como WTF até junho de 2017, quando renomeou sua marca e tirou a palavra *Federação* de seu nome). Você responde pessoas famosas, cria conteúdo em resposta a jornalistas de esportes, personalidades, técnicos e atletas bem conhecidos. Você se dá toda oportunidade possível para ser descoberto quando as pessoas buscarem essas hashtags e acompanharem essas conversas.

Feito corretamente, isso deve levar cerca de quatro a seis horas.

E acabou o primeiro dia.

No segundo dia, faça de novo — de quatro a seis horas, ou tantas quantas você puder usar quando não estiver no trabalho ou na escola. Lembre-se, onze minutos é melhor do que zero, mas lembre-se também de que doze minutos lhe dão mais chance de ganhar do que onze.

O terceiro dia é sábado. Oba! É o seu dia de folga! Quer dizer que você pode passar de dez a dezessete horas buscando tópicos relacionados a esportes e entrando em contato com outras pessoas interessadas.

Quarto dia, domingo, o dia do descanso. Você "dorme até tarde" — uma hora extra — então tem apenas de dez a dezesseis horas para trabalhar, mas as faz valer a pena.

Quinto dia. Segunda. Vá trabalhar, vá para a escola. Tuíte em qualquer tempo livre, como o almoço ou enquanto muda de sala entre as aulas. Encontre seus pais para jantar (deixe o telefone de lado). Vá para casa. Estude para sua próxima prova, se precisar*, e tuíte até as duas da manhã.

Faça isso repetida, consistente e constantemente, até fazer calos nos dedos e seus olhos estarem sangrando, ou pelo menos até achar que eles deveriam estar.

Algum desses tuítes, talvez dentro de cinco dias, mas provavelmente mais de um ano depois, serão o pedaço de conteúdo que chamará a atenção de uma emissora de esportes em Kansas City, Montreal ou Chicago, que vai entrar em contato para saber onde você está trabalhando e se estaria interessado em entrar para a equipe deles. Ou talvez uma emissora de notícias o contate e peça que comente um artigo (emissoras de notícias monitoram o Twitter de perto buscando material). Um único conteúdo no ambiente do Twitter pode valer uma centena em qualquer outra plataforma. É desproporcionalmente impactante.

Quero deixar algo muito claro. Este livro, como 99% do meu conteúdo, é para as pessoas que não estão 100% felizes, aqueles que reclamam ou que desejam e esperam, ou se perguntam "E se?" Falo sobre trabalhar doze, quatorze ou dezessete horas por dia porque foi o que levou a maioria das histórias de sucesso de hoje e os modelos de empreendimento para chegar aonde estão. Eu realmente não recomendo estilos de vida insalubres, como dormir muito pouco ou se isolar de sua família, mas para todos os críticos que dizem que empreendedores como eu e você não têm equilíbrio entre a vida e o trabalho ou estão acabando com a saúde, eu lhes pergunto isto: já lhes ocorreu que as

---

* Muitos estágios de esportes pedirão que os concorrentes estejam matriculados em uma faculdade ou sejam recém graduados, então, nesse caso, faça sua mensalidade valer e faça o seu melhor.

pessoas com quem insistem que tenham oito horas de sono estejam tão infelizes com as dezesseis horas em que estão acordadas, que estão dispostas a investir essas tantas horas para mudar suas vidas para melhor? O que preferem: uma noite longa de sono e dezesseis horas de desgraça todo dia ou um pouco menos de sono e vinte horas de alegria quando está acordado? Eu escolheria alegria todas as vezes, e também o fazem as pessoas que estão detonando.

COMO ESTOU DETONANDO

Jared Polin, FroKnowsPhoto

YOUTUBE: FROKNOWSPHOTO

O pai de Jared Polin tinha uma ótima forma de explicar por que sempre quis ser seu próprio chefe: "Ninguém vai me dizer quando posso ir ao banheiro". Vendedor de roupas infantis, ele era conhecido por sua honestidade. Quando Jared decidiu começar um negócio, ele jurou que a honestidade seria um de seus cartões de visita também. Junto com seu pente.

Jared usa um pente de cabelo como cartão de negócios porque tem um cabelo afro muito grande, e porque é o fundador do FroKnowsPhoto, um canal do YouTube dedicado a "vídeos divertidos e informativos" sobre tudo que você pode querer saber sobre fotografia, de técnicas adequadas de iluminação a escolha do melhor equipamento. Ele passou sua juventude trabalhando em uma loja de máquinas fotográficas, começou a tirar fotos profissionais aos quinze e passou dez anos em turnê com bandas. Não é alguém que tenha precisado pensar muito para identificar sua paixão.

Por anos, ele teve este lindo site que exibia seu melhor trabalho, mas não via muito negócio proveniente dali. Ele tinha vinte e nove anos. Sua mãe havia falecido inesperadamente de câncer, e ele tinha ficado em casa para ajudar seu pai a tomar conta de sua avó centenária. Estava fotografando casamentos, trabalhos que fotógrafos fazem usualmente, e ganhando cerca de US$20 mil, talvez US$30 mil por ano. À época, as pessoas diziam que blogs eram a forma de conquistar um público, mas ele não se considerava escritor. Mesmo assim, assistia a canais de YouTube de outros fotógrafos e constantemente não se impressionava com a informação que eles apresentavam. Em vez de criticar e dizer o que eles estavam fazendo errado nas seções de comentários, decidiu simplesmente fazer melhor.

Ele foi a um evento, trocando suas habilidades de fotógrafo por um ingresso, no qual ouviu este vendedor de vinhos louco falar sobre como ele tinha usado o vídeo para fazer a loja de bebidas de sua família crescer.

Esse cara era de verdade e não tentava vender nada, embora tivesse acabado de escrever um livro. E disse, "Não há segredo para ser famoso na internet. Você precisa ser bom naquilo que faz; você precisa ser apaixonado, e você precisa ir fundo." Isso ressoou em mim. Foi como se um peso tivesse sido tirado dos meus ombros, porque alguém mais estava dizendo o que eu estava pensando. Eu havia tentado algumas coisas no passado, fazer alguns vídeos e postá-los, mas, por alguma razão, minha cabeça não estava nisso. Eu simplesmente não estava pronto, acredito, no momento. E lendo este livro, tive um estalo e pensei, *Agora estou pronto para fazer isso*. Ele fez isso no mundo dos vinhos; não há razão para que eu não possa me arriscar e explorar isso no mundo das fotos.

O objetivo original dos vídeos que Jared fez era ajudá-lo a conseguir mais sessões de fotos. Em vez disso, as pessoas começaram a pedir conselhos sobre como comprar equipamentos fotográficos. Antes, ele considerava qualquer outra pessoa que fotografasse como parte da competição. A última coisa que consideraria fazer era ajudá-las para que pudessem competir pelos trabalhos que ele queria. Agora, ele resolveu girar 180 graus e decidiu dar toda a informação de graça. "Você sabe por quê? As pessoas não têm o que eu tenho."

Havia outra motivação também. A morte de sua mãe pesava fortemente sobre ele. Por anos, ela havia pedido que seu filho a ensinasse como usar melhor a câmera, mas o tempo fugiu dos dois até que não houve mais tempo algum. "É um dos maiores arrependimentos da minha vida. Ela queria aprender fotografia. Não há nenhuma razão para eu não ter feito isso. Outras pessoas precisam se beneficiar do conhecimento que tenho para terem sucesso e continuarem em frente."

Ele estourou um cartão de crédito de US$15 mil em um financiamento de 0% em 18 meses, que suspeita que tenha sido feito para seu pai, mas que estava em seu nome. Comprou equipamentos fotográficos e merchandising, e começou a gerar conteúdo.

Achei o que poderia fazer, e ralei muito. Me tranquei por dois anos. Todo dia, faça chuva ou faça sol. Eu gravava um vídeo todo santo dia. Acordava de manhã, tinha uma ideia, fazia o vídeo, editava, almoçava, voltava, divulgava para o mundo, jantava e ficava acordado até uma ou duas da manhã respondendo comentários. Eu não usava teleprompters ou nada disso. Se cometesse um erro, ria de mim mesmo e continuava, porque não sabia como editar um vídeo. Tudo que sabia fazer era colocar um início e um final. Às vezes, o suficiente é suficiente.

Em seis meses, ele percebeu um aumento no público: cem visualizações, depois duzentas visualizações. Enquanto isso, estava comentando, respondendo perguntas e interagindo com o público. Ele se pôs disponível para qualquer um que quisesse falar.

Vai Fundo! fala sobre construir seu negócio a partir de search. twitter.com. Eu também fiz questão de responder cada e-mail que chegasse. Coloquei meu número de Skype para que qualquer um pudesse me ligar a qualquer hora. Se eu estivesse disponível, atendia. Então, pedia a permissão de quem ligou para gravar a chamada, porque não há nada como conteúdo gratuito. Eles me perguntavam e, se estavam perguntando, outras pessoas provavelmente teriam as mesmas perguntas.

Ele fez algumas conexões para aparecer nos canais do YouTube de outras pessoas. Conforme o número de visualizações começou a aumentar, também ocorreu o mesmo com os inscritos. Em pouco tempo, a Nikon e a Canon, bem como outras marcas de fotografia, pediam que ele fizesse críticas sobre equipamento. Às vezes, até se ofereciam para pagá-lo para fazer isso. "Sou muito direto. Alguém pode me pagar, mas não podem me dizer o que falar. Se há algo ruim sobre um produto, vou dizer que é ruim, tendo eles me pago ou não. É uma questão de construir credibilidade."

Esse estilo independente funcionou tão bem que, ao final, ele não precisava tirar os trabalhos de fotografia dos outros. Agora, negocia trocas com bandas e músicos que quer cobrir. Eles dão acesso e ele obtém mais conteúdo para compartilhar com o mundo. Em sete anos, publicou 2.400 vídeos, todos dedicados a ajudar os outros a se tornarem melhores fotógrafos, e recebeu cem milhões de visualizações no YouTube. Ao fim dos dois primeiros anos, ele tinha cerca de US$80 mil em receita. Hoje, diz que gera sete dígitos de receita.

Você não terá sucesso a não ser que entre com o trabalho. Se qualquer pessoa te disser o contrário, é besteira. É toda a perseverança e todo o trabalho duro que você investe nas décadas anteriores que te deixam pronto. Você tem paixão pelo que faz? Você é bom no que faz? Então faça. Uma coisa é ler o livro; outra é começar a agir.

Observei Jared cuidadosamente por anos, e o que se destaca para mim é sua incapacidade de reclamar. Como eu, ele investiu centenas de horas de conteúdo recebendo pouco feedback por isso. Mas não parou. Esta é a diferença entre ele e quase todos os outros, incluindo as pessoas que vão ler este livro — ele não desistiu cedo demais. Persistência é tudo.

11

YOUTUBE

O YouTube me deixa tão feliz. É aqui que acredito que posso ajudar a mudar uma vida mais rápido do que em qualquer outro lugar. Desde 2009, milhões de pessoas deixaram seus empregos e começaram a ganhar a vida nessa plataforma. É a razão pela qual *Vai Fundo!* e este livro e os livros entre os dois e tudo no meu mundo profissional aconteceu.

Ironicamente, o YouTube também é onde cometi um dos maiores erros da minha carreira. Eu era uma estrela em ascensão no YouTube em 2006, mas quando comecei a escrever *Vai Fundo!*, decidi que o Viddler, um concorrente, tinha um sistema de marcação e uma equipe de gerenciamento que o tornava uma plataforma superior para mim e meu conteúdo, que era incomumente longo para os padrões de 2007. Além disso, admito que fui influenciado por uma decisão econômica de curto prazo: a empresa me deu uma participação considerável nos negócios.* Eu estava certo de que minha recomendação e habilidade de colocar a plataforma em contexto para todos assegurariam que ela se sobressaísse, mas suspeito que o YouTube tenha criado mais riqueza e oportunidades no modelo *Vai Fundo!* do que qualquer outra plataforma até hoje. É certamente a plataforma mais importante para construir uma marca pessoal, embora o Instagram esteja chegando junto rapidamente. Poderia tomar o lugar da televisão. Um número cada vez maior de pessoas estão usando streaming do YouTube em suas TVs e, durante o horário nobre de um dia comum nos Estados Unidos, mais pessoas entre dezoito e quarenta e nove anos visitam o YouTube do que as redes televisivas, até quando consideramos só equipamentos móveis. São notícias difíceis. Eu sei que nem todo mundo que está lendo este livro tem jeito para vídeos, e é por isso que sou tão grato pelas outras alternativas existentes para demonstrar de forma bela a palavra escrita, imagens estáticas e áudio. Mas vamos cair na real. Com a exceção notável de J.K. Rowling, autora da série Harry Potter e alguns outros escritores, nos últimos trinta anos, as estrelas de vídeo em geral se deram melhor do que as estrelas em qualquer outra mídia.

YouTube: 1ª Lição

Por favor, mesmo que você não pense que é material para vídeo, dê uma chance para a plataforma. Tantas pessoas não acham que vão dar certo na frente da câmera, mas vlogar e documentar não requer que você seja glamouroso, lindo ou realmente especial à primeira vista, de forma alguma. Já viu o que está lá fora? Tirando os blogueiros de beleza, os halterofilistas e os ídolos

---

* Viu? Quando eu digo que não vale a pena sacrificar sucesso no longo prazo por ganho econômico no curto prazo, falo por experiência. Quando finalmente consegui construir minha presença no YouTube, por volta de 2015, tinha apenas cerca de quarenta mil inscritos. Imagine quantos milhões de pessoas eu poderia ter alcançado durante todo esse tempo se não tivesse sido atraído pela oferta lucrativa do Viddler. Quer saber? Não importou, porque, no final, estivesse eu falando no Viddler, no YouTube ou no Google Video, meu conselho sobre como detonar em vídeo seria exatamente o mesmo.

pop em ascensão — em outras palavras, fora as pessoas que atuam em setores em que a beleza *realmente* importa — todo mundo no YouTube parece bem normal. Há vloggers com tumores desfigurantes, portadores de necessidades especiais, de todas as idades e formatos. Vlogging é uma maneira ótima de documentar em vez de criar, ou seja, literalmente qualquer pessoa consegue fazer isso. Você não precisa ser talentoso (pelo menos não da forma que 99% dos leitores definiriam talento) para fazer sucesso nessa plataforma porque, lembre-se, quando documenta em vez de criar, você pode aprender ao longo do processo. Não precisa ser um expert (ainda). Não precisa ter sucesso (ainda). A única coisa que você realmente tem que fazer é tornar a jornada interessante.

Veja, interessante é subjetivo. Sabe o que eu acho superinteressante de assistir? Vídeos sobre pessoas indo a vendas de garagem. E não sou o único. Enquanto escrevo, uma busca rápida no YouTube mostra vídeos sobre o tópico vendas de garagem com visualizações na casa de 50 mil, 99 mil e até 137 mil. Nunca decida por conta própria que vídeos sobre você ou coisas que gosta não serão interessantes para os outros. Deixe o mercado decidir. Confie em mim, ele será honesto com você.

Vlogar é um grande equalizador, e o YouTube é a nave mãe dos vlogs. É a plataforma na qual a pessoa que ninguém pensaria que iria a qualquer lugar pode conseguir. É uma ferramenta para encontrar seu melhor ângulo, e não quero dizer ângulo de câmera. Se você tem muitos interesses, se não tem certeza de quais são seus maiores talentos, se você se pergunta se tem o carisma e o apelo que atraem o público a personalidades do YouTube ou se simplesmente não consegue decidir se prefere ser a autoridade número um no país sobre pijamas ou o guru da kombucha, pegue o seu telefone e comece a documentar seu dia. Coloque os resultados diariamente em um vlog do YouTube. Veja quais posts chamam mais atenção e dobre seu esforço no que está fazendo esses posts darem certo. Mas você tem que começar logo para ver se tem a capacidade. Não fiquei remoendo se deveria ou não começar a Wine Library ou debati se era bom o suficiente para merecer um público de YouTube. Assim que pensei que filmar um programa de crítica de vinho era uma boa ideia, pedi para um funcionário ir na Best Buy para comprar a câmera, filmei o primeiro episódio e postei. O primeiro episódio parece e soa totalmente diferente daqueles que criei quatro meses depois, porque percebi que podia ser eu mesmo. Eu me segurei, não porque estava preocupado com a opinião do mundo, mas porque tinha medo de que, se realmente me soltasse, colocaria em risco todos os relacionamentos feitos com dificuldade que a loja tinha com clientes de longo prazo, que compravam US$10 mil em vinho todo mês.

Se você assistir ao primeiro episódio, estou quase irreconhecível. Não porque sou dez anos mais novo e sete quilos mais pesado, mas porque minha personalidade está muito contida. Uso muito linguajar de especialista de vinho, como "Quando cheiro isto, me lembra de um clássico Clinet ou um VCC" e "Eu não vou empurrar o Pétrus...". Depois, no episódio 11, você pode ver na parede atrás de mim uma foto em preto e branco emoldurada da luta entre Muhammad Ali e Joe Frazier de 1971, a luta do século. Esse pode ter sido o primeiro momento real que eu, que amo boxe, apresentei no programa.

No episódio 40, começo a falar sobre alegria e paixão e mostro um clipe da seleção televisionada da NFL em 2006, na qual fui pego pela câmera gritando animadamente com meus amigos e meu irmão, A.J., quando anunciaram que os Jets haviam selecionado D'Brickashaw Ferguson, um tackle ofensivo da Universidade de Virgínia, em vez do quarterback Matt Leinart. Eu começava a revelar outros lados da minha personalidade porque, como disse no final do episódio, "Você tem que ser apaixonado por outras coisa além de vinho". Foi mais ou menos nessa época que comecei a perceber que o mundo estava mudando tão rápido que esse canal poderia se tornar potencialmente muito maior do que eu poderia imaginar, e que valeria arriscar algumas perdas com vinho no curto prazo em troca da satisfação no longo prazo de me permitir ser eu mesmo.

No episódio 57, mostrei hipoteticamente o dedo médio para o bom senso. O Episódio 58 fica ainda mais verdadeiro com o título *I'm Not Pissed* (Eu

Não Estou Bravo), e revela que recusei duas oportunidades na televisão, uma no gênero de viagens e a outra no gênero de comida e vinho, porque não acreditava que a TV fosse o futuro. Lembre-se, esse é supostamente um programa sobre vinho! Minha energia está se elevando, minha voz vem mais rápido e estou sendo mais direto. E, então, a minha confiança realmente transparece em comentários como "Nós somos os melhores no marketing do negócio de vinhos. Não precisamos de um blog para vender vinho". Começo a soltar frases chulas como "merda" e "Prove o maldito vinho!", como que para dar vida aos meus monólogos. Lá por volta do episódio 61, quando comecei a pedir para as pessoas continuarem a me mandar e-mails, porque meu e-mail confirmava que estava acertando a mão e deixando as pessoas animadas e interessadas, minha abertura era menos *Obras Primas do Teatro*, mais luta livre.

Como você pode ver, a entrega, a qualidade e o conteúdo da Wine Library TV mudaram ao longo do tempo. Dei ao programa tempo para evoluir. Me dei tempo para ficar confortável e relaxar dentro do formato. Me dei tempo para conhecer meu público e ouvir o que ele estava falando. Me disseram que o meu primeiro vídeo foi dez vezes melhor que o centésimo de outras pessoas em termos de qualidade e conteúdo. Talvez seja, mas novamente: qualidade é subjetiva; alguns têm sucesso embora sejam completos idiotas porque o público adora vê-los sendo idiotas. Claro que eu sou coerente e você pode dizer que sei do que estou falando. Foi definitivamente um bom começo, mas, lembre--se, não havia como eu saber que seria bom em fazer vídeos nesse momento. Se tivesse guardado minha ideia de começar um programa sobre vinhos, me preocupado e duvidado de mim mesmo, eu poderia ter achado cem razões para não fazer. Graças a Deus que não parei para fazer nada disso e segui meus instintos. O YouTube não vai torná-lo carismático e interessante, mas vai expô-lo se você for. Isso não vai ocorrer, entretanto, se você não se expor. Se conceda um ano para se ajustar e tentar abordagens diferentes, e veja a resposta que obtém. Ouça o seu público. Por fim, não deixe a perfeição ser sua inimiga. Não seja outro sonhador que publica dez episódios, é trollado ou ignorado, perde a animação e tira o canal do ar. Pelo amor de Deus, dê a você mesmo uma oportunidade justa de ter sucesso.

Cada coisinha que aconteceu na televisão pode acontecer no YouTube. Você pode virar um popstar. Pode ser um cineasta. Pode se tornar Billy Mays, o cara do infomercial. Quer se tornar uma estrela da TV matinal? Comece um programa de TV matinal no YouTube. Quer ser o próximo Dr. Drew? Comece um programa de perguntas e respostas. Quer ser a próxima Rachael Ray, Oprah, Tavis Smiley ou Chris Hardwick? Então comece a cozinhar, a orientar, a entrevistar ou a conversar sobre cultura pop no YouTube. Amanhã.

Sim, será mais difícil hoje do que seria se tivesse começado em 2011, quando havia muitas pessoas assistindo, mas não tantas criando, mas se você for realmente talentoso, inteligente, engraçado ou criativo, vai ganhar. Pode levar alguns meses ou anos a mais do que levaria em 2011, mas vai acontecer.

Assumir a abordagem "documente, não crie" quer dizer que você conscientemente vai despejar muito conteúdo tedioso no miasma de conteúdo entediante que já vive no YouTube.

Tudo bem, é isso mesmo.

Sabe por quê?

Porque, se no final o resto do mundo concordar que seu conteúdo é tedioso, você saberá que não foi feito para isso, e pode fazer outra coisa.

Ou pode ser porque você vai receber um e-mail de uma das seis pessoas que assistiram o episódio 94 dos seus 200 episódios sobre linha, que acontece de ser o CEO da sua empresa favorita de linha, dizendo que adoraria trabalhar junto um dia se você estiver interessado. Você decide que nunca vai se tornar uma estrela da PBS, liga para ele e faz um negócio onde você cria vídeos educativos para o site da empresa. Eles são uma empresa grande, então têm quatrocentas mil visualizações por episódio, permitindo que você faça sua marca crescer através deles. Também são grandes o suficiente para lhe pagar muito bem para fazer algo que ama.

Pode ser porque descobre que, embora o público em geral não se envolva com seu vlog sobre cerveja artesanal, você se diverte mais fazendo isso do que na sua carreira de desenvolvedor de software. Então você aborda a Yuengling sobre criar vídeos educativos para equipe deles e eles o contratam por um salário de cinco dígitos. O valor não é tão diferente do que ganhava antes, mas você vai dormir feliz todo domingo, animado para voltar a trabalhar no dia seguinte.

Você se tornou milionário? Não. Mas só um percentual minúsculo de quem tenta isso conseguirá. É irrelevante. O ponto é sonhar grande e fazer os ajustes práticos necessários uma vez que você sabe onde está o seu potencial. Entretanto, se não tentar, pode ser que nunca, jamais saiba o tamanho desse potencial. Garanto que é maior do que você acha. Por alguns anos, os usuários iniciais conhecedores de tecnologia têm assistido YouTube em suas televisões. Muito em breve, todo mundo vai estar fazendo isso, e a próxima geração não saberá a diferença entre os dois. O YouTube será a televisão e a televisão será o YouTube. O YouTube é um monstro. Ainda que o Facebook esteja fazendo planos para adicionar mais funcionalidades que o farão parecer muito com o YouTube. Com o YouTube estabelecido há uma década como a plataforma de vídeo, o Facebook vai ter que trabalhar muito pesado para competir. Como estamos para ver, será uma baita luta.

Imagine Isto

Digamos que seu nome seja Sam. Você é um vendedor de seguros de cinquenta e dois anos em Alabama. Seus gêmeos acabaram de ir para a universidade, deixando você sozinho com seu cônjuge e os dois cachorros que são parte da família desde que as crianças eram pequenas. Por mais empolgado que esteja em começar esse novo capítulo de sua vida, você sabe que será difícil se ajustar a uma casa na qual não há mais crianças fazendo bagunça, criando drama e gerando fagulhas e imprevisibilidade a uma vida outrora calma e sem graça.

Você trabalha para a mesma companhia de seguros há vinte e dois anos. Considera que a aposentadoria está apenas de dez a quinze anos distante. Economizou regularmente e investiu sabiamente, tem poucas dívidas e sua casa está quase paga. A vida é boa.

Simplesmente boa.

Então seu melhor amigo te manda um vídeo chamado "6 Mins for the Next 60 Years of Your Life." (Procure no Google.)

Você percebe que tem mais possíveis trinta ou quarenta anos à frente, e quer que eles sejam mais do que simplesmente bons. Quer que sejam ótimos. E com as crianças encontrando sua independência, você agora tem o dobro de horas que tinha para fazer com que sejam desse jeito.

Você começa a pensar sobre todos os hobbies e interesses divertidos que deixou de lado quando a vida se tornou mais agitada e suas responsabilidades aumentaram. Você sempre amou dançar. Sua mãe o forçou a fazer aulas de dança de salão quando você era criança e, para sua surpresa, você não só gostou dos ritmos e movimentos da salsa, merengue e swing, mas era danado de bom neles. O talento ajudou você no namoro — foi como conheceu sua esposa. Mas vocês dois deixaram o hobby para lá quando se acomodaram com a vida de casados. Faz seis anos que você não vai à academia; hoje em dia seus joelhos provavelmente se dissolveriam depois de dois passos.

Mas talvez isso não acontecesse. E se acontecesse, em vez de patético, poderia ser... engraçado? Talvez seria algo sobre o qual você e sua parceira pudessem rir juntos?

Você faz uma proposta à sua parceira: vamos entrar em forma e começar a dançar de novo. E, para levarmos a sério, vamos filmar todo o processo. Sua parceira vê o quão animado está com isso, cuidadosamente belisca a gordura que se acomodou ao redor de sua cintura, e concorda.

Você descobre que, quem diria, sua carteirinha de sócio da YMCA ainda funciona mesmo não tendo colocado os pés lá em seis anos. O primeiro dia da esteira vai muito bem, e você se sente tão otimista que faz musculação também. É o suficiente para um triunfante primeiro vídeo de três minutos. Infelizmente, seus músculos se revoltam contra a atividade física incomum, paralisando-o tão intensamente que você fica estendido em sua cama pelos próximos dois dias. Você filma seus próximos dois vídeos da sua cama, atualizando seus *dois fãs* com informações sobre você, seus sentimentos sobre dança e porque está embarcando nesse projeto. Esses dois fãs são seus filhos, por sinal. Tanto faz.

Você muda seus hábitos alimentares, se compromete com a academia e começa a frequentar aulas de dança duas vezes por semana. Todo dia, filma um post do vlog, compartilhando o que está gostando, o que não está, suas dicas de dietas, o que aprendeu nas aulas e qualquer outra coisa que acha que possa ser de interesse do seu público. Depois de um mês, você tem quatro inscritos. Tem quase certeza de que os dois novos são os colegas de quarto de seus filhos. Tanto faz.

Por seis meses, você e sua esposa continuam nesta jornada de melhoria pessoal, e os resultados são fantásticos. Somando os esforços dos dois, vocês perderam seis quilos e a experiência compartilhada de aprender coisas novas juntos reacendeu uma chama que havia se apagado no seu casamento. Vocês estão se divertindo muito, e isso transparece em seus vídeos. Você não sabe quem são todos esses inscritos agora, mas enquanto conversa com aqueles que comentam, se dá conta de que pelo menos alguns deles são os parentes mais velhos dos estudantes que compartilham os dormitórios com seus filhos.

Você finalmente encontra a coragem de se inscrever no nível iniciante em uma competição de dança local e, embora não consiga chegar no topo, também não acha que tenha se envergonhado. O episódio 489 mostra você dirigindo seis horas para participar de um campeonato estadual, no qual você leva para casa o bronze da categoria Iniciante. Os vídeos subsequentes documentam sua jornada em campeonatos, bem como a transformação do seu casamento de morno a bem quente.

As coisas continuam a melhorar. Ao longo de dois anos de treinamento e vlogging, você chama a atenção de milhares de pessoas, que se inspiram com seu comprometimento com a boa forma mais tarde na vida e com uma forma de arte bonita normalmente associada aos jovens e esbeltos. Você e sua esposa não são nada disso, mas as pessoas adoram ver vocês. Seus fãs ajudam a escolher trajes, fazem sugestões de treinos e trocam histórias de dança, mas você percebe que eles estão tão ansiosos para falar sobre estratégias que usaram para revigorar seus relacionamentos pessoais quanto sobre o seu hobby. Enquanto seu público cresce, você consegue encontrar alguns de seus fãs e fica impressionado com como eles ficam felizes de lhe encontrar pessoalmente, como querem posar para fotos com você, como se fosse algum tipo de estrela de televisão. Seu número de seguidores se torna tão grande que você acha que vale a pena abordar outros canais de dança do YouTube e perguntar se eles estariam interessados em oferecer conteúdo para sua página ou fazer uma entrevista. Escolas de dança, professores de dança, fan pages de *So You Think You Can Dance* e *Dancing with the Stars*, e marcas de equipamentos de dança, conferências de dança e competições começam a abordá-lo para perguntar se podem postar suas marcas ou fazer participações no seu programa. Você começa a receber ofertas de patrocínio de marcas de equipamentos de academia, teatros e bebidas energéticas. De dia, você vende seguro. Antes do nascer do sol e tarde da noite, você responde o público e desenvolve o negócio enquanto sua parceira edita vídeos. Nos finais de semana, vocês dançam. Juntos, vocês estão se divertindo como nunca.

Há seis anos você começou esse projeto, Sam. Você agora tem cinquenta e oito anos, e sua renda quase dobrou, agora que é subsidiada por marcas associadas com dança, estilo de vida saudável e desenvolvimento pessoal. Você acha que será capaz de se aposentar do seu emprego de seguros em um ano ou dois, após ter ganho o suficiente para pagar a faculdade dos filhos. No entanto, você não tem intenção de se aposentar do seu vlog, mesmo que dê muito trabalho manter o impulso. Nada sobre essa transformação foi fácil, mas tem sido incrivelmente divertido.

Eu criei essa história, mas não é fantasia. Você pode fazer isso, ou seus pais. Diabos, os seus avós podem. É um cenário que pode ser replicado na vida real. Na verdade, já foi feito.

Melhores Práticas do YouTube

Se quer aumentar o tempo que as pessoas gastam assistindo cada vídeo que você posta no seu canal como um todo, tenha certeza de que sabe como responder às perguntas abaixo.

OTIMIZAÇÃO DE VÍDEO

TÍTULOS: O quanto você pensa no título do seu vídeo? O título reflete precisamente o conteúdo do vídeo? A maior parte do título fica visível em dispositivo móvel? O título é curto e conciso, com conteúdo emocional e/ou otimizado para busca de palavras-chave?

DESCRIÇÕES: As duas linhas inicias da descrição estão otimizadas para busca de palavras-chave? Há links para vídeos ou playlists similares na descrição? Há um link para se inscrever? Há links para suas outras contas de mídias sociais? Todos os links são clicáveis e rastreáveis?

TAGS: Há pelo menos dez tags na descrição? Foram incluídas tags de uma palavra e tags de frases? As tags refletem precisamente o conteúdo do vídeo? As tags possuem valor, ou seja, têm volumes de busca altos, mas competição baixa? Você pode descobrir isso usando ferramentas como VidIQ, Google Adwords Keyword Planner e Keywordtool.io.

THUMBNAILS: A thumbnail reflete o conteúdo do vídeo? Se há texto na thumbnail, é fácil de ler em todos os dispositivos? Se há texto, ele complementa o título?

CARTÕES DO YOUTUBE: Para estender o tempo de visualização no seu canal, você está incluindo cartões do YouTube no seu vídeo para direcionar tráfego para outros vídeos relevantes que postou?

OTIMIZAÇÃO DO CANAL

BANNER: O banner reflete precisamente o conteúdo e o gênero do canal? A interface gráfica funciona em todos os dispositivos?

SEÇÃO SOBRE / DESCRIÇÃO DO CANAL: As duas linhas superiores são otimizadas para palavras-chave? O primeiro parágrafo é um resumo do canal? Você incluiu o agendamento de upload? Todos os links de mídias sociais são clicáveis? (Eles não precisam ser rastreáveis).

PLAYLISTS: O canal possui playlists personalizadas? As playlists têm descrições otimizadas para palavras-chave? As playlists estão exibidas na página de entrada do canal?

TRAILER DO CANAL: O trailer do canal está disponível na página de entrada? O trailer do canal reflete precisamente o conteúdo e o gênero do canal? O trailer do canal está contando a melhor história na menor quantidade de tempo?

COMO ESTOU DETONANDO

Daniel Markham, What's Inside?

IG: @WHATSINSIDE

É apropriado que um projeto de ciências tenha sido responsável pela mudança de carreira de Daniel Markham, de representante de vendas da indústria farmacêutica a parte de uma dupla de pai e filho que viaja o mundo devotada a cortar coisas ao meio. Décadas de testes, experimentos e experiência de vida levaram ao "sucesso da noite para o dia" dele e de seu filho.

Enquanto crescia, Dan sempre quis ser empreendedor, mas, depois de se formar na universidade com uma jovem família, ele usou seu diploma em negócios globais e finanças para conseguir um emprego como representante de vendas do setor farmacêutico. O dinheiro era bom e, por anos, ele fez sites e bolou negócios paralelos ou, nas suas palavras, "pequenos negócios aleatórios que falharam completamente" na esperança de que um deles decolasse e permitisse que ele saísse do seu emprego fixo. Quando o YouTube apareceu, ele fez upload de vídeos dos seus filhos e esposa para compartilhar com o resto da família, que não vivia perto deles, em Utah. Ele sempre tinha monetizado seus sites com o Google AdSense, usando pequenos anúncios pop-up, e agora fazia o mesmo com os vídeos do YouTube, muito embora nunca tivesse feito dinheiro dessa forma. Ninguém estava assistindo.

Um dia, seu filho, Lincoln, veio pedir ajuda com o seu projeto de ciências da segunda série. A tarefa: fazer e responder uma pergunta de sua escolha. No ano anterior, ele tinha perguntado "Por que temos melecas?" e colocou um nariz gigante recheado com gosma verde no pôster da sua apresentação. Neste ano, ele estava interessado em descobrir porque humanos têm cera de ouvido, mas Dan achou que era muito similar. Então, depois de pensar sobre o assunto, Lincoln decidiu que, como gostava de esportes, queria descobrir o que havia dentro de uma bola. Com a ajuda de seu pai, ele começou a cortar bolas ao meio e foi criando seu projeto. Dan decidiu filmar o processo, postando os resultados em um dos seus canais de YouTube, que renomeou como Lincoln Markham para ficar mais fácil de identificar. A ideia era que, depois de fazer a apresentação, Lincoln pudesse compartilhar o nome do canal com seu professor e colegas de classe, e eles pudessem assistir quando fosse conveniente. Dan já tinha monetizado cerca de oitenta vídeos até então, incluindo o vídeo da meleca do ano anterior, brincando com os títulos e tags para torná-los mais atraentes. Ele adicionou esse ao grupo. Era janeiro de 2014.

Quase um ano depois, em um dia de dezembro, Dan recebeu uma notificação do AdSense dizendo que havia ganho US$4. Ele checou seus dados analíticos. Não havia vindo dos sites. Verificou o YouTube. Alguém estava assistindo, um número suficiente para gerar renda. Inexplicavelmente, o YouTube tinha decidido que gostava do seu vídeo e começou a sugerir quando as pessoas estavam vendo vídeos sobre baseball. As pessoas estavam clicando e algumas comentando, oferecendo sugestões para outros tipos de bola que Lincoln poderia cortar ao meio. "Talvez seja isso", Dan pensou. Ele mostrou a Lincoln o que estava acontecendo e perguntou a ele se tinha interesse em fazer mais alguns vídeos. Juntos, decidiram entrar de cabeça.

Eles esconderam os outros vídeos do canal, mudaram o nome para *What's Inside?* e começaram a cortar. Gastavam quatro ou cinco horas juntos todo sábado, usando o telefone de Dan para filmar vídeos deles cortando vários tipos de bolas, e Dan lançava os vídeos na plataforma. À medida que aprendiam mais sobre como o algoritmo do YouTube funcionava, eles continuaram a filmar nos sábados, mesmo quando estavam viajando, mas enviavam só um vídeo por semana. Os vídeos ficaram melhores e mais limpos conforme Dan aprendia a usar o Final Cut Pro e melhorava os elementos narrativos dos vídeos. Por exemplo, se eles fossem cortar uma bola de futebol americano, eles abriam com vídeos dos dois jogando bola. Eles aprenderam ainda mais participando de videoconferências e fazendo network com outros YouTubers. Foi em um desses eventos, o primeiro CVX Live, que Dan ouviu o cinegrafista de aventuras e esportes radicais, Devin Graham, também conhecido como devinsupertramp, anunciar que a forma de fazer dinheiro no YouTube era 10% por AdSense, 20% licenciando conteúdo e 70% por vídeos patrocinados. "Foi totalmente surpreendente para mim. Pensei, 'Nossa, você pode ganhar dinheiro de marcas que querem colocar as coisas delas nos vídeos?' Isso era novidade para mim."

Era o meio de 2015 e Dan conseguiu seu primeiro negócio com uma marca anunciando em um site chamado FameBit, uma plataforma de marketing na qual as marcas postam ofertas para pagar pessoas criativas para promover seus produtos. Ele recebeu cerca de US$250 para cortar um cubo mágico, e depois US$1 mil para cortar um colchão. "Eu pensei que tínhamos chegado lá. Mil dólares, e estamos só cortando um colchão!"

Alguns meses depois, ele encontrou Shaun "Shonduras" McBride (ver página 170), que lhe disse que com o alcance do canal deles — agora ele tinha quase um milhão de inscritos — eles deveriam estar conversando com agências de propaganda que fazem grandes campanhas de marketing de influenciadores. "De volta ao negócio paralelo. Eu tinha meu emprego, vendendo remédios e viajando por oito estados diferentes. E ficava à noite nos hotéis procurando pessoas que falaram na VidCon, a maior conferência de vídeo nos EUA. Procurava no Google qualquer pessoa que parecia ser de uma agência de propaganda para descobrir para qual companhia trabalhava e fazer contato, por e-mail ou pela página "Entre em contato".

Uma dessas agências respondeu. Dan explicou que, se estavam procurando ideias criativas para suas marcas, ele e Lincoln adorariam trabalhar com eles. "'Nós somos para família e cortamos coisas ao meio. É como um canal de desempacotar bombado.' E eles disseram, 'Bem, por que vocês não assinam esse acordo de confidencialidade e conversamos?'".

No fim das contas, a agência representava Bill e Melinda Gates. *What's Inside?* e alguns outros poucos canais do YouTube foram escolhidos para chamar atenção para a sua carta anual, delineando a posição deles com relação a questões globais atuais e desafiando as pessoas a trabalharem por mudanças positivas no mundo. O tema daquela carta anual era "Dois Superpoderes que Nós Queríamos Ter". Dan, que nasceu nas Filipinas, falava tagalog e tinha servido dois anos lá como missionário da Igreja de Jesus Cristo dos Santos dos Últimos Dias (SUD), decidiu que o seu superpoder seria levar água limpa e potável para países em desenvolvimento. Sua ideia era levar Lincoln para as Filipinas para mostrar porque a falta de água potável era uma questão séria.

Esse foi o primeiro negócio deles com "marca grande", e foi um momento importante. "Precisávamos continuar nos esforçando e tentando encontrar marcas que gostássemos e com as quais quiséssemos trabalhar, e que fizessem sentido para o nosso canal. Não queríamos nos alinhar com uma marca que não apoiamos." Isso quis dizer recusar negócios, alguns extremamente lucrativos. Dan tem orgulho de Lincoln por colocar juízo na sua cabeça quando foi seduzido por uma agência de propaganda que ofereceu a eles algo na faixa de US$30 mil a US$50 mil para fazer um vídeo deles cortando um brinquedo ao meio. Havia um problema.

Não era superinteressante. Se nós cortamos ao meio, as pessoas iriam pensar, *Por que eu vi isso?* Mas, honestamente, eu encontraria uma forma de fazer isso. Conversei com Lincoln sobre isso. Estava um pouco apreensivo, mas era um dinheiro bom, algo como um quarto de salário anual do meu emprego. E Lincoln disse, "Não, pai, com toda certeza, não. Seríamos uns vendidos se fizéssemos isso. Nosso público ia odiar." E assim que ele disse, eu pensei "Você está totalmente correto". À época, ele tinha dez anos.

Eles não fizeram o vídeo. Em vez disso, postaram um vídeo diferente que tinham certeza que também desapontaria o público. Eram eles cortando ao meio um chocalho de cascavel. Eles viajaram até o zoológico de Phoenix para filmar o corte como parte da abertura cerca de três meses antes, mas nunca postaram o vídeo porque Dan sabia, a partir de sua pesquisa, que seria um fracasso — não há nada dentro de um chocalho de cascavel. Mas eles não tinham outros vídeos para a semana porque estavam de férias, então decidiram editar o final com esse objetivo, muito embora estivessem cansados da viagem. Era um sábado à noite. Dan passou cerca de sete horas editando e publicou o vídeo poucos minutos antes de sair para a igreja na manhã seguinte.

O post se tornou o terceiro vídeo mais viral em todo o YouTube em 2016, totalizando quarenta e dois milhões de visualizações nos primeiros sete dias. Um público totalmente novo chegou, muitos significativamente mais velhos do que o nicho que Dan e Lincoln tentavam atrair antes. Dentre eles, havia pessoas que trabalhavam com agências de propaganda e marcas. Agora, em vez de ficar entrando em contato até as três da manhã para tentar abordar grandes nomes de marketing, eram eles que vinham atrás de Dan.

Ele se demitiu do emprego de vendedor em julho de 2016.

A geração que tem a minha idade não entende mídias sociais de forma alguma. Considere, então, meus pais, que são ainda mais velhos. Dizer que estou saindo de um emprego realmente bom, no qual demorei um tempo para chegar aonde estou, para me afastar e fazer vídeos do YouTube realmente os assustou, mesmo quando falei os números. Essas conversas foram duras, porque você não quer sentir que está colocando as pessoas para baixo ou que fiquem preocupadas com você.

Sua esposa, que sempre apoiou a iniciativa, mas que gostava do seu emprego em tempo integral em uma companhia da Fortune 100, se demitiu quando ficou claro que o equilíbrio da família, que era tão importante para eles, não podia ser mantido com os dois pais trabalhando um horário tão intenso. E Lincoln? Lincoln ainda faz vídeos com seu pai, mas ele também vai para a escola, joga golfe e brinca com seus amigos e irmãs como um menino normal. Dan é irredutível na proteção da infância de seu filho e das suas filhas, agora que estão tocando um canal da família também. Ele mantém uma perspectiva positiva sobre a viagem mágica que sua família está aproveitando.

Eu quero que Lincoln sinta que ele ainda é uma criança, não como se tivesse um emprego em tempo integral. Estou procurando numa pilha de vinte coisas o que seria legal, oportuno e bom para cortar ao meio agora, mas quero que Lincoln chegue em casa da escola e vá brincar com seus amigos hoje, então não vou fazer isso. É um equilíbrio delicado.

A Nike envia um e-mail e diz, "Queremos que Lincoln seja um dos maiores influenciadores globais para esta campanha." Quer Lincoln seja um dos maiores influenciadores globais ou não — e considero muito seriamente que ele seja — o fato de a Nike achar isso é algo que Lincoln tem em seu currículo, que nunca se apagará. Conversei muito sobre negócios com marcas e contatos para conseguir esses negócios, mas, no final de tudo, encontrar Bill Gates para aquele primeiro vídeo... esqueça o dinheiro. Ficará marcado para sempre como algo que fizemos como uma família. Todas essas coisas foram experiências de vida maravilhosas, e não importa se o YouTube desaparecer amanhã. Você nunca sabe o que vai dar certo na vida. Definitivamente nada vai dar certo se você não trabalhar duro de forma consistente e tentar coisas diferentes para sempre. Nunca pensei que estaria cortando as coisas ao meio, mas se não tentasse e falhasse com todas essas outras coisas por todos esses anos, essa ideia nunca teria aparecido.

Dan Markham e sua família são praticantes. Eles fizeram sua pesquisa, prestaram atenção a todos os pequenos detalhes e foram fiéis à sua marca. É empolgante para mim ver uma família fazer algo tão bem porque eles deram duro — e executaram.

FACEBOOK

O Facebook permanece como o monstro das mídias sociais, uma plataforma no nível do YouTube para construção de marcas pessoais e criação de riqueza. O que pode ser uma surpresa para alguns leitores. O Facebook é geralmente imaginado como uma plataforma fora de moda, um lugar no qual os Baby Boomers e a Geração X compartilham fotos das suas famílias e fazem testes para descobrir qual personagem de *Game of Thrones* mais se parece com eles, e não o lugar no qual a geração mais nova está gastando seu tempo e dinheiro. Não é o caso. Eis a realidade: se vai construir uma página pessoal e tentar monetizá-la, você *tem* que ter uma página do Facebook. Ponto final. São quase 2 bilhões de usuários ativos por mês, sendo que mais da metade o usa diariamente. Há 1,15 bilhão de usuários ativos diários em dispositivos móveis. Se você está detonando no Snapchat, no YouTube ou no Instagram mas não tem uma estratégia de força total no Facebook, está limitando severamente seu potencial e crescimento.

Facebook: 1ª Lição

Há algumas razões para isso. Primeiro, diferentemente de qualquer outra plataforma, o Facebook lhe fornece o presente da flexibilidade. Conteúdo escrito e fotografias não funcionam no YouTube. O Instagram permite vídeos de no máximo um minuto na página principal de um usuário, enquanto escrevo este livro. Não há possibilidade de conteúdo escrito longo gerar movimento no Snapchat, mas no Facebook um post de blog com treze parágrafos funcionará. Você pode postar fotos e elas vão funcionar. Pode embutir um arquivo de áudio do SoundCloud, e vai funcionar. Um vídeo de treze segundos vai funcionar. E um de trinta e um minutos também. O Facebook oferece completa e total flexibilidade criativa e tem o maior produto já criado para anúncio direcionado. Ninguém é bom demais para o Facebook. Se não o fez ainda, vá ao Facebook agora e registre sua fan page, porque mesmo que não seja o lugar no qual você cria o pilar de conteúdo para sua marca pessoal, é onde tudo que fizer em outras plataformas vai tomar vida pelo resto da existência da sua marca pessoal.

O Facebook não é só uma tela na qual você pode criar conteúdo original, mas também um canal de distribuição indispensável. O DNA do Facebook é o boca a boca. É o lugar no qual o compartilhamento de cultura prosperou além do que se possa medir. Em outras plataformas, você geralmente faz um gol de placa ou erra feio. Não no Facebook. Lá, com sessenta e um compartilhamentos, você consegue pelo menos um gol de placa a cada dia. Se for bom em criar conteúdo, em outro dia você pode conseguir o dobro, com duzentos compartilhamentos. Você pode cair para treze compartilhamentos com o próximo bloco de conteúdo, mas apenas para bolar algo espetacular, que lhe dê sete mil. Com cada compartilhamento, não importa quão pequeno, você está chamando atenção para a sua marca de uma forma nativa. No pior dos casos, é o melhor lugar para pessoas sem seguidores começarem seus esforços de marca pessoal.

Por causa de suas habilidades de direcionamento incrivelmente detalhado — você pode especificar seu público com base em seus interesses, é claro, mas também pelo seu CEP ou seus empregadores — o Facebook também é um lugar incrível para alguém com orçamento limitado. É uma plataforma insanamente valiosa quando um Zé Ninguém lançando sua marca fashionista tem que gastar só US$13 para estimular ou direcionar seu post de uma blusa bonita e possivelmente obter até 2.600 impressões, dependendo de suas escolhas de alvo. (Uma "impressão" é eletronicamente registrada a cada vez que um anúncio é exibido na tela de um usuário.) O custo por mil impressões (CPM, o M significando *mille*, latim para "mil") oscila com o mercado, mas agora é um dos mais baratos e efetivos produtos de anúncio que existem, comparável com o Google Adwords no início dos anos 2000. Não será sempre o caso. Dezoito meses depois deste livro ser publicado, os preços de anúncio no Facebook terão dobrado ou mais. Tire vantagem dessa estrada aberta enquanto ainda pode e faça o conhecimento da sua marca "pegar".

Por fim, por maior que seja o YouTube, quando este livro for publicado, o Facebook emergirá como um concorrente feroz em vídeo. Mark Zuckerberg chamou o vídeo de uma "mega tendência" da mesma natureza que os dispositivos móveis e tornou claro que o vídeo é o futuro do Facebook. Em 2016, falou para o *BuzzFeed*, "Eu não ficaria surpreso se você adiantar o tempo em cinco anos e a maioria do conteúdo que as pessoas veem no Facebook e compartilham no dia a dia for vídeo". Quando o Facebook quer que algo funcione, coloca todo o seu suporte por trás disso. O efeito na paisagem das mídias sociais é geralmente algo parecido com uma placa tectônica se movimentando (a plataforma está no processo de fechar acordos para produzir conteúdo original em parceria com veículos afeitos aos millennials, como o Group Nine Media, produtor do *The Dodo*, e Vox Media). Sabendo disso, não seria tolice perder a oportunidade de entrar cedo no negócio?

Você pode estar pensando, *eu já faço vídeos no YouTube. Vou apenas colocá-los no Facebook, uma cajadada, dois coelhos, pronto.* Não tão rápido. O algoritmo do Facebook sempre dará tratamento preferencial a conteúdo nativo do Facebook. Você terá alcance muito maior criando um vídeo original para o Facebook do que reciclando algo de alguma outra plataforma. O vídeo possui uma cópia ótima associada? Os três primeiros segundos são cativantes? Ele mostra uma compreensão da mentalidade do nicho demográfico do Facebook que adoraria compartilhá-lo com um membro da família ou amigo? Ele impele a uma ação naquele momento e naquele lugar? Vídeo ainda é algo como uma novidade no Facebook, o que quer dizer que tem potencial de ser percebido mais rápido e obter mais movimento que qualquer coisa que você poste no YouTube.

Isso não quer dizer que você não deva postar no YouTube ou em outros lugares, claro, mas não subestime o poder que apostar pesado no Facebook pode proporcionar à sua marca. O Facebook é a primeira plataforma que combinou a capacidade de fazer marketing, vendas e marcas em um mesmo lugar, e ainda está vastamente abaixo do preço pelo tanto de atenção que você pode obter de seus quase dois bilhões de usuários mensais.

Facebook: 2ª Lição

Facebook Live. O Facebook foi com tudo no Live, tentando dar aos usuários um lugar para dar-se ao luxo da experiência crua e imediata de entrar em contato diretamente com os usuários em tempo real. É uma coisa poderosa, mas saiba que vídeo ao vivo é a forma de arte mais difícil. Se você eliminar as notícias, os esportes, os eventos de premiação e o *Saturday Night Live*, há poucos shows de TV ao vivo, e por uma boa razão. É preciso enorme capacidade para cativar um público o suficiente para modificar sua rotina no momento em que você quer a atenção deles. É um pedido muito maior do que tentar que as pessoas lhe assistam no seu próprio tempo. Ainda assim, a espontaneidade pode realmente funcionar a seu favor. Se você puder cristalizar um momento especial e compartilhar com seus fãs em tempo real, pode se tornar algo realmente especial para eles também. Pergunte a Candace Payne, de Dallas.

Nunca ouviu falar dela? Você pode conhecê-la como Chewbacca Mom. Em 19 de maio de 2016, Payne abriu o Facebook Live para mostrar a seus amigos do Facebook um presente que comprou para si mesma — uma máscara do Chewbacca que ruge. Ela estava tão empolgada que não conseguiu esperar para chegar em casa; filmou do interior de seu carro enquanto ainda estava sentada no estacionamento da Kohl's. Intitulou o post "São as Simples Alegrias da Vida". Foi um visual engraçado, mas o que realmente capturou a atenção das pessoas foi a contagiante e incontrolável risada dela enquanto se deleitava com sua compra. Talvez as pessoas estivessem se sentindo entediadas; talvez estivessem cansadas de conteúdo pesado sobre as eleições que chegavam e outros tópicos sérios. Por alguma razão, aquelas que viram o post gostaram tanto que começaram a compartilhar, assim como todos os outros que viram. Com 162 milhões de visualizações em dezembro de 2016, se tornou o vídeo mais popular do Facebook Live naquele ano. Como muitos apontaram, a grande maioria das pessoas que viram aquele vídeo o assistiram muito depois de estar ao vivo, mas o formato ao vivo foi o que fez o momento possível. Se Payne soubesse que estava postando para a posteridade, ela teria sido mais contida. Ela poderia ter planejado na sua cabeça o que iria falar. Em vez disso, ela pegou o celular e começou a filmar com a guarda baixa, permitindo que a sua personalidade brilhasse tão forte quanto dois sóis de Tattoine. Você não pode ser mais autêntico, e as pessoas se apaixonaram completamente. Por algum tempo, ela foi parte do circuito de celebridades, aparecendo em talk shows e sendo mostrada na mídia. Foi recompensada generosamente pela Kohl's com milhares de dólares em cartões de presente e mercadoria, e foi convidada a conhecer Mark Zuckerberg no Facebook. A Hasbro, que fez a máscara de Wookie original, a presenteou com um bonequinho com sua cabeça (em uma máscara removível) em um corpo de Wookie. Mas o que é realmente legal é como Payne usou seus quinze minutos de fama para continuar a construir sua marca como uma pessoa positiva e profundamente religiosa dedicada a espalhar esperança, alegria e otimismo. Ela lançou uma série de vídeos na TLCme, e o site dela revelou uma longa lista de palestras agendadas. Assinou um contrato para diversos livros. Seu primeiro livro, *Laugh It Up*, publicado em novembro de 2017, foi escrito, como ela disse em um vídeo que fez enquanto se preparava para enviar o manuscrito para seu editor, "para aqueles de vocês que pensam que a alegria é uma coisa frívola que você não merece".

A história de Candace Payne é um sonho que virou realidade, o tipo de momento que não pode ser planejado. É por isso que não recomendo o Facebook Live para a maioria das pessoas, a não ser que elas tenham aperfeiçoado sua técnica de vídeo com sucesso por alguns anos e estejam preparadas. Não é o lugar para começar do zero, porque a experiência pode ser como alguém que nunca andou de bicicleta ir direto para uma sem rodinhas. Para aqueles que estão prontos, no entanto, o Live pode capturar aquele momento único, um em um milhão, que você nunca poderia prever e que o coloca no mapa.* John Lee Dumas, criador da Entrepreneurs on Fire, acredita também.

Sem dúvida, o Facebook Live é a próxima onda. Estou tendo um sucesso incrível usando plataformas como Wirecast e BeLive.tv, que são apenas ferramentas que me permitem sentar no computador e fazer um Facebook Live, mas também possuem sobreposição de texto, puxar comentários das pessoas no vídeo e ter completa interação na transmissão. E o contato que estou tendo, o efeito do tempo real — tem sido em um nível bem diferente.

Todo mundo está lá; eles recebem aquele bip de notificação "Oi, John está falando ao vivo agora." Chamo de Tea with JLD, uma rima engraçadinha. Eu me sirvo uma xícara de chá, entro no Facebook Live e em geral começo a falar sobre algum tópico por cinco ou dez minutos, e depois respondo perguntas. Só ficando ali — pode ser por trinta minutos, pode ser uma hora — recebo centenas de comentários e milhares e milhares de views, só por estar no Facebook Live. Então, para mim, é

---

* Especialmente se você gosta de esportes. Prevejo que em algum momento vai haver um esporte que será construído do zero através do Facebook Live ou talvez até de alguma outra plataforma ao vivo que não existe ainda. E vai virar o setor de esportes televisionados de cabeça para baixo. Aguarde.

a coisa mais importante neste momento. O Facebook Live é para onde a atenção está voltada.

Colabore. Se você estiver construindo uma marca baseada em piadas, culinária, bicicleta, esportes radicais ou roupas de banho — *qualquer coisa* — vá para o Facebook e faça buscas nos termos relevantes para seu negócio. Encontre as fan pages com mais seguidores, envie mensagens para eles e faça uma oferta incrível que valha a pena para eles compartilharem seu conteúdo original na plataforma deles ou trabalharem com você de outras formas. Por exemplo, se você for motociclista e conseguir se tornar viral com seu post sobre como um capacete salvou sua vida, a melhor coisa que você pode fazer é gastar horas entrando em contato com cada fan page popular de motos e oferecendo a eles um anúncio de serviço público extremamente engraçado sobre capacetes a ser compartilhado na página deles. Colaborar via Facebook é uma jogada estratégica que tem enorme potencial de aumentar seu público.

Imagine Isto

Digamos que você seja uma corretora recém-divorciada de quarenta e dois anos chamada Sally, vivendo em Sacramento, Califórnia. Há tantas pessoas comprando e vendendo propriedades por aí, como você pode se destacar?

Você começa criando um pedaço do pilar de conteúdo. Nesse caso, seu pilar ideal seria um podcast de áudio semanal ao qual as pessoas poderiam ouvir enquanto dirigem pela cidade avaliando vizinhanças. Uma vez a cada duas semanas seria OK, e fazer mensalmente pode ser melhor do que nada, mas você sabe que quanto mais conteúdo você postar, mais oportunidades vai criar (fique comigo — você verá que o Facebook é a estrela nesta história).

Seu podcast explora as minúcias da vida diária em Sacramento e nas cidades próximas e estabelece você como a "prefeita do conteúdo virtual" da cidade. Os residentes locais sintonizam para ouvir sua opinião sobre sua cidade amada.

Em um dia você pode falar sobre restaurantes e pratos locais, no outro vai se aprofundar sobre a história da cidade, e em outro vai entrevistar influenciadores locais. Daí em diante, sempre que alguém quiser saber mais sobre Sacramento ou seu futuro, sabe que você é a pessoa com quem deve falar, porque você tornou claro que ninguém conhece ou ama mais a cidade do que você.

À medida que você faz suas histórias sobre as pessoas, lugares ou coisas que tornam Sacramento um lugar único e vibrante para se viver, toma notas e destaca detalhes de cada podcast que podem ser transformados em pedaços de conteúdo auxiliar. Por exemplo, se entrevista o superintendente do distrito escolar e ele menciona que cinco dos seus professores receberam recentemente prêmios nacionais de prestígio, você encontrou outro pedaço de conteúdo. Encontre esses cinco professores, tire suas fotos e crie um post do Facebook que pergunte, "Você sabia que cinco professores do Distrito Escolar de Sacramento foram reconhecidos nacionalmente pela excelência em educação?" Você inclui um link para a entrevista no seu podcast com o superintendente escolar. Mais e mais residentes de Sacramento sabem quem você é e se tornam ouvintes regulares. Quando um deles descobre que a família de seu amigo está se mudando para a cidade porque sua esposa foi transferida no emprego, ele encaminha o link para o podcast para que possam aprender mais sobre o distrito escolar. De repente, uma família que precisa comprar uma casa tem a sua voz na orelha e a sua informação de contato nas mãos. O ciclo se repete de novo e de novo até que, dentro de cinco anos, você está tão estabelecida como a especialista número um em imóveis de Sacramento que seus novos negócios vêm quase exclusivamente por referências.

E aí você faz mais conteúdo. Sai e filma ou fotografa os lugares sobre os quais fala em cada podcast e posta os arquivos no Facebook. Conecta seu podcast às imagens, para que as pessoas que ainda não moram na cidade possam ver por si mesmas como essas áreas são sem ter que ir a qualquer outro lugar na internet.

Agora, quem diabos vai ver esse conteúdo quando você é novo no negócio e tem apenas doze seguidores, a maioria deles da sua família? Muitas pessoas, porque o Facebook é um lugar no qual você pode gastar dólares em anúncios de forma incrivelmente esperta. O direcionamento deles não possui paralelo. Você poderia gastar, talvez, US$50 nos usuários de Facebook entre vinte e cinco e setenta e dois anos que moram em Sacramento e potencialmente atingir dez mil pessoas. Os detalhes da plataforma e suas habilidades de direcionamento estão mudando o tempo todo, então você busca no Google "Como fazer um anúncio no Facebook" e consegue as taxas e práticas mais atualizadas. Assim, quando as pessoas começam a comentar sua página ou seu conteúdo, você responde a cada uma, todas as vezes (leia *Gratidão*). Quando você não tem público, deveria aproveitar toda oportunidade para entrar em contato com as pessoas que possam ter interesse em você. Fazer algo diferente disso é totalmente sem sentido. O fato de precisarmos falar isso tem a ver com a audácia e a preguiça de muitas pessoas.

Um podcast seria o melhor pilar para uma corretora, mas você não pode ficar confortável com isso, porém, se você for uma escritora excelente, seu pilar deveria ser um post semanal no seu blog, Esta Semana em Sacramento, no qual você compartilha todas as informações que sugeri para o podcast em forma escrita, além de atualizações das novidades do mercado imobiliário local. Agora você não é só a prefeita de conteúdo virtual da cidade, é o jornal também.

Você escreve uma matéria sobre a loja mais antiga de rosquinhas da cidade. O dono menciona que estava nervoso sobre o novo Walmart a ser construído logo ao lado. Você posta o artigo sobre rosquinhas. Então, desenha (ou paga US$20 a alguém para desenhar) um esboço do canto onde a loja de rosquinhas está localizada, com uma logo grande do Walmart desenhada. Você posta essa imagem impactante no seu feed do Facebook também; é chamativo o suficiente para que qualquer pessoa que se importe com a loja ou com Sacramento pare para avaliar mais cuidadosamente quando passa pelo seu feed. As pessoas clicam no link anexado a seu post do blog, o que aumenta o conhecimento de quem você é e do que faz.

Como agente imobiliária, seu pilar também poderia ser um programa como o meu DailyVee. Você contrata um estagiário ou um profissional de vídeo para segui-lo enquanto mostra casas, faz reuniões, fecha negócios e interage com colegas, bem como quando vai ao jogo de baseball do seu filho ou ao mercado. Você basicamente filma uma carta de amor diária (e uma reclamação ocasional, se necessária) para a cidade em que vive e trabalha e compartilha esse amor com seu público, no estilo estrela de reality show.

Uma vez confortável com o vídeo, Sally, você tenta encarar o Facebook Live. Toda quinta-feira, das oito às nove da noite, os residentes e potenciais residentes de Sacramento encontram você na frente da câmera, pronta para responder perguntas que possam ter sobre o mercado imobiliário, bairros, escolas, médicos, estúdios de tatuagem... todas as pessoas e lugares que compõem uma comunidade. As pessoas curtem fazer parte do seu programa, e você consegue disseminar seu conhecimento, ajudar as pessoas e construir sua marca. Todo mundo ganha.

Você posta todos os vídeos no Facebook, então extrai pedaços para criar centenas de minivídeos, tipo, como negociar um contrato, o que procurar quando está vendo uma casa, dicas de estilo para o vendedor de primeira viagem.

Enquanto você se ocupa postando conteúdo original no Facebook, também está se associando a tantas comunidades do Facebook quanto possível. Você se associa às de agentes imobiliários nacionais, claro, mas também quer se associar ao grupo de mães de Sacramento — mas não para vender, porque você sabe que nunca deve pedir por algo até que tenha dado duas vezes ou mais do que está esperando conseguir.* Você se associa porque é mãe ou porque tem sobrinhas e sobrinhos e quer ficar situada na conversa maternal por eles. Se está constituindo uma família, você se associa a grupos orientados à família. Se você joga golfe, se associe a grupos de golfe. Se gosta de Pokémon Go, ao grupo de Pokémon Go de Sacramento. Envolva-se em todos os aspectos mais alegres da cidade.

---

* Esse é um ponto crucial que detalho em outro livro, Nocaute!. Se você não entende as nuances de socos e ganchos de direita, pegue um exemplar e descubra antes de agir como um imbecil.

Se você interagir muito e construir sua marca pessoal de forma adequada, as pessoas saberão que você é agente imobiliária, mas não vão fugir de você, porque a conhecerão como ser humano em primeiro lugar, como saberiam se a encontrassem pessoalmente. Uma vez que você se tornar uma influenciadora dentro desses grupos, os membros olharão sua página profissional do Facebook e a contatarão quando estiverem prontos para comprar ou vender uma casa.

Essa estratégia parece muito, muito mais trabalhosa do que apenas posar para uma foto na frente de uma casa bonita enquanto segura uma placa de Open House, não é? Também parece muito mais interessante. Qual estratégia você acha que vai atrair a atenção e lealdade de mais clientes? Você sabe a resposta.

COMO ESTOU DETONANDO

Brittney Castro, Financially Wise Women

IG: @BRITTNEYCASTRO

Brittney Castro está criando uma marca pessoal em um daqueles setores que desencorajam isso a cada passo: finanças pessoais. Inicialmente, ela queria ser organizadora de eventos, porque gosta de socializar e trabalhar com pessoas. Matemática sempre foi fácil para ela, mas ela achou que finanças seria uma carreira sólida e tediosa. Mas, quando recebeu a oferta de um trabalho como analista financeira, seu consultor vocacional sugeriu que os dois campos poderiam ter mais em comum do que ela achava, porque ambos envolviam ajudar pessoas, e disse que ela nunca saberia com certeza até tentar. Então, ela foi trabalhar para uma grande empresa, na qual, por cinco anos, fazia de sessenta a setenta horas por semana. Seu conselheiro estava certo — ela gostava do trabalho. O que ela não gostava era do estresse e do ambiente corporativo. "Muito desse estilo de vida não combinava com quem eu era naturalmente. Ficava doente o tempo todo porque estava tentando ser alguém que não sou. Acho que foi aquela pressão interna de seguir o caminho que dizem que você deve seguir na vida e perceber que ele não está o levando a uma vida feliz."

Com a Grande Recessão, ela começou a ler livros de desenvolvimento pessoal; se ia trabalhar por boa parte de sua vida, ela percebeu que deveria achar algo que gostasse de fazer. Ao mesmo tempo, percebeu que as mulheres estavam começando a fazer canais do YouTube dedicados a beleza, maquiagem e moda, "E eu pensei, *Opa, isso parece divertido.*"

Ela percebeu que queria continuar em finanças — "Só precisava de mais liberdade para fazer de uma forma que me parecesse autêntica." Ela colocou na cabeça uma meta de se tornar a próxima Suze Orman.

Ela é ótima, mas para um nicho demográfico mais velho. Eu sou uma mulher, estou em finanças — não há muitas de nós —, sou jovem e meio hispânica, é melhor usar isso! Foi um processo, no entanto, porque, por muito tempo, especialmente em Finanças e Direito, as pessoas te dizem "Não, você não pode, não pode, não pode". Foi quase como sair de uma concha e aprender a encontrar minha própria voz, saber como ser autêntica online, mas ainda profissional. Levei anos para encontrar esse nível de conforto.

A autoproclamada "nerd de negócios" também devorou livros sobre marketing e marcas. Ela leu *Vai Fundo!* no momento em que foi para uma empresa independente na qual teria mais liberdade para alavancar uma marca individual. Em 2011, ela lançou um blog, uma página do Facebook, um canal do YouTube e uma conta do Twitter. "Eu tinha que explicar para eles, é a mesma coisa que ir a um workshop e ensinar sobre dinheiro. A única diferença é que é um vídeo no meu canal do YouTube. Eu estava fazendo o que fazia offline, mas online." Mas ela ainda tinha que ter cada tuíte e script pré-aprovado. E, mesmo assim, "embora fosse uma dor de cabeça, me ensinou como ser atenciosa e intencional, e não ficar só vomitando coisas porque deu vontade."

Dois anos e meio depois, Brittney deixou a empresa para começar seu próprio negócio, Financially Wise Women, auxiliando mulheres e casais na faixa dos trinta e quarenta.

Nem todo mundo ficou impressionado, mas ela não ligou. Na verdade, quanto mais seus colegas desaprovavam, mais ela sabia que estava no caminho certo. Por exemplo, em 2015, ela lançou um vídeo de um rap de finanças no YouTube.

Muitos consultores financeiros me enviaram e-mails ou comentaram "Isto é tão pouco profissional", e "Você está usando suas credenciais financeiras, sua reputação de planejadora financeira certificada de uma forma não apropriada". É claro que eu quero ser respeitosa, e tenho uma pessoa com quem trabalho conformidade, mas quando esse feedback veio, eu disse, "Isso! Era exatamente o que eu queria ouvir, porque o vídeo não foi feito para você. Você é um cara velho e branco de Wisconsin. Isso é para adolescentes urbanos que assistem vídeos do *BuzzFeed*. Estou ensinando a eles princípios financeiros de uma forma divertida e engraçada. E eles amam." Acho que há alguma validade em ouvir o que os outros estão dizendo, mas tenho que me manter fiel a quem sou e, por fim, ao que a minha visão é para os meus negócios e para a minha vida.

Hoje, ela está em todos os canais, mas, surpreendentemente, o Facebook Live é seu favorito. "Amo conteúdo ao vivo. É fácil configurar um Facebook Live, me conectar com as pessoas, responder a suas perguntas. Acho que fornece mais valor e faz a coisa toda mais real para eles." Ela não apenas faz sessões do Facebook Live nos seus próprios grupos e comunidade do Facebook, mas também faz para marcas parceiras, como a Chase e Entrepreneur. Ela espera um dia criar um programa de vídeo ao vivo online, em stream, que alavanque todas as comunidades com as quais trabalha.

Nesse meio tempo, enquanto algumas pessoas no setor ainda a criticam, ela tem alta demanda como consultora para outras empresas e conselheiros interessados em aprender mais sobre como fazer marketing pessoal e de suas marcas, mesmo dentro de uma estrutura corporativa. Ela também aceita convites para dar algumas palestras pagas todo ano. Fora isso, está totalmente focada.

Na verdade, eu não ligo para o que os outros estão fazendo no setor. Nem olho, na verdade. Só trabalho na minha empresa e na minha marca. A não ser que eu tenha uma palestra em uma conferência, não me conecto com muitos conselheiros financeiros. E fiz isso estrategicamente, porque, quando comecei a companhia, havia muito ruído externo. Isso é esgotante. E assim funciona muito melhor, porque não fico constantemente me comparando ou competindo. Só preciso cuidar de mim.

Embora não conheça Brittney, de todos os colaboradores deste livro, ela é a que tem maior valor para mim. As pessoas que trabalham em setores como o farmacêutico e o jurídico adoram apontar o dedo para restrições regulamentares para explicar por que não estão detonando na mídia social. Como você pode ver, no entanto, onde há vontade, encontra-se um jeito. O sucesso de Brittney prova que quando você investe tempo e esforço para aprender como navegar na direção dos seus objetivos enquanto continua a seguir as regras, pode avançar sem medo.

13

INSTAGRAM

Exceto pelo YouTube, o Instagram deixou mais pessoas famosas do que qualquer outra plataforma. É gigantesco, é o lugar no qual você pode fazer o mesmo sucesso sendo produtor de conteúdo ou curador de conteúdo, e é a melhor rede social em termos de escala e impacto. Alguns diriam que se tornou mais difícil ser notado por lá agora que está lotado; ficou tão popular que formandos de universidades estão investindo um ou dois anos para ver se conseguem ganhar volume no Instagram antes de tentar arrumar um emprego tradicional. Não é tão flexível quanto o Facebook, embora eu preveja que muito em breve devem remover os limites de tempo nos vídeos. Apesar de seu conteúdo ser pequeno como o do Twitter, nada em sua estrutura o torna ideal para ter conversas. Mas há tantas táticas excelentes que você pode usar para obter atenção — hashtags, colaborações, tagging, anúncios — que acredito que a atenção que um influenciador pode desfrutar aqui, especialmente fotógrafos, chefes, designers e outros artistas talentosos é mais profunda do que no Twitter ou no Facebook. Sei que é verdade para o pessoal de menos de trinta e cinco, e suspeito que o público de trinta e seis a cinquenta esteja começando a ver assim também, porque é um lugar mais novo, mais brilhante e talvez mais feliz do que o testado e aprovado Facebook. Além disso, a importância da plataforma dobrou com o lançamento do Instagram Stories em agosto de 2016.

Até então, o Instagram era um lugar com alta curadoria. É uma das razões pelas quais as pessoas gostam tanto. Menos polarizado e politizado do que o Facebook, é um lugar no qual você posta os belos pontos altos de seus dias. Isso foi um problema. Na verdade, no dia em que o Stories foi lançado, Kevin Sestro, o CEO, admitiu para o *TechCrunch* que não havia postado nada no Instagram nos seis dias antes da entrevista porque "nenhum dos momentos parecia tão especial". Enquanto isso, o sucesso do Snapchat Stories provou que as pessoas estavam extremamente interessadas em compartilhar gravações reais de suas vidas se soubessem que não ficariam armazenadas para assombrá-los eternamente. Então o Instagram copiou o Stories e se tornou uma plataforma que daria aos usuários completa liberdade de criar conforme o seu humor. Eles poderiam postar uma foto lindamente filtrada e deixar como um belo trabalho de arte ou um pedaço de conteúdo descartável que poderia ser recortado como o primeiro esboço da sua última apresentação de vendas.

A escala aumentou rapidamente. O Snapchat tinha realmente preparado o terreno para deixar as pessoas confortáveis com a ideia de conteúdo efêmero, então não houve curva de aprendizagem para se lidar, como costuma ser o caso quando plataformas introduzem novas funcionalidades. O Instagram colocou a funcionalidade em destaque no aplicativo também, tornando impossível aos usuários não ver. Em menos de um ano, o Instagram Stories se tornou uma das funcionalidades mais populares de uma das maiores plataformas do mundo, oferecendo um lugar dinâmico para os usuários criarem conteúdo para complementar o seu feed de Instagram perfeitamente selecionado.

Há muitas funcionalidades que tornam o Instagram um requisito para qualquer influenciador ou empreendedor promissor. Você pode postar para a posteridade, ou pode postar por gratificação instantânea. Pode desenhar e filtrar e colocar legendas e tags. Embora a funcionalidade esteja atualmente disponível apenas para contas verificadas, você logo será capaz de adicionar links para os seus posts, uma jogada simples que vai abrir as portas da oportunidade para direcionar as pessoas para seus outros conteúdos, seja no seu site, no seu blog ou em outras redes sociais.

Qualquer pessoa que queira construir uma marca pessoal deve estar no Instagram. Crie um perfil agora ou se arrependa por anos.

7 Passos para o Desenvolvimento de Negócios

1. Assegure-se de que o seu Instagram está cheio de conteúdo incrível, o melhor que você possa fazer. Mais pessoas estão prestes a vir ver quem é você e qual é o seu negócio.

2. Procure palavras-chave relevantes. Por exemplo, se está construindo uma marca de motos, *motocicletas.*

3. Clique na primeira hashtag que aparecer. No momento que estou escrevendo, há mais de 2,4 milhões de posts com #motorcycles.

4. Clique em cada imagem que vir com essa hashtag. As quatro primeiras que aparecem nessa ocorrência pertencem a contas que possuem uma soma de seguidores de mais de um milhão de Instagrammers.

5. Investigue cada conta e cada site associado para confirmar se são de pessoas ou empresas na sua área, ou, mesmo que não sejam, para verificar se elas podem usar seus produtos e serviços.

6. Clique nos três pontos no canto superior direito das suas mensagens e envie a esses indivíduos ou negócios uma mensagem direta customizada.

Não faça spam com porcaria que você copiou e colou. Se é o melhor que pode fazer, você já perdeu.

7. Na sua mensagem, explique o que o levou a eles (amo o trabalho de vocês; sempre admirei vocês; você posta os memes mais engraçados; esse post é tão criativo; etc.), por que vale a pena prestar atenção em você (meu objetivo é promover melhor segurança nas motos; projetei um capacete que até o piloto mais avesso a capacetes não vai achar incômodo de usar; lancei o canal de YouTube mais novo e empolgante no tema de motos) e que valor você pode oferecer (gostaria de enviar um dos meus capacetes para você testar; adoraria convidar você para conversar sobre seu novo livro, e ficaria honrado se me deixar fazer um vídeo grátis documentando sua próxima volta de motocicleta; posso mandar seis motociclistas para modelar jaquetas de couro no seu vlog de graça).

Você também pode direcionar sua busca por localização. Digite o nome de sua cidade, às vezes até do seu bairro, e clique em Places ou busque o símbolo de localização na sua lista de melhores resultados. Você vai ver todos que postaram na sua área.

Faça isso — busque, clique, investigue, envie mensagens diretas — por seis a sete horas todo dia. Faça isso durante cada intervalo de almoço, parada para ir ao banheiro, sempre que estiver esperando que seus filhos saiam da aula de dança e nos vinte minutos que tem antes que a comida fique pronta. **Somente uma fração mínima das pessoas que você abordar vão responder.**

É tudo o que precisa. Com cada contato de sucesso, você aumenta sua habilidade de se provar merecedor de qualquer atenção, e aumenta sua visibilidade. Faça isso várias vezes e o efeito se tornará uma bola de neve até que subitamente você será a marca que as pessoas e os negócios começam a buscar.

Para ver essas instruções em ação, acesse o seguinte link: GaryVee.com/GVBizDev (em inglês).

Imagine Isto

Digamos que seu nome seja Rick e você seja um gerente de loja de roupas de vinte e sete anos em Nashville, Tennessee. Você é ambicioso e tem sorte suficiente de trabalhar para uma empresa que não está interessada em microgerenciar suas contas de mídia social.* Você começa a tirar fotos de tudo na loja — vamos chamá-la de EnAvant — e de todo mundo que entra, se eles deixarem. Você fotografa as blusas sendo colocadas nas prateleiras, os vestidos quando estão sendo pendurados, os sapatos como estão sendo exibidos. Você se fotografa na seção de moda masculina, agregando seu charme pessoal a cada roupa, e fotografa as funcionárias na seção de moda feminina. Pede aos clientes que posem para fotos com suas roupas novas. E aí você posta cada foto na sua conta do Instagram, acompanhadas de hashtags relevantes e bem pensadas. Você sabe que a forma como enquadra as imagens ou as técnicas que utiliza para dar um senso de diversão ou criatividade e realmente mostrar as roupas é crucial para fazer sua base de fãs crescer. Mas não pode construir uma base de fãs sem ser visível. Além de conseguir que influenciadores mencionem você ou seus produtos, ou de pagar por anúncios, você sabe que o caminho mais rápido para uma marca começando do zero, como a sua, é dominar as hashtags. Se for primavera e você estiver postando uma foto de uma mulher em uma capa de chuva amarelo canário, você inclui a hashtag da marca da capa, junto de #EnAvantwear, #modadeprimavera, #lookdeprimavera, #capadechuva, #prontaparaachuva, #amarelo. Com mais pessoas vendo seu trabalho, a seu

---

* Sei que esse ainda é um cenário muito comum. Muitas empresas simplesmente não entendem que está no seu melhor interesse deixar seus empregados serem genuínos nas mídias sociais, e que a melhor forma de controlar sua imagem online é tão simplesmente ser uma marca tão fantástica e criar um ambiente de trabalho tão solidário que os empregados só tenham coisas boas a falar sobre elas. A menos que você trabalhe em Direito ou Finanças, nos quais as regras são um pouco diferentes, eis meu conselho para vocês trabalhando para empresas que não permitem que você se expresse online ou crie uma marca pessoal, mesmo no seu próprio tempo: saia assim que possível e vá trabalhar para uma empresa que deixe. Melhor ainda, comece seu próprio negócio, como fez Brittney Castro (veja a página 221).

tempo, você se tornará conhecido por seu bom gosto em moda e seu senso de humor atrevido.

Você começa a abordar pessoas que vivem na vizinhança da loja, mas não usa mala direta; quem tem dinheiro para isso? E não busca os fashionistas e pessoas da sociedade que já estão aparecendo nas revistas de cultura e estilo de vida que documentam todas as arrecadações de fundos da área e novos empreendimentos imobiliários. Em vez disso, todos os dias durante seu intervalo de almoço, você abre sua conta do Instagram e digita "Nashville, Tennessee." Aparecerão os posts mais populares na área. Você clica em alguns daqueles com mais seguidores para ter certeza de que eles vivem em Nashville ou próximos e, em particular, busca fotos nessas contas que sugerem que os donos estariam interessados em usar peças da sua loja. Você, então, manda uma mensagem direta para eles: "Oi, meu nome é Rick e sou gerente da EnAvant. Adorei seu look. Passe na loja, nós adoraríamos lhe dar como presente um desconto de 20%."

No tempo que leva para terminar sua salada de frango, você começou a construir relações com seis novas pessoas que vivem perto da sua loja e têm um interesse comprovado em seu produto. Você faz isso todo dia, cinco dias por semana. Das trinta e duas pessoas com as quais conversa toda semana, sete postam uma história sobre como esse cara chamado Rick que trabalha na EnAvant os procurou para elogiar seus sapatos, blusa ou chapéu e ofereceu um desconto na loja.

Talvez você vá um pouco além. Prepara um evento de moda e envia mensagens diretas para todos os influenciadores na área, bem como para as pessoas locais cuja conta de Instagram deixa claro que elas realmente curtem roupas e acessórios, e os convida a participar para que possam ver a nova coleção e ter 30% de desconto em todas as compras na loja. E depois se assegura de que o evento seja tão divertido e especial que as pessoas comecem a postar fotos delas mesmas, dizendo a seus seguidores onde estão passando à noite.

Eis o que acontece em seguida:

As pessoas começam a postar fotos delas nas suas próprias contas de Instagram marcando você, a marca e a loja. A concorrência começa a se manifestar para descobrir se você tem interesse em recriar um pouco da sua mágica nas lojas deles. Enquanto isso, alguém na gerência superior da EnAvant repara em você e percebe que tem um empregado extremamente valioso em Tennessee que faria quase tudo para manter.

Ou:

Dando prosseguimento a todo esse boca a boca incrível com serviço ao cliente impecável para aqueles que entram na loja, no curto prazo, a EnAvant se torna uma das novas lojas mais badaladas em Nashville — e você chama a atenção de fotógrafos de moda e designers de roupas em todo o país.

Ou:

Algumas das marcas que você mostra nos seus posts do Instagram reparam no que você fez e entram em contato para descobrir se estaria interessado em ajudá-los com sua mídia social. Outra grande vitória.

Ou:

Você se diverte tanto compartilhando sua forma de narrar histórias que decide que quer fazê-lo em tempo integral, e lança sua própria revista digital de moda.

Não só você pode construir negócios para a loja desenvolvendo negócios dessa forma, mas também pode fazer alguém muito feliz. Qualquer desses cenários (ou todos) poderia ocorrer, e eles podem realmente acontecer com você, seja você um gerente de loja de roupas ou alguém que trabalhe em qualquer tipo de varejo, mesmo um restaurante. Tem tudo a ver com paixão e execução adequada.

COMO ESTOU DETONANDO

Brittany Xavier, Thrifts and Threads

IG: @THRIFTSANDTHREADS

Era para ser apenas um hobby, um escape criativo para praticar com sua nova câmera. Foi isso que Brittany Xavier tinha em mente quando lançou seu blog, Thrifts and Threads, em dezembro de 2013. Até como aluna de ciências políticas, ela sempre gostou de moda e tinha cultivado o hábito de seguir tendências e designers. Seu visual era uma mistura de alta e baixa costura, misturando roupas de confecção com achados em brechós e peças selecionadas de designers. Depois de se formar, ela havia sido aceita em várias faculdades de direito, mas, preocupada que a faculdade de direito fosse incompatível com a criação de uma criança — sua filha, Jadyn, tinha só três anos de idade —, ela foi trabalhar para uma empresa de marketing de seguros que garantia horas adequadas para quem tinha uma família. Pagava as contas e não era muito exigente. Ela muitas vezes se via com as metas cumpridas às quatro da tarde e tinha que achar ocupação para passar o tempo até que pudesse ir para casa às seis.

Mesmo quando estavam saindo juntos, ela e seu marido, Anthony, também na área de marketing, sempre tiveram negócios paralelos, como comprar itens em lojas de desconto e revendê-los na Amazon. Era algo que eles faziam como casal, uma atividade compartilhada que lhes dava um senso de liberdade. Adicionalmente, Anthony, que havia desenvolvido um interesse em web design e mídias sociais na universidade, construía sites. Quando ele comprou uma câmera, logo depois que eles se casaram, pensaram que iam sair e tirar fotos deles e de sua filha, documentar sua vida familiar no blog e, esperavam, fazer um pouco de dinheiro com links afiliados.

Xavier, sempre interessada em estilo e moda, faria a parte criativa, e Anthony tomaria conta dos bastidores do blog.

A única razão pela qual Xavier começou uma conta de Instagram era para promover e trazer tráfego para o blog. Ela pensou que deveria dar tag em marcas e usar hashtags olhando contas como a dela. Seis meses depois, quando já tinha dez mil seguidores e estava ganhando cerca de US$100 por mês dos links afiliados no seu blog, ela começou a receber ligações ocasionais de marcas pedindo para enviar algumas roupas para que tirasse fotos de si mesma usando algumas das peças. Foi quando começou a fazer uma pesquisa e descobriu que havia toda uma estratégia para fazer uma conta de Instagram crescer. Ela e Anthony ficaram acordados até tarde lendo e ouvindo a podcasts sobre marketing online. Foi depois de lerem *Vai Fundo!* que perceberam que o blog poderia ser mais do que um hobby divertido — poderia ser um negócio de verdade.

Foi quando ela começou a cobrar as marcas pelos posts. Inicialmente, um post de Instagram com a marca mencionada na legenda custava US$100. Se a marca simplesmente quisesse uma tag, ela cobraria US$50. Quando as pessoas do outro lado do telefone ficavam surpresas, "Ah, só US$100?", ela soube que estava se vendendo barato, então aumentou sua taxa para US$200 por post. Um dia, uma consagrada linha de joias mandou um e-mail e propôs um post de blog e um post de Instagram por uma taxa de US$1 mil.

Xavier não era uma influenciadora experiente ainda, mas era esperta o suficiente para saber que a primeira oferta da empresa era quase sempre menos do que estava disposta a pagar.

Novamente, ela aumentou suas taxas e logo estava ganhando tanto ou mais por dia quanto no seu emprego na empresa de marketing de seguros. Depois de três meses igualando sua renda, um ano e meio depois de começar o blog, ela saiu de seu emprego para poder fazer network e aceitar mais convites para reuniões com marcas e ver a pré-estreia de novas coleções. Lá, também conheceu outros blogueiros que estavam dispostos a responder perguntas e ajudá-la a calcular valores. Por sugestão de seu marido, ela também começou a colocar conteúdo mais pessoal no seu blog, começando com o post intitulado "Eu me demito". A reação foi tão avassaladora, sobretudo de outras pessoas querendo conselho sobre como começar seus próprios blogs, que ela começou a postar dicas de blog semanalmente. A primeira, "Como Comecei Meu Blog em Cinco Passos" permanece um de seus posts mais lidos.

Hoje, Xavier tem um gerente que negocia suas taxas e ajuda seu trabalho de marca, mas ainda faz tag em marcas que está usando e apenas posta marcas que realmente gosta e nas quais acredita. O blog se expandiu de apenas moda para uma marca de estilo de vida. Xavier viaja muito a trabalho, mas usa a oportunidade para produzir conteúdo de viagem pelo caminho, se fotografando em hotéis, resorts e restaurantes que gosta e que acha que seus leitores vão gostar. Por essa razão, ela desenvolveu bons relacionamentos com várias marcas de hotel e agora, quando ela e sua família viajam por conta própria, as estadias em geral são gratuitas. Ela também é frequentemente convidada para visitar aberturas de novos resorts ou hotéis para compartilhar a experiência com seus leitores.

Em maio de 2016, Anthony deixou seu emprego também, uma jogada que anunciou em um blog intitulado "Ele se demitiu também". O casal tenta tirar todas as suas fotos durante o dia para que estejam disponíveis quando sua filha chega em casa da escola. A vida de Jadyn mudou também. Seu pai está presente em todos os eventos da escola. Ela não precisa mais ficar na escola para atividades extracurriculares. Às vezes, as marcas pedem fotos de Brittany com Jadyn, especialmente para promoções ou eventos direcionados para crianças ou para o Dia das Mães. Quando isso acontece, a taxa de Xavier sobe, e ela deposita uma parte da taxa em uma conta criada para Jadyn, que está usando para ensinar à sua filha de dez anos os princípios básicos da educação financeira.

Os muitos prazos finais e a impossibilidade de se desligar, até para férias curtas, podem criar muita pressão. "Estive fazendo isso por quase quatro anos, a mesma coisa todos os dias. Estamos tirando fotos, fotografando conteúdo, escrevendo, pensando sobre tendências futuras." Mas a filha do casal ajuda a deixar tudo em foco para eles.

Ter uma filha significa que Xavier recusa mais trabalhos do que muitos outros blogueiros de estilo de vida. Não é sempre uma escolha fácil.

Recusei um ótimo trabalho com uma linha de joias muito conhecida. Eles queriam que eu fosse em um jantar de duas horas e postasse no Instagram e no Facebook enquanto estivesse lá. O trabalho representava mais de três meses de salário do meu emprego antigo. Com relação aos requisitos de postar conteúdo, era um dos trabalhos mais fáceis que eu poderia ter, mas já havia concordado em ir para uma viagem da escola para Sacramento com Jadyn. Isso estava me matando, mas eu tinha que manter o foco. A principal razão para fazer isso tudo era poder ir nessas viagens com Jadyn e estar lá por ela. Haverá outros trabalhos.

A concorrência na blogosfera de moda e estilo de vida é feroz, mas Xavier ainda vê espaço para novatos. "Muito embora esteja saturado, se puder fazer de uma forma única, ou ter seu próprio estilo, você pode definitivamente se destacar na multidão. As marcas estão sempre buscando o novo. Elas também estão despejando mais dinheiro aí (no marketing de influenciadores), porque estão enxergando mais resultado na conversão de blogs do que em anúncios no rádio ou na televisão, nos quais não têm rastreamento. Mas, através dos blogs, elas conseguem rastrear exatamente de onde estão vindo os links e as conversões.

"As marcas estão definitivamente acompanhando mais, e aquelas que não usam afiliados ou não fazem as campanhas estão percebendo como podem entrar." De fato, vendas de propagandas digitais têm previsão de superar as vendas de propaganda de TV no final de 2017.

Na tela, a vida de Xavier e de sua família parece fácil, mas ela fica surpresa quando vê quantas pessoas não reconhecem quanto trabalho leva para construir um blog e uma conta de Instagram de sucesso.

Muitas pessoas me escrevem e dizem, "Escrevi um post e ninguém leu. Como posso fazer isso crescer?" Digo "Você nem fez qualquer trabalho consistente." Trabalhei tanto nos fins de semana e noites enquanto ainda estava no meu outro trabalho. Não saí com meus amigos. Não fui a encontros. Nós literalmente ficamos em casa e trabalhamos no nosso computador depois que a nossa filha foi dormir. É muito para se escrever; é muita pesquisa. Não é apenas se cadastrar. No primeiro ano, não ganhava nenhum dinheiro, talvez apenas US$100 ou US$200 por mês. Não era nada. As pessoas não entendem essa parte. Elas pensam, "Por que você faria isso por um ano sem ver nenhum retorno?" Eu estava vendo retorno na leitura, e meus seguidores estavam aumentando, e isso me motivou. Mas, para alguém que começa um blog pensando especificamente no dinheiro, é difícil começar, porque não tem paixão pelo que está fazendo. Você tem que amar o que faz.

PODCASTS

Podcasts são uma dádiva de Deus por duas razões.

1. A maioria das pessoas não fica confortável na frente da câmera. Elas pensam que parecem estúpidas. Se preocupam com cabelo, óculos ou maquiagem. Implicam com a luz. Nada disso importa, mas é o suficiente para distrair e tirar sua concentração de prover a melhor experiência possível para o público. Podcasts são muito menos intimidantes.

2. Podcasts vendem tempo e, por isso, todo mundo, incluindo pessoas ótimas na frente da câmera, deveriam tentar criar um podcast. Neste mundo de hipervelocidade, a multitarefa é tudo, **é muito mais fácil ouvir um podcast enquanto confere seus e-mails e paga suas contas do que assistir a um vídeo**. Além disso, conforme números de 2014, um total de 139 milhões de viajantes habituais nos Estados Unidos gastaram 29,6 bilhões de horas indo para seus trabalhos e voltando para casa. Muito desse tempo de trânsito é gasto em carros no quais os motoristas não podem (por enquanto)

assistir a vídeos. Eles podem, no entanto, facilmente ouvir podcasts. Na era da informação, o podcast nos permite maximizar nosso conhecimento com eficiência e eficácia.

Tenho um podcast desde outubro de 2014, na mesma época que o podcast Serial, produzido pela rádio pública americana, *This American Life*, tornou-se uma sensação e impulsionou o podcasting para o mainstream. À época, senti que fosse demais para mim produzir outro conteúdo original nativo para uma plataforma (sim, até eu chego nos meus limites, às vezes) então o que fiz foi colocar no ar a faixa de áudio do show AskGaryVee. Não foi muito ruim — sempre estive nos Top 25 da categoria de negócios —, mas sabia que com mais atenção poderia ser muito melhor. Em dezembro de 2016, finalmente descobri como mudar a marca para The GaryVee Audio Experience, o que foi libertador. Em vez de postar exclusivamente o conteúdo de AskGaryVee, agora poderia postar um discurso gravado no telefone enquanto entrava em um avião, um clipe das minhas palestras ou um trecho que não entrou no DailyVee. Com variedade e criatividade, a popularidade do podcast aumentou rapidamente. Hoje, meu podcast está situado confortável e consistentemente na lista dos Top 150 da Apple's Charts. Para alguns ouvintes, meu conteúdo é totalmente novo, e outros já me seguem em outros canais. De qualquer forma, me dá uma forma de compartilhar meu conteúdo, construir minha influência e ajudar as pessoas a começarem a construir a vida que desejam.

Podcasts: 1ª Lição

Esteja você fazendo upload no Spotify, na Apple Podcasts, no SoundCloud, no Stitcher ou em qualquer outra plataforma de distribuição de podcasts, há muito pouco que pode fazer para diferenciar uma da outra. Você pode usar anúncios no Spotify e no SoundCloud, mas ainda são extremamente caros. Fora isso, no momento em que escrevo, não há realmente formas originais e criativas para construir uma marca pessoal nas plataformas de podcast que não seja produzir o melhor conteúdo que conseguir. Você terá que promover seu programa através de outros canais de mídias sociais e encorajar relações simbióticas com outros que tenham plataformas maiores que você.

A boa notícia, entretanto, é que o iTunes vai abrir as informações analíticas de podcasts, e assim será possível saber onde as pessoas pausam, pulam ou saem do conteúdo. Isso terá um valor inestimável para ajudá-lo a aprender como preparar seu conteúdo para servir ao seu público o que ele quer.

Imagine Isto

Digamos que você seja uma mulher de setenta e cinco anos chamada Blanche. Sua melhor amiga é a Judy. Vocês são inseparáveis desde que eram meninas, cresceram no mesmo quarteirão e nunca viveram mais do que alguns quilômetros distantes uma da outra. Vocês duas, ao todo, criaram seis filhos, foram casadas três vezes, enterraram um marido, tiraram doze férias juntas, adotaram onze animais de estimação e, nos últimos dez anos, a única vez que perderam seu compromisso mensal para almoço e cinema no Ruby Tuesday foi quando Judy estava hospitalizada com pedras na vesícula.

Uma noite, na fila para comprar doces antes de assistir *Mulher Maravilha* no cinema, Judy diz que acha que a melhor performance de Kathleen Turner deve ter sido quando ela fez a voz de Jessica Rabbit. Lá vamos nós novamente. Uma das razões que lhe agradam ir ao cinema com Judy é que vocês duas raramente concordam sobre os méritos de um filme, e isso se torna um grande debate entre hambúrgueres e fritas mais tarde. Mas, dessa vez, ela a surpreendeu. Você levanta as sobrancelhas tão alto que elas somem por trás de seu cabelo. Melhor que *Tudo por uma Esmeralda?* Melhor que *A Honra do Poderoso Prizzi?* Melhor que *Peggy Sue – Seu passado a espera?* Judy se mantém firme. Enquanto vocês discordam, ouvem pessoas dando risadinhas atrás. Alguém diz, "Elas são as novas Siskel e Ebert".

Você tem uma ideia. Depois do filme, você e Judy vão para o seu canto favorito no RT local, mas antes que possam trocar suas impressões sobre *Mulher Maravilha*, você puxa o seu iPhone, aperta o botão de gravação de voz e grava a conversa de vocês. Você vai para casa e, no outro dia, liga para seu sobrinho, que tem um podcast sobre carros de alta performance, e pede que ele faça upload de sua "fita" na internet. Ele gentilmente informa que você terá que fazer upload do arquivo MP3 em uma plataforma de podcast e, se você puder esperar até o fim de semana, ele terá todo o prazer de mostrar alguns poucos passos e ensiná-la a usar os equipamentos básicos necessários para começar. Se você não puder esperar, ele diz, pode achar toda a informação necessária na internet. "Procure no Google como fazer upload e divulgação de um podcast." Você decide esperar, mas, enquanto isso, liga para Judy e diz que quer ir ao cinema novamente semana que vem.

Assim começa o Programa de Blanche e Judy, um podcast de comentários sobre filmes no qual duas velhinhas compartilham suas ideias sobre filmes antigos e atuais. Suas personalidades, profunda amizade e química tornam o programa um sucesso para os ouvintes, mas você também torna isso algo de 2018 gravando as conversas no cinema antes do filme começar, abordando tópicos como sua forte convicção de que Raisinetts são uma desgraça para a uva e memórias de Judy sobre os lanterninhas que levavam as senhoras a seus assentos. Vocês também entrevistam quatro pessoas quando elas saem do filme para saber sua opinião.

Em três curtos anos, o show de vocês é um dos Top 150 da Apple. O podcast é seu pilar, mas você o usa para criar microconteúdo também. O senso de humor da Judy, em geral, é bom para uma citação, então você cria memes e posta no Facebook e Instagram. Você entra em contato com as pessoas no Twitter e aumenta a percepção do podcast lá. Vocês duas são entrevistadas por programas como *Entertainment Weekly* e *Variety*. Após certo tempo, fica mais difícil para sair de casa toda semana — suas costas doem regularmente, e você fica mais confortável em sua poltrona reclinável — mas isso não interessa mais porque os estúdios estão mandando os filmes diretamente para você e Judy comentarem. Graças às oportunidades de marca que surgiram para vocês, todos os seus custos estão mais do que facilmente pagos, e você fica empolgada em saber que poderá passar muito mais para a sua família do que as economias que você e seu marido angariaram durante toda a vida.

COMO ESTOU DETONANDO

John Lee Dumas, Entrepreneurs on Fire

IG: @JOHNLEEDUMAS

"Eu estava morrendo um pouco a cada dia em um cubículo." Soa familiar?

Se você ainda é jovem ou está na faculdade, é algo que está tentando evitar a todo custo?

"Eu tinha toda essa criatividade dentro de mim, mas não era capaz de usá-la, nem um pouquinho. Parecia que estava sufocando minha criatividade porque tinha que ficar de terno e gravata e ser muito formal. Tudo era preto e branco e eu precisava de alguma cor na minha vida."

Até chegar aos trinta e dois anos de idade, a vida de John Lee Dumas era tão tradicional quanto arroz com feijão. Neto de dois militares veteranos e filho de um oficial da JAG, o serviço militar estava no seu sangue. Ele deixou sua cidade natal no Maine em 1998 com uma bolsa para Oficial de Reserva do Exército para se graduar em Estudos Americanos na Providence College, em Rhode Island. Membro do primeiro pelotão de oficiais comissionados depois do 11 de setembro, um ano depois de se formar na universidade, ele começou um período de treze meses no Iraque. Ficou quatro anos na ativa até voltar ao mundo civil. Estava no começo de um período de quatro anos como capitão na reserva, mas fora isso não tinha qualquer ideia do que fazer.

Ele tentou a faculdade de Direito, mas desistiu seis meses depois. Em seguida, trabalhou em finanças corporativas por poucos anos, mas quando via as pessoas em posições acima da dele, sabia que não queria esses cargos. Ele sentia que estava destinado para o empreendedorismo, mas não sabia o que isso realmente envolvia, ou mesmo como começar, então começou a ler livros de autoajuda e de negócios. Em 2009, um mês depois da publicação, ele leu *Vai Fundo!*. Foi o livro que o inspirou a sair do emprego de finanças, se mudar para San Diego (onde nunca havia estado) e se tornar corretor de imóveis.

Ele insistiu por três anos, mas o emprego não era a combinação perfeita. Continuou relendo *Vai Fundo!* todo ano e, em 2012, algo novo o atingiu. Eu enfatizo que, não importa em que setor trabalhe, você precisa ter sua marca pessoal. Ele percebeu que não estava fazendo isso de maneira nenhuma. Tinha uma página pessoal no Facebook, mas não estava no LinkedIn ou no Twitter de forma profissional. Então soube que precisava mudar imediatamente.

A outra coisa que chamou sua atenção foram os podcasts. Ele não tinha certeza do que era um podcast, então decidiu pesquisar. Ele descobriu que eram de graça e ofereciam conteúdo focado, direto ao ponto. Todos esses livros de autoajuda e audiolivros estavam ficando caros, e agora ele tinha que ouvir ainda mais se quisesse construir uma marca pessoal. Os podcasts pareciam uma ótima ideia para ele.

"Foi aí que me apaixonei pelo meio. Me tornei um super consumidor. Por oito meses, ouvi tantos podcasts quanto podia. E percebi que, poxa vida, vou para o trabalho de carro todo dia, vou para a academia várias vezes por semana — tenho que encontrar esse programa que vai ao ar sete dias por semana e entrevista um empreendedor e fala sobre suas falhas, lições aprendidas e os momentos de epifania. Então, fui ao iTunes para encontrar esse programa. E ele não existia! E pensei, *não posso acreditar*. E se eu puder criar esse programa?"

E daí se ele não tinha experiência em produção ou em entrevistar pessoas? "Pensei, *Bem, se eu fizer um programa diário, vou melhorar rápido*. Todas essas pessoas fazem quatro episódios por mês, com seus programas semanais. Eu vou fazer trinta episódios por mês. Só preciso preencher essa lacuna e fazer isso, e vai ser ruim. Vou fazer um trabalho horroroso por uma quantidade grande de tempo. E quando você ouve o podcast de hoje e volta para o episódio 15, consegue ver que esse cara não é a mesma pessoa. Eu era muito ruim. Era nervoso e ingênuo. Estava fazendo meu caminho, e continuei todo santo dia."

Ele não apenas ligou o microfone e começou a falar. Pesquisou, mergulhando no YouTube, absorvendo todo o conteúdo e conselhos grátis disponibilizado por outros podcasters e encontrou dois mentores. Impacientemente, ambos sugeriram fortemente abandonar a ideia de um programa diário, explicando que faziam dinheiro com outras coisas além do podcasting. Um programa diário excluiria todas essas outras atividades. Foi o único conselho que Dumas rejeitou. "Pensei assim, 'Você não entende. Sou tão ruim que se eu fizer o que todo mundo está fazendo, ninguém vai ouvir. Simplesmente não vai ser bom. Então tenho que fazer algo diferente. Tem que ser único. Tenho que fazer algo que vai levantar as sobrancelhas das pessoas.'"

Esses dois mentores, com suas grandes lista de contatos virtuais, foram de valor inestimável, ajudando Dumas com seus primeiros entrevistados. Eles não iam apresentá-lo à classe A, mas estavam dispostos a apresentá-lo a pessoas da classe B, C e D, que ainda estavam construindo um público, publicando livros e ansiosos em compartilhar suas histórias com um principiante em troca de exposição adicional.

Pode parecer que Dumas tinha mais confiança do que o ser humano médio. Apesar de sua convicção de que fazer o podcast todo dia — aprender fazendo — seria a melhor forma de criar um produto de qualidade, e apesar do perfil discreto de muitos dos seus convidados e da resposta positiva quase imediata do público, Dumas se encontrou quase paralisado pela síndrome do impostor. Quem era ele para abordar qualquer um para uma conversa cara a cara? Mas continuou em frente, trabalhando entre dúvidas e medos.

Comecei minha jornada empreendedora com uma força, a disciplina, e posso associá-la diretamente ao exército. Mas só a disciplina não vai te levar a lugar algum. As duas maiores áreas que precisava desenvolver para avançar junto com a disciplina eram produtividade e foco. As pessoas que são "apenas disciplinadas" podem fazer algo o dia inteiro, mas e se estiverem produzindo o conteúdo errado? É aí que a produtividade tem que entrar. E você não vai conseguir produzir o conteúdo correto consistentemente a não ser que você seja capaz de bloquear o que eu chamo de armas de distração em massa.

Ele lançou seu podcast, Entrepreneurs on Fire, em setembro de 2012. Como seus convidados compartilhavam as entrevistas com seu grande público, o podcast começou a aparecer na lista de Novos e Dignos de Nota do iTunes. Esse efeito duplo fez com que, dentro de dois meses e meio, o podcast atraísse mais de cem mil downloads únicos. Ele começou a receber convites para conferências, que lhe ofereceram maior credibilidade e, com seus números crescendo rapidamente, permitiram a abordagem de nomes maiores, como Seth Godin e Tim Ferriss, que tinham recém-lançado livros novos, Barbara Corcoran, e, sim, Gary Vaynerchuk.

Agora ele estava pronto para explorar formas de monetizar. Voltou-se para o seu público, perguntou o que eles queriam e ouviu.

O que descobri bem claramente é que se você estiver disposto a postar conteúdo grátis, consistente e de valor, pode construir seu público a partir daí. E então, se estiver disposto a entrar em contato com esse público um a um e perguntar "Quais são os seus problemas?", e apenas ouvir, eles vão lhe dizer quais são suas questões, obstáculos, desafios e lutas. E daí você, a pessoa que eles conhecem, gostam e confiam, que vem entregando conteúdo grátis, consistente e de valor por um tempo significativo, pode fornecer a solução em forma de produto, serviço ou comunidade.

E assim ele fez. Como Pat Flynn, a cada mês ele publica um demonstrativo dos resultados do negócio a partir de cada fluxo de receita, somando algo entre US$200 a US$300 mil por mês. Ele também analisa os sucessos da companhia, para que outras pessoas possam se basear neles, e os erros cometidos, incluindo o dinheiro perdido, para que as pessoas possam evitar cometê-los.

Embora tenha se tornado milionário várias vezes, Dumas ainda lê *Vai Fundo!* todo ano.

O que continua me chamando a atenção é a tomada do território. É o que muitas pessoas deixam de lado. O tempo todo as pessoas dizem, "John, você tem tanta sorte de ter começado a fazer podcasts quando não havia nada, e agora é a era dourada do podcast. Você fez a tomada do território." E eles estão completamente certos. Meu timing foi perfeito. Foi muita sorte e timing excelente, mas o que elas esquecem é que sempre há a próxima coisa. Elas não estão focando a próxima coisa: estão olhando para o passado e por aí vem o próximo Snapchat, o Instagram Stories, o Facebook Live. Sempre há uma próxima oportunidade para tomar o território e se tornar essa pessoa. Sim, eu sou considerado o "rei do podcast" em muitos nichos porque consegui construir um negócio de sete dígitos em torno do podcasting. Mas, desde que lancei meu podcast, apareceram pessoas que se tornaram o rei do Periscope, o rei do Snapchat e o rei do Instagram. Coisas que nem existiam quando lancei meu podcast. E, enquanto as pessoas estão dizendo "John, eu perdi o barco do podcasting", digo "Sim, mas você também perdeu o barco de todas essas outras coisas". Então, o que aprendi em *Vai Fundo!,* e que continua relevante para mim, é sempre manter seus olhos no horizonte.

15

VOICE-FIRST

Este deve ser meu capítulo favorito. Há boas chances de que a maioria das pessoas que leiam este livro já tenham ouvido falar de todas as plataformas que discutimos até agora, se não as tiverem experimentado. Mas poucos de vocês, no momento em que escrevo, estão sentados por aí pensando, *Qual vai ser meu Alexa Skill?* E você deveria, porque estamos prestes a conversar sobre uma inovação tecnológica que, com certeza absoluta, vai transformar como o mundo consume conteúdo. Chama-se Voice-First, e qualquer pessoa que esteja construindo uma marca pessoal precisa aprender sobre ela rápido e logo. Suas plataformas são o equivalente a uma propriedade de frente para o mar na praia ainda a ser descoberta, assim como o Twitter em 2006, o Instagram em 2010 e o Snapchat em 2012.

Eu comercializo atenção, e ultimamente estou particularmente interessado no que as pessoas prestam atenção durante as transições do dia, especialmente as três que ocorrem em casa: o que fazem nos primeiros quinze minutos da manhã, nos primeiros quinze minutos depois que chegam em casa e nos últimos quinze minutos antes de irem dormir. São períodos de transição. São os momentos em que fazemos um balanço, nos atualizamos e planejamos as próximas horas das nossas vidas. Estamos ocupados e queremos fazer isso rápido. Houve um tempo em que você pegava papel e caneta e fazia uma lista de afazeres, ligava o rádio ou até checava um aplicativo. Agora, no entanto, você nem tem que fazer isso. Tudo que tem que fazer é falar.

Os podcasts preenchem nossos cérebros durante os longos períodos de tempo em que estamos quietos, como quando viajamos ou dirigimos. Plataformas voice-first vão nos permitir preencher nossos cérebros durante todos os interstícios de nossas vidas, aqueles pedacinhos de tempo que costumavam ser perdidos em atividades menores como escovar os dentes, organizar o e-mail ou verificar as notificações do nosso telefone. Em 2016, o Google revelou que 20% das buscas no seu aplicativo móvel e nos dispositivos Android era feita por voz. O número só vai aumentar, e rápido. E você tem uma ótima oportunidade de garantir que sua marca cresça com essa tendência.

Neste momento, há dois concorrentes chave: Alexa, da Amazon, reproduzida através de um dispositivo chamado Echo, e o Google Assistente, reproduzido a partir do dispositivo Google Home. A Microsoft, a Apple, a Samsung e outras estão se preparando para fazer suas respectivas entradas no espaço com plataformas próprias, mas neste momento faz sentido focar apenas as duas maiores. Eu comecei com a Alexa, lançando um Flash Briefing Skill chamado GaryVee365. Um Flash Briefing é um comunicado curto (um comunicado relâmpago) oferecendo aos usuários um pedaço-chave de informação. O meu oferece motivação diária deste seu fiel amigo. O Skimm põe no ar seu resumo das principais notícias do dia; o eHow apresenta dicas diárias para a vida. Adicione esses e outros à sua lista de Flash Briefings e quando você pergunta por ele, dizendo "Alexa, me dê meus Flash Briefings", ou até, "Alexa, quais são as novidades?", ouvirá suas fontes favoritas, uma após a outra.

Outros Skills oferecem experiências mais interativas. Habilite o *The Tonight Show* Skill (em vez do Briefing) e você poderá pedir o monólogo mais recente do Jimmy Fallon, mas também pode obter a lista de convidados mais recentes do *Tonight Show* ou um detalhe das suas Notas de Agradecimento mais recentes, um segmento popular nas quais ele expressa gratidão por quaisquer coisas, desde Pop-Tarts a Ryan Gosling. Eu poderia desenvolver um Skill chamado GaryVee Recomenda Vinho, que recomendasse três vinhos para o que você dissesse que vai comer e lhe desse a habilidade de pedir esses vinhos a partir do Skill por meio de um serviço de entrega de álcool terceirizado, como Drizly ou Minibar Delivery, ou da loja de vinho da minha família, Wine Library.

O que estamos vendo com o desenvolvimento do Voice-First é o ápice do nosso vício em velocidade. O mundo se move rapidamente e queremos acompanhar. Se há uma escolha entre ler uma notificação ou verificar um aplicativo e obter a mesma informação via Voice-First, que nos permite manter as mãos livres e entrar no multitarefa, em geral, escolheremos a última opção. Assim como as primeiras máquinas de lavar e cafeteiras, plataformas Voice-First vão economizar o tempo das pessoas. Uma vez que as massas entenderem isso, vão migrar para elas. Esteja pronto e aguardando quando isso acontecer.

Seu Flash Briefing será uma versão de um minuto do seu podcast de uma hora, um áudio de um minuto dos seus vídeos ou streams ao vivo de oito minutos, ou uma seleção de um minuto de suas imagens bonitas do Instagram. Você pode trazer muito valor às pessoas agora, quer crie no Google, na Amazon, ou nos dois. Enquanto as marcas estão desenvolvendo incontáveis Skills, a maioria oferece a mesma experiência básica. O campo está livre para qualquer pessoa esperta o suficiente para trazer algo fresco e novo. Tomem o território, meus amigos, e se tornem uma parte vital da rotina matinal de seus clientes. Muito em breve, quando mais marcas atingirem essas plataformas, será mais difícil tornar uma marca reconhecida pelas pessoas. Não deixe esse momento passar. Não deixe os grandões roubarem todas as propriedades baratas. Por favor, feche este livro agora e vá criar seu Skill. Seu áudio com a dica do dia, em um minuto, pode ser o que compele uma pessoa a colocar seu podcast durante a ida para o trabalho de manhã em vez da rádio de sempre ou do rock clássico.

Skills: Iª Lição

▶ Mantenha seu conteúdo super breve.

▶ Torne-o nativo. Não faça o que fiz com meu podcast original, quando apenas transferi o áudio de um vídeo na plataforma de podcast. Personalize seu conteúdo para que seja adequado às razões pelas quais as pessoas estão ouvindo, quer dizer, para obter blocos de informação rápida e facilmente digerível. "Hey, usuários do Alexa..."

▶ Faça da melhor qualidade possível. Não posso reforçar o quão importante é não tratar seu Skill como um lugar de descarte. É ótimo juntar os pedaços dos seus outros conteúdos para que não vão para o lixo, mas estude cada pedacinho com cuidado e use sua imaginação e criatividade para gerar algo novo com eles.

Sabe como é irritante o processo de sair de uma lista de e-mails? Primeiro, você tem que ir para a parte de baixo do e-mail e buscar o botão de cancelamento. Depois, tem que insistir em uma caixa perguntando se está absolutamente certo de que quer sair, e se pode dizer por que. E, então, depois de confirmar que o seu e-mail foi removido da lista, lhe dizem que pode levar alguns dias úteis para os e-mails pararem de chegar.

No Voice-First, tudo que as pessoas terão que fazer uma vez que perderem interesse em você é dizer, "Alexa, remova o Flash Briefing do MumboJumbo" e bum, está feito. Não há espaço para erro. Sem espaço para conteúdo irritante, longo ou de baixa qualidade. Vá em frente e documente o processo enquanto aprende como criar seu conteúdo — você pode usar clipes de todo esse material para outros conteúdos — mas assegure-se de que qualquer segmento que você publique seja curto e direto. Você precisa ser formidável desde o início ou, em três milissegundos, já era.

Voice-First vai se tornar um pilar imenso nas nossas comunicações. Quando este livro for publicado, a Alexa, da Amazon, o Google Assistente, a Siri, da Apple, ou algumas outras plataformas estarão conversando conosco em nossos carros. Lembre-se de quando achávamos fantástico poder estar dirigindo, de que costumávamos gostar de "Lady", do Kenny Roger, e fazer download dos seus maiores sucessos assim que chegássemos ao nosso destino (porque nunca faríamos isso enquanto estávamos dirigindo, certo?). Logo, não teremos que esperar para tocar uma música ou encostar o carro para digitar uma localização em um aplicativo de mapa. Vamos dizer à Alexa o que queremos que ela faça e ela fará. Finalmente, mandar mensagens de texto dirigindo será algo do passado — a não ser que estejamos em nossos carros sem motorista.

Skills: 2ª Lição

Não há segunda lição. A funcionalidade é tão nova que estamos apenas iden-tificando as melhores práticas agora. Espero que você compartilhe as suas comigo quando as descobrir e explore todas as possibilidades empolgantes deste espaço. Entre em contato em @garyvee (em inglês).

Minha intuição é que todas as marcas no espaço como-fazer migrarão para o Voice-First até 2020, e vão batalhar para serem aquelas escolhidas para ensinar às pessoas como fazer cookies, harmonizar vinhos, melhorar no xadrez e limpar carpetes. Será nosso recurso em movimento também. Quando estivermos trocando óleo na garagem, não vamos pegar o manual do carro ou consultar no Google "como trocar o óleo do seu carro". Vamos apenas falar "Me diga como trocar meu óleo", e o Voice-First, em uma prateleira ou apoiado na parede, vai nos perguntar que tipo de carro dirigimos e nos guiar em um passo a passo do processo. Neste momento, estamos colocando tecnologia Voice-First em apenas um ou dois cômodos da casa. No futuro, não iremos a qualquer lugar sem isso.

Imagine Isto: Alexa Skills

Digamos que você seja uma consultora de etiqueta de quarenta e nove anos chamada Marlo. Você costumava achar que ia ensinar às crianças os refinados temas de conversas educadas e o estilo continental de se alimentar, mas, ao longo do tempo, seus serviços foram cada vez mais solicitados por empresas desesperadas para fechar as lacunas educativas dos seus millennials. Eles simplesmente não sabem nada sobre protocolo apropriado, especialmente em negócios internacionais ou relações formais. Seu negócio está indo bem, mas as coisas estão começando a parecer uma rotina.

Você está na casa de seu namorado um dia e o ouve pedir à Alexa para lhe dizer as notícias. Uma voz aparentemente humana lê as manchetes diárias, o tempo, alguns resultados de esportes, fatos curiosos do dia, todos de diferentes veículos de mídia.

Fato curioso do dia? Isso não é notícia; é só aprender por aprender.

Uma lâmpada se acende.

Você passa as próximas semanas gravando respostas para cada pergunta de etiqueta que pode pensar. Como se dobra um guardanapo em um jantar formal? Devo convidar meu chefe para o meu jantar de aniversário? Qual a melhor pergunta para quebrar o gelo? Como termino uma conversa em uma festa sem ser rude? Posso usar tênis pretos com um terno preto? Você poderia ter feito essas perguntas para o seu telefone, mas busca "Como construir um Alexa Skill" online e descobre que há um estúdio a poucos quilômetros da sua casa que vai ajudá-la a gravar o arquivo de áudio. Você faz upload do seu novo Alexa Skill, A Especialista em Boas Maneiras, e divulga para os seus clientes e em todos seus canais de conteúdo. Eles adoram a forma como as plataformas os deixam entrarem em contato com você em um cara a cara virtual. Isso lhes dá confiança. Por fim, você adiciona "chamadas à ação" para direcionar as pessoas para outros elementos do seu conteúdo na internet, para que descubram versões maiores das respostas que obtiveram de você, bem como posts convidados de outros experts e entrevistas com pessoas compartilhando suas mais divertidas e estranhas gafes.

Imagine Isto: Flash Briefings

Digamos que você seja um paisagista de trinta e sete anos chamado Johnny. Seu negócio, Johnny's Landscape Art, gera cerca de US$200 mil por ano. Você decide que precisa aumentar a consciência da sua marca, então lança onze Flash Briefings: Dicas de Jardim Diárias do Johnny — Zona 1, Dicas de Jardim Diárias do Johnny — Zona 2, e daí por diante. Cada dia do ano, você apresenta a informação sazonal do campo que vai ajudar os jardineiros a cuidar melhor de seus jardins, personalizada para cada uma das onze zonas de rusticidade do Departamento de Agricultura dos Estados Unidos, que são baseadas nas temperaturas mínimas da região. "É 21 de abril e a primavera chegou. Zona 4, você quer começar a fertilizar esses bulbos de primavera. Amigos da Zona 9, quero que você considere plantar cítricos. Zona 5, agora que sua forsythia está florescendo, certifique-se de não esperar muito para podá-la, ou ficará toda irregular ano que vem." Você é o primeiro desse tipo na Amazon, e é realmente bom nisso. O amor que tem pelo seu trabalho e sua natureza brincalhona transparecem clara e brilhante para os jardineiros e donos de casa que o adicionam como um dos Flash Briefings da sua seleção matutina.

Enquanto isso, Yvette, em Seattle, está no comando da curadoria da Alexa Skills Store, e está entediada. Cada Flash Briefing é a mesma rotina notícia-tecnologia-clima-esporte de novo e de novo... espera um pouco. O que é esse Dicas de Jardim Diárias do Johnny? Bom, é diferente. Diferente é bom. Ela coloca um deles na página de Skills.

E isso, bem, *isso* é por que você deve criar conteúdo para o Alexa agora. O que o Facebook fez para jogos de redes sociais e a Apple fez para aplicativos, a Amazon está fazendo para Skills e Flash Briefing. Eles vão fazer comerciais para aumentar a consciência sobre seu novo produto. Você pode imaginar se a sua voz for uma daquelas que o país inteiro ouve como exemplo de um ótimo Flash Briefing? Poderia fazer por você o que a escolha da Apple em tocar "1234" no comercial de 2007 para o iPod Nano fez para a Feist.

Eis aqui a melhor parte. Você sabe como estou sempre falando que tudo que quero que você faça vai ser difícil e vai precisar de muita paciência? Não dessa vez. Não vai lhe tomar muito tempo ou esforço para ser descoberto por criar um Flash Briefing por causa da grande novidade. Mas vai demorar uns cinco anos. Daqui a cinco anos, todo mundo terá um Flash Briefing, e é altamente improvável que o seu seja percebido sem um marketing danado para conseguir exposição. Daqui a cinco anos, o momento terá passado. Não espere.

Por que sabe o que mais aconteceu com você, Johnny? Seus Flash Briefings são exibidos, decolam e de repente você recebe um e-mail de Cindy, do Missouri, perguntando se está interessado em fazer uma franquia da sua marca, agora conhecida em todo o país. Dentro de dois anos, seu negócio de US$200 mil por ano agora está recebendo um cheque de US$25 mil a cada ano de setecentas pessoas em todo o país.

A propósito, Marlo, a Especialista em Boas Maneiras, deveria fazer isso também, além de fazer seu Skill. Ela deveria fazer uma nova gravação de 365 questões de etiqueta, uma para cada dia do ano. Você sabia que, mesmo na era digital, uma nota de agradecimento escrita a mão deve sempre ser enviada após uma entrevista de emprego? Você sabia que a palavra *etiqueta* é derivada da palavra francesa "*étiquette*" e das tentativas do Rei Luís XIV de evitar que os visitantes pisassem em seus jardins? Ela precisa fazer isso pelo simples motivo de poder fazê-lo, por que o custo dos imóveis na internet ainda é muito, muito baixo. Não seja o comprador de primeira viagem de uma casa em Malibu em 2017; seja Thomas Jefferson comprando cerca de oito mil milhas quadradas do território da Louisiana por três centavos de dólar por acre em valores de

1803 (deixando de lado a parte de ferrar com os índios nativos americanos que já viviam naquela terra).

No Horizonte

Enquanto eu trabalhava neste livro, a Amazon anunciou que havia comprado a Whole Foods por pouco mais de US$13,4 bilhões. Todos nós acordamos com essa notícia e pensamos, *Como diabos isso aconteceu?* Nunca deveria ter acontecido. A Whole Foods deveria ter comprado a Amazon. Houve um momento, vinte anos atrás, em que a Whole Foods era um negócio muito maior do que a Amazon, e quando a sua empresa é muito maior do que a de outra pessoa, com tanta liderança, você nunca deveria perder. E se perder, é porque seu oponente inovou antes de você.

Para aqueles que acham que não precisam investir em todas as plataformas porque estão concentrando esforços onde veem o maior ROI (Retorno Sobre o Investimento), digo que estão sendo tolos. Posso pensar em vários blogueiros que eram extremamente populares em 2004. Era a nova fronteira, e eles haviam se posicionado no meio e à frente, mas ignoraram o crescimento do YouTube, dos podcasts e do Twitter, e são agora irrelevantes. Eles encontraram algo que funcionava e preferiram descansar à sombra dos louros em vez de continuarem vorazes e afiados. **Viravam o nariz para a mídia tradicional, e então se tornaram a mídia tradicional.**

Vemos isso o tempo todo. A ESPN fez a *Sports Illustrated* parecer ultrapassada. A *Bleacher Report* está no processo de fazer a ESPN parecer antiquada. A *Barstool Sports* já está começando a tornar a *Bleacher Report* obsoleta. Aconteceu com a Macy's. Aconteceu com Radio Shack, Woolworth's, Tower Records, Nokia... Eles detonaram, estagnaram e morreram. Não são diferentes de qualquer marca detonando hoje. Um dia podemos ter um momento "que diabos?" quando ouvirmos que Ralph Lauren pediu falência ou que a *GQ* não existe mais. Aprenda a lição agora: todo mundo está jogando o mesmo jogo.

Se você não jogar no ataque o tempo todo, todo dia, todo ano, não importa quanto sucesso tenha, algum dia vai acabar jogando na defesa.

Você tem que continuar olhando à frente. Estou de olho em Marco Polo, Anchor, After School, RA (realidade aumentada), RV (realidade virtual), e IA (inteligência artificial). Sabe o que vai acontecer? Um dia vai haver uma pequena bola sobre a cabeça de cada ser humano gravando tudo o que eles fazem. Juro por Deus, vai acontecer. Talvez seja uma câmera incorporada ao seu corpo. Não sei os detalhes, mas sei que gravar e documentar cada minuto de nossas vidas será perfeitamente normal um dia. Você pode achar isso terrível, e até assustador, mas imagine que pudesse ver sua avó agora. Imagine ver ela percorrendo a vida quando moça, observando ela se apaixonar pelo seu avô, criar seus filhos, sua mãe, ou começar um emprego novo — não como se você estivesse vendo um filme, mas sentindo como se você estivesse fisicamente se movimentando no mundo dela junto a ela. Esse é o grau de realidade que a tecnologia vai ter. A questão não é se, mas quando.

A paixão que desenvolvi em torno do Alexa Flash Skills é a mesma que eu tinha pelo Twitter e pelo YouTube em 2008, quando escrevi a mãe deste livro, *Vai Fundo!*, quando as massas não sabiam de que diabos eu estava falando. Agora as pessoas sabem do que estou falando quando o assunto é o Twitter, o Instagram e o YouTube, mas ainda não estão dando o próximo passo. Não estão provando, tentando e experimentando. Estão deixando isso para mim. Não deveriam. Eles deveriam estar lá fora comigo, tentando por conta própria.

Você não deveria ter que se voltar para mim para perguntar o que vem aí. O que *você* vê? Tudo que estou fazendo é olhar na direção do horizonte para ver quais plataformas estão chamando a atenção das pessoas e mudando seu comportamento. Se eu vir algo que está gerando resultados consistentemente, olho mais de perto, e então mais demoradamente, e então começo a fazer. É tudo que você tem que fazer também. Não sou clarividente; só tenho muito mais paciência do que você.

COMO ESTOU DETONANDO

Andy Frisella, The MFCEO Project

IG: @ANDYFRISELLA

Andy Frisella parece um homem que pode esmagar sua cabeça como uma laranja. Para alguém na sua linha de trabalho, é algo bom. Forte e malhado, seu rosto com leves cicatrizes de um antigo ataque à faca, Andy é fundador e CEO — na verdade o MFCEO (vou deixar você adivinhar o que quer dizer o MF) — de duas companhias dedicadas a boa forma e saúde.

Leitor voraz, encontrou *Vai Fundo!* por acaso. Ele comprava livros regularmente conforme saíam na Amazon, independentemente de ouvir coisas boas sobre eles ou não, pensando que se pudesse juntar até uma ou duas dicas úteis ou ideias provocadoras de cada um, seu tempo teria sido bem gasto. No momento da publicação de *Vai Fundo!*, Andy já estava no negócio há dez anos, vendendo produtos de nutrição esportiva através de sua rede de lojas físicas sediada no Missouri, a Supplement Superstores (S2). Apesar dos seus oito estabelecimentos, a S2 estava fazendo o que a maioria dos negócios fazem — ganhando tempo. O negócio era bom, mas não ótimo, certamente não o suficiente para Andy levar para casa mais de US$50 mil por ano. Era tudo que um cara solteiro precisava para pagar o aluguel e sair para jantar de vez em quando, mas as ambições de Andy tinham sido significativamente maiores quando ele e seu parceiro de negócios, Chris Klein, haviam lançado a loja original. Por toda a sua vida, Andy havia sido empreendedor, vendendo cartões de baseball, casquinhas de sorvete e até lâmpadas porta a porta. Ele gostava de fazer dinheiro e estava frustrado por não conseguir que o negócio crescesse mais rápido. Embora não estivesse conseguindo trazer os retornos que pensava serem possíveis, era melhor do que trabalhar para outra pessoa. Em todo caso, não ia desistir e procurar um "emprego de verdade". Então, Andy decidiu que, se fazer outra coisa não era uma opção, ele precisava focar na parte do negócio de que gostava — ajudar as pessoas a criarem suas histórias. Os clientes visitavam suas lojas e voltavam seis meses depois completamente transformados depois de usar o conhecimento e os produtos que haviam levado para casa. Alguns tinham perdido quase cinquenta quilos; muitos tinham mudado completamente suas vidas.

Assim, Andy apostou dobrado em fazer o melhor por seus clientes, assegurando-se de que eles saíssem de sua loja se sentindo confiantes e equipados com tudo que precisavam para atingir suas metas. O tráfego na loja aumentou imediatamente.

Todo mundo sabe quando está sendo convencido. Não importa quão malandro e legal um vendedor seja, os clientes o reconhecem. Todos os conhecemos. E, quando se tem alguém que realmente se preocupa, as pessoas sentem a diferença. Elas sentem isso na conversa e no coração. E tem que vir de uma forma genuína, ou não funciona.

Foi mais ou menos nessa época que ele encontrou *Vai Fundo!*, que também fala sobre se preocupar com os clientes e focar o que está fornecendo aos outros, em vez de você mesmo. Foi um momento decisivo, reforçando seus instintos e confirmando que ele estava levando o negócio na direção certa.

Eu tinha paixão por ganhar dinheiro, e foi o que me segurou por tanto tempo. Queria tanto ganhar dinheiro que tudo com o que me preocupava era ganhar dinheiro, como a maioria dos caras que estão tentando começar negócios. E, quando você está sempre focado no dinheiro, não pensa realmente no que poderia fazer melhor por seus clientes. Quando mudei meu foco e comecei a me preocupar com o cliente na minha frente, as coisas começaram a acontecer. Não sou super apaixonado por halterofilismo, não sou doido por malhação. Eu malho e fico em forma, mas é só parte do que faço para poder ser outras coisas. Tenho paixão por criar as histórias de sucesso das pessoas.

Andy e Chris realocaram uma baita parcela do seu orçamento de marketing para melhorar as transações com clientes na loja. Eles entregaram camisetas grátis. Contrataram pessoal extra para aconselhar pessoas sobre sua nutrição. Colocaram guarda-chuvas perto da porta para as pessoas levarem com elas se começasse a chover. Em resumo, eles forneceram uma experiência ao cliente completamente diferente do que as pessoas estão acostumadas.

O negócio deles dobrou de tamanho. Todos os anos. Cinco anos seguidos.

Por fim, eles aumentaram seu orçamento de marketing e propaganda. "Anunciar deveria ser usado para propagar o que estão falando sobre você. As pessoas estavam nos encontrando, entrando na nossa empresa, ficando e comentando com os amigos. Se as pessoas não estão falando bem, tudo o que a propaganda vai fazer é acelerar sua morte."

Em 2009, Andy e Chris abriram outra empresa, a 1st Phorm, uma marca premium de suplementos. Essa foi criada desde o início nos princípios que Andy havia finalmente descoberto serem críticos para o sucesso nos negócios.

A estratégia de marketing para construir a 1st Phorm era simples e básica — cuide dos clientes, dê a eles exatamente o que querem e mais, e então crie oportunidade para eles dizerem facilmente a outros que ótima experiência tiveram. É nesse ponto que as mídias sociais entram. Andy estava no Facebook há um tempo, mas não o havia usado propriamente. Agora, ele tinha uma abordagem estratégica, jogando pesado com conteúdo de valor em vez de fotos constantes de seu cachorro (apesar dos cachorros do Andy ainda terem muito tempo de tela, e merecidamente), criando um lugar no qual sua comunidade podia se encontrar. Além disso, começou a construir sua marca pessoal. Ele tentou o Twitter, mas sofreu com ter que compactar tudo que tinha para falar em 140 caracteres, então, embora @1stPhorm tenha um número de seguidores saudável, você não vai achar o Andy lá. Ele considera o Snapchat um ferramenta "edificante", porque permite que o mundo veja o trabalho da vida real, os bastidores do empreendedorismo, embora ele admita que agora usa mais o Instagram Stories. Com relação ao Instagram, ele fez exatamente o oposto do que geralmente funciona para a plataforma (com grande eficácia — ele tem mais de seiscentos mil seguidores).

Posto fotos e vídeos e faço legendas grandes. E quando eu comecei, as pessoas me disseram, 'Olha, ninguém quer ler esta droga', mas, aparentemente, querem. Com as mídias sociais, acho que é mais sobre ser autêntico a você mesmo e achar qual coisa vai se adequar melhor a você, e não a todos, e decidir onde você deve estar. É encontrar o que funciona e trabalhar com isso.

Juntas, as empresas cresceram de US$1 milhão em vendas para US$100 milhões. Andy prevê que, em 2018, verá mais do que US$200 milhões.

À medida que sua marca e seu negócios cresciam, as pessoas começaram a perceber que Andy sabia algo que outros empreendedores não sabiam. A imprensa o abordou para saber sua história e, quanto mais ele compartilhava, mais as pessoas queriam saber. Ele encontrou um escritor, Vaughn Kohler, que sugeriu que ele escrevesse um livro. Ele estava pronto, e os dois se sentaram para uma série de entrevistas. Gravaram as sessões, e Andy pensou que alguns clipes poderiam ser um bom conteúdo para o Instagram e Facebook. Na mosca. "Eles começaram a ficar loucos. Eu tinha um que tinha dois ou três milhões de visualizações, e era um clipe de quinze segundos!"

Depois de cada post, Andy recebia mensagens de pessoas perguntando onde eles poderiam ouvir o podcast completo, então, Andy percebeu que era melhor produzir um. Em junho de 2015, ele e Kohler começaram a apresentar The MFCEO Project, um podcast motivacional sobre negócios e sucesso. O primeiro episódio estreou como número um e o programa ficou nos Top 50 da categoria de gerenciamento e marketing no iTunes desde então, gerando 1,5 milhão de downloads por mês. A persona de Andy e sua entrega apaixonada o tornaram um palestrante nato no circuito e as conversas começaram a surgir. Ele gosta tanto de falar em público que aceita cada oportunidade que tem, "sejam cinco ou cinco mil pessoas." Algumas vezes, quando está animado para isso, fala de graça; às vezes, recebe US$50 mil por um único evento.

Começando em meados de 2017, ele lançou um canal no YouTube, The Frisella Factor, no qual responde às perguntas enviadas por e-mail dos ouvintes do seu podcast.

Levou dezoito anos para Andy chegar aonde está agora, e ele inveja a geração mais jovem de empreendedores, que nunca terão conhecido um mundo no qual não podem se conectar ao mundo maior com o clique de um mouse. No entanto, ele também acha que a geração mais jovem faria bem em lembrar que certos valores e práticas de negócios são eternos.

Minha jornada levou muito mais tempo do que deveria. Criamos nosso primeiro negócio pré-mídias sociais, construindo tudo através do boca a boca real. Nosso segundo negócio foi criado pós-mídias sociais. Então fizemos em ambas as épocas. E a razão do nosso sucesso é porque as lições que aprendemos no pré-social são aplicáveis ao pós-social; você só tem que usar as ferramentas da forma correta para acelerar o boca a boca. Mas, se está começando agora, se levar dezessete anos, há algo errado com seu cérebro. Você pode atingir as pessoas instantaneamente, e recebe feedback instantâneo. Todas as coisas que nos levaram meses e anos para descobrir podem ser conhecidas em um curto período de tempo. Agora você pode se conectar com as pessoas no mundo todo, minuto a minuto. Os jovens que estão começando são sortudos.

Mas estão em desvantagem também. Eles confiam muito no social. Dependem muito das curtidas, dos compartilhamentos, das mensagens e não o suficiente na interação cara a cara. E aprender como criar experiência com o cliente é no cara a cara, rapaz. Você sabe, ver os olhos de alguém brilharem, ver alguém sorrir, ver alguém abordar você, apertar sua mão e dizer, "Muito obrigado por me ajudar com isso. Eu realmente agradeço." Essas coisas você não pode ter na internet. A não ser que possam passar por esse processo, eles sempre estarão tentando automatizar. E é por isso que você vê tantas pessoas criando um produto que vendem, e não criando uma marca verdadeira que representa algo. Se puder juntar estes conceitos [a esperteza da mídia social com as habilidades para fazer contato cara a cara com empatia e cuidado], você realmente tem algo especial.

CONCLUSÃO

É comum me perguntarem o que aprendi desde que publiquei *Vai Fundo!*. A resposta é esta: eu estava certo. As mídias sociais equivalem a negócios. A inovação deixa as pessoas desconfortáveis. Deveríamos nos importar desesperadamente com tudo, mas não com o que qualquer outra pessoa ache. Alguém sempre vai tentar derrubá-lo. Talento tem pouco valor sem paciência e persistência. O sucesso dá muito trabalho, e as pessoas que conseguem chegar lá e detonar são aquelas que entendem tudo isso e vão atrás de seus sonhos mesmo assim.

Quero que você ache sua coragem e vá em frente. Em algum lugar lá fora está um engenheiro de meia idade, um pai solteiro exterminador de insetos ou um vendedor de loja de departamento tentando terminar a faculdade que está lendo este livro e pensando, *Cara, como eu odeio este emprego. Mas eu amo pizza. Vou começar um canal do YouTube e serei o novo Mario Batali.* As pessoas vão pensar que é uma ideia ridícula, assim como acharam que eu era ridículo quando escrevi *Vai Fundo!*. Mas isso não é ridículo. Não é nem docemente otimista. A experiência comprova. Quando escrevi *Vai Fundo!*, estava basicamente contando para o mundo o que tinha feito para fazer o negócio de vinho crescer em Nova Jersey. Agora, escrevendo este livro, sou um jurado no primeiro programa original da Apple. Espero que este livro tenha inspirado você a mudar sua vida para melhor. As pessoas me dizem muitas vezes que querem ser como eu. Prefiro que você seja como você, mas se quer realmente ser como eu, deixe de ser estudante de empreendedorismo e comece a fazer o maldito trabalho. Se fizer isso, este será o último livro de negócios que precisará ler. O sucesso vai acontecer mais rápido para alguns do que para outros, mas se você estiver amando a vida e fazendo aquilo que acha que nasceu para fazer, estará indo na direção certa. Mantenha o curso. Vale a pena ser corajoso. Se ajudar, pense em mim como o escudo entre você e toda a negatividade lá fora. Acredite em mim, eu ouvi cada crítica e resisti a cada insulto. Tive que defender minha posição milhares de vezes e enfrentei decepções. Levei todos os socos, e não só estou de pé, mas estou mais forte do que nunca. Não há nada que alguém possa lhe dizer que já não tenha sido dito a mim. Se eu tenho estômago para isso, você pode ter também — se quiser detonar com afinco.

Lembre-se, você não está trocando seu emprego por uma vida mais fácil — não há nada fácil em se tornar empreendedor e influenciador. Você está trocando seu emprego por uma vida diferente, com mais flexibilidade e diversão. Chad Collins (Twitter: @chadcollins) credita *Vai Fundo!* como uma ajuda para criar suas empresas de sete dígitos e dois festivais de fãs que bateram recordes mundiais no Guiness World Records, LEGO Brick Fest Live e Minefaire, a partir de um canal do YouTube que ele criou com sua filha de sete anos de idade. Collins tentou efetivamente evitar a vida empreendedora, porque sabia o quão difícil poderia ser. "Cresci em uma família de empreendedores e quando tudo estava bem, ótimo. Quando estava ruim, era realmente muito ruim. Escolhi trabalhar para o sistema de propósito." Mas ele não estava feliz sendo um "intrapreendedor" e, quando viu uma chance de criar a vida dos seus sonhos, ele a agarrou. Ele acredita que a experiência programou sua filha para o sucesso também, não importa o caminho que ela escolha seguir. "Jordyn foi entrevistada pelo *Time for Kids*, que a destacou na página inicial do site. Desde que fez nove anos, comanda a apresentação de trívia do LEGO nos eventos. Ela criou sua própria apresentação de PowerPoint. Vendo como isso começou, ela sabe que será capaz de conseguir realizar tudo que quiser. Ela e meu filho viram tudo acontecer. Ela terá sucesso enquanto mantiver a confiança que tem e aplicá-la ao que fizer." Sim, ela terá. E também terá qualquer pessoa que esteja disposta a correr riscos e levar a sério os princípios deste livro. Por favor, por favor, tente, se não por você, pelas pessoas que ama, que estão o observando e que querem que seja feliz.

Você sabe onde estamos nesse jogo? Ainda nem ouvimos o hino nacional. Nem chegamos ao estacionamento ainda. Eu não posso esperar para ver sobre quais plataformas estaremos falando em mais nove anos. Nunca tenho medo do futuro. Recordar sobre como mais fácil e lenta a vida era no passado é praticamente um esporte nacional. As pessoas se perguntam se estamos sacrificando algo insubstituível, talvez até mudando a condição humana, quando ficamos cada vez mais obcecados com velocidade e produtividade. Não me preocupo com isso, porque estamos simplesmente fazendo aquilo que sempre fizemos, o que nascemos para fazer. **Somos nostálgicos, mas nossas ações nos traem.** Quantas pessoas acima de treze anos nos EUA não têm um telefone celular? Praticamente ninguém. Enquanto existirmos, os seres humanos vão continuar a incorporar quaisquer invenções e inovações que nos ofereçam mais velocidade e conveniência. Você não vai perder sua alma se fizer isso. Na verdade, se realmente for um empreendedor, vai pegá-la de volta.

AGRADECIMENTOS

Cinco foi sempre meu número favorito, então, publicando meu quinto livro de negócios, é especialmente importante agradecer à equipe que valorizo mais do que tudo no mundo — minha fantástica esposa, Lizzie; meus filhos, Misha e Xander; meus inacreditáveis pais, Sasha e Tamara; e meus irmãos e cunhados. Só sou capaz de viver esta vida por causa do amor e da infraestrutura que vocês me oferecem. Agradeço a vocês do fundo do meu coração.

Também quero dar um gigantesco salve para todo o Time GaryVee, que contribuiu com seus esforços e competências para este livro, bem como todas as pessoas que estão à minha volta diariamente, cujo talento e coração tornaram a VaynerMedia o que é. Além disso, devo gratidão enorme à toda a equipe da HarperBusiness, especialmente ao meu editor, Hollis Heimbouch.

Finalmente, não há chance de que qualquer destes livros existisse sem meu braço direito, Stephanie Land, que colaborou comigo em todos os cinco. Ela se tornou muito mais do que uma ghostwriter. Ela é minha amiga.

NOTAS

Introdução

9 Com receitas de 6 dígitos: Claire Martin, "Feel the Noise: D.I.Y. Slime Is Big Business," *New York Times*, 25 jun. 2017, p. 6.

9 Em agosto de 2017: Sam Gutelle, "Karina Garcia, YouTube's 'Slime Queen,' Is Heading on Tour with Fullscreen," Tubefilter.com, 7 jul. 2017, www.tubefilter.com/2017/07/07/karina-garcia-youtubes-slime-queen-is-heading-on-tour-with-fullscreen.

Capítulo 1: O Caminho é Todo Seu

14 A audiência diária do YouTube: Feliz Solomon, "YouTube Could Be About to Overtake TV as America's Most Watched Platform," Fortune.com, 28 fev. 2017, fortune.com/2017/02/28/youtube-1-billion-hours-television.

14 Um a cada cinco minutos: Facebook Audience Insights.

14 A cada minuto: Facebook Audience Insights.

14 Cerca de 3 bilhões de snaps: Snapchat, 17 out. 2017.

14 Consequentemente, desde 2009: "CMO Survey: Social Media Spending Falls Short of Expectations," Duke University Fuqua School of Business, news release, 23 ago. 2016, www.fuqua.duke.edu/news_events/news-releases/cmo-survey-august-2016/#.WPYg6I4kqV5.

14 Os YouTubers de maior receita obtiveram uma renda combinada: Zachary Crockett, "The 10 HighestEarning YouTube Stars Made $70.5 Million in 2016," *Vox*, 9 dez. 2016, https://www.vox.com/culture/2016/12/9/13894186/highest-earning-you tube-stars-2016.

14 No passado, a lista de maiores sucessos: Madeline Berg, "The World's Highest-Paid YouTube Stars 2015," *Forbes*, 14 out. 2016, https://www.forbes.com/sites/maddieberg/2015/10 /14/the-worlds-highest-paid-youtube-stars-2015/#2f1cb6b53192.

14   Os Instagrammers mais populares: Bianca London, "How Much Are YOUR Instagram Posts Worth? Users with 1,000 Followers Could Net £4,160 a Year by Promoting Brands (and Anyone with 100,000 Can Earn More than a Lawyer), DailyMail.com, 12 nov. 2015, www.dailymail.co.uk/femail/article-3313864/How-Instagram-posts-worth-Users-1–000-followers-net-4–160-year-promoting-brands-100–000-earn-lawyer. html.

15   O salário mediano: Todd Campbell, "What's the Average Income in the United States Now?" *Motley Fool*, 24 mar. 2017, https://www.fool.com/investing/2017/03/24/whats-the-average-income-in-the-united-states.aspx.

18   "Eu achava que... minha voz era o que eu sou": Peoplestaff225, "Julie Andrews: Losing My Voice Was 'Devastating,'" People.com, 20 mar. 2015, http:// people.com/movies/julie-andrews-sound-of-music-star-opens-up-about-losing-her-voice.

19   Lançar um novo projeto que busca preencher: Natt Garun, "CNN to Start a New Media Brand with YouTube Star Casey Neistat," *Verge*, 28 nov. 2016, www.theverge.com/2016/11/28/13762792/cnn-beme-shut-down-casey-neistat-new-startup.

Capítulo 3: O Oitavo Essencial — Conteúdo

88.   Mais de vinte quilos: Rich Roll, "Finding Ultra," RichRoll.com, www.richroll.com/finding-ultra.

88.   da mesma doença cardíaca: Camille Lamb, "Rich Roll, Vegan Ultra-Athlete Recovered from Alcoholism and the Standard American Diet," MiamiNewTimes.com, 27 out. 2012, www.miaminewtimes.com/restaurants/rich-roll-vegan-ultra-athlete-recovered-from-alcoholism-and-the-standard-american-diet-6572006.

94   Seu alcance e popularidade haviam aumentado: Adam Skolnick, "A Brutal Competition, Island to Island, in Sweden," NewYorkTimes.com, 5 set. 2017, https://www.nytimes.com/2017/09/05/sports/a-brutal-competition-island-to-island-in-sweden.html?r= 0.

95   Em uma entrevista para o *New York Times*: Ibid.

Capítulo 5: A Única Coisa que Você Precisa Dar a Si Mesmo para Detonar

122   O exame LEED AP é tão rigoroso: Sarah Ward, "How Hard is the LEED exam? Harder than Passing the Bar?" *Poplar*, 14 mar. 2014, https://www.poplarnetwork.com/news/how-hard-leed-exam-harder-passing-bar.

Capítulo 8: Musical.ly

142   A empresa agradou imediatamente: Biz Carson, "How a Failed Education Startup Turned Into Musical.ly, the Most Popular App You've Probably Never Heard Of," *Business Insider*, maio 28, 2016, www.businessinsider.com/what-is-musically-2016–5/.

142   Hoje em dia, há 200 milhões de usuários: Musical.ly Quick Stats, acessado 18 set. 2017.

145 Em 2012, 65% dos novos programas: Anthony Ocasio, "TV Success Rate: 65% of New Shows Will Be Canceled (& Why It Matters)," ScreenRant.com, 17 maio 2012, http://screenrant.com/tv-success-rate-canceled-shows/.

Capítulo 9: Snapchat

157 Apesar dos seus 173 milhões de usuários diários ativos: Snapchat, 17 out. 2017.

160 Seu carinho pela plataforma: DJ Khaled, *The Keys*, Crown Archetype, nov. 2016, p. 122, https://books.google.com/books?id=cpWxCwAAQBAJ&q=p+122#v=onepage&q=122&f=false.

170 com as mulheres liderando: Jenna Goudreau,"What Men and Women Are Doing on Facebook," *Forbes*, 26 abr. 2010, https://www.forbes.com/2010/04/26/popular-social-networking-sites-forbes-woman-time-facebook-twitter.html.

Capítulo 11: YouTube

192 Um número cada vez maior de pessoas: Google-commissioned Nielsen study, "YouTube User Stats from Brandcast 2017: 3 Trends in Video Viewing Behavior," maio 2017, https://www.thinkwithgoogle.com/consumer-insights/youtube-user-stats-video-viewing-behavior-trends.

Capítulo 12: Facebook

211 São quase 2 bilhões de usuários ativos por mês: Seth Fiegerman, "Facebook Tops 1.9 Billion Monthly Users," CNN.com, 3 maio 2017, http://money.cnn.com/2017/05/03/technology/facebook-earnings/index.html.

211 Há 1,15 bilhão de usuários ativos diários: "The Top 20 Valuable Facebook Statistics—Updated November 2017," Zephoria Digital Marketing, https:// zephoria.com/top-15-valuable-facebook-statistics.

213 Mark Zuckerberg chamou o vídeo: Michelle Castillo, "Mark Zuckerberg Sees Video as a 'Mega Trend' and Is Gunning for YouTube," CNBC.com, 1 fev. 2017, www.cnbc.com/2017/02/01/mark-zuckerberg-video-mega-trend-like-mobile.html.

213 Em 2016, falou para o *BuzzFeed*: Mat Honan, "Why Facebook and Mark Zuckerberg Went All In on Live Video," *BuzzFeed News*, 6 abr. 2016, https:// www.buzzfeed.com/mathonan/why-facebook-and-mark-zuckerberg-went-all-in-on-live-video?utm_term=.fdwpA8ZBM#.tlGzWbZG7.

213 A plataforma está no processo: Jon Fingas, "Facebook Will Court 'Millennials' with Its Original Videos," *Engadget*, 24 maio 2017, https://www.engadget.com/2017/05/24/facebook-original-video-shows.

215 Com 162 milhões de visualizações: Kurt Wagner, "'Chewbacca Mom' Was the Most Popular Facebook Live Video This Year by a Mile," *Recode*, 8 dez. 2016, https://www.recode.net/2016/12/8/13870670/facebook-live-chewbacca-mom-most-popular.

215 Foi recompensada generosamente: Brad Tuttle, "'Chewbacca Mom' Has Gotten $420,000 Worth of Gifts Since Facebook Video Went Viral," *Money*, 3 jun. 2016, http://time.com/money/4356563/chewbacca-mom-facebook-gifts-disney-college.

215 A Hasbro, que fez a máscara de Wookie original: Eun Kyung Kim, "'Chewbacca Mom' Now Has Her Own Action Figure Doll! Here Are the Details," *Today*, 20 jun. 2016, https://www.today.com/popculture/chewbacca-mom-now-has-her-own-action-figure-doll-here-t99426.

215 Assinou um contrato para diversos livros: "Zondervan Signs 'Chewbacca Mom' Candace Payne for Multi-Book Deal," HarperCollins Christian Publishing, 17 jan. 2017, https://www.harpercollinschristian.com/zondervan-signs-chewbacca-mom-candace--payne-for-multi-book-deal.

215 Seu primeiro livro: Candace Payne's Facebook page, acessado em jun. 2017, https://www.facebook.com/candaceSpayne/posts/10213133991364822.

Capítulo 13: Instagram

226 Na verdade, no dia em que o Stories foi lançado: Josh Constine, "Instagram Launches 'Stories,' a Snapchatty Feature for Imperfect Sharing," *TechCrunch*, 2 ago. 2016, https://techcrunch.com/2016/08/02/instagram-stories.

236 Vendas de propagandas digitais têm previsão: Jeanine Poggi, "Global Digital Ad Sales Will Top TV in 2017, Magna Forecast Predicts," *Ad Age*, 5 dez. 2016, http://adage.com/article/agency-news/magna-digital-ad-sales-top-tv-2017/306997.

Capítulo 14: Podcasts

237 conforme números de 2014, um total de 139 milhões de viajantes habituais: Christopher Ingraham, "The Astonishing Human Potential Wasted on Commutes," *Washington Post* Wonkblog, 25 fev. 2016, https://www.washingtonpost.com/news/wonk/wp/2016/02/25/how-much-of-your-life-youre-wasting-on-your-commute/?utm_term=.e28807a0ade3.

Capítulo 15: Voice-First

248 Em 2016, o Google revelou: Greg Sterling, "Google Says 20 Percent of Mobile Queries Are Voice Searches," Search Engine Land, 18 maio 2016, http://searchengineland.com/google-reveals-20-percent-queries-voice-queries-249917.

253 cada uma das onze: planthardiness.ars.usda.gov

254 Você sabia que a palavra *etiqueta*: Richard Duffy, "Manners and Morals," introduction, Emily Post, *Etiquette: In Society, in Business, in Politics and at Home* (Funk & Wagnalls, 1922), www.bartleby.com/95/101.html.

SOBRE O AUTOR

GARY VAYNERCHUK é presidente e CEO da VaynerX, uma holding de agências de mídia com valor superior a US$150 milhões, que inclui as empresas VaynerMedia e PureWow. Ele é um dos líderes mundiais em marketing e autor de quatro livros da lista de best-sellers do *New York Times*. Depois de fazer seu negócio familiar de vinhos passar de US$4 milhões para US$60 milhões, ele desenvolveu e ainda comanda a VaynerMedia, uma das agências digitais mais importantes do mundo. Gary também é um prolífico investidor anjo e de capital de risco, com participação em companhias como Snapchat, Facebook, Twitter, Uber e Venmo, e cofundador do fundo Vayner/RSE, entre muitas outras empresas. Ele mora em Nova York.

CONHEÇA OUTROS LIVROS DA ALTA BOOKS

Negócios - Nacionais - Comunicação - Guias de Viagem - Interesse Geral - Informática - Idiomas

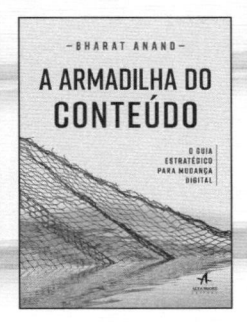

Todas as imagens são meramente ilustrativas.

SEJA AUTOR DA ALTA BOOKS!

Envie a sua proposta para: autoria@altabooks.com.br

Visite também nosso site e nossas redes sociais para conhecer lançamentos e futuras publicações!

www.altabooks.com.br

f /altabooks · ⦿ /altabooks · 🐦 /alta_books

ALTA BOOKS
EDITORA

Este livro foi impresso nas oficinas gráficas da Editora Vozes Ltda.,
Rua Frei Luís, 100 – Petrópolis, RJ.